城市轨道交通工程 BIM 应用研究与实践

北京城建设计发展集团股份有限公司

韩德志　张弘弢　华福才

中国铁道出版社有限公司

2019年·北　京

图书在版编目(CIP)数据

城市轨道交通工程BIM应用研究与实践/韩德志,张弘弢,华福才编著.—北京:中国铁道出版社,2019.2
ISBN 978-7-113-25479-7

Ⅰ.①城… Ⅱ.①韩… ②张… ③华… Ⅲ.①城市铁路-轨道交通-计算机辅助设计-应用软件 Ⅳ.①U239.5-39

中国版本图书馆CIP数据核字(2019)第020919号

书　　名: 城市轨道交通工程BIM应用研究与实践
作　　者: 北京城建设计发展集团股份有限公司
韩德志　张弘弢　华福才

责任编辑: 许士杰　郭　静　　**编辑部电话:** (010)51873204　　**电子信箱:** syxu99@163.com
封面设计: 崔丽芳
责任校对: 王　杰
责任印制: 赵星辰

出版发行: 中国铁道出版社有限公司(100054,北京市西城区右安门西街8号)
网　　址: http://www.tdpress.com
印　　刷: 中煤(北京)印务有限公司
版　　次: 2019年3月第1版　2019年3月第1次印刷
开　　本: 787 mm×1 092 mm　1/16　印张:17.5　字数:429千
书　　号: ISBN 978-7-113-25479-7
定　　价: 88.00元

前　言

BIM(Building Information Modeling 建筑信息模型)技术作为助力建筑行业向数字化、信息化、工业化、智慧化方向发展的重要支撑,是继“甩开图板转变为二维计算机绘图”之后的又一次建筑行业的技术革命,已然成为工程建设领域的绝对热点。

BIM 的优势源于其技术核心。BIM 的技术核心是一个由计算机三维模型所形成的数据库,即通常所称的 BIM 模型。BIM 模型还原了建筑物本身,包含丰富的工程信息,使得建筑物在建造之前,项目的相关利益方就能对整个工程项目从开展直至交付、使用的成败做出最完整地规划、评估与分析。建筑信息模型的应用从规划设计阶段开始,最终会扩展至指向建设成果全生命期的各个阶段,在每个阶段,业主(建设方)、设计、施工、运营等相关参与各方人员均可基于 BIM 模型进行信息交换和协同工作,有效提高工作效率、节省资源投入、降低成本损耗,进而实现建设行业可持续发展的总体目标。基于 BIM 技术应用,对建筑全生命期进行全方位管理,是实现建筑行业信息化跨越式发展的必然趋势,同时,也是实现项目精细化管理、企业集约化经营的有效途径。

与一般公共建筑相比,城市轨道交通工程的社会关注度更高,建设及运营方所需担负的社会责任更大,因此更需关注建设及运营水平的提升。特别是随着近年来国内城市轨道交通建设的高速发展,每年都有一定数量的新建线路投入运营,不论是设计、施工,还是建设、运营管理都已呈现出人力资源紧张的局面,特别是对于富有经验的管理人员缺口更大。如何在确保工期、质量、安全的前提下,提升“效率”是各方亟待解决的重大问题。与之相对,城市轨道交通工程具有规模大、专业多、空间小、建设周期长、设备安装调试时间紧、运营管理水平要求高等诸多工程特点或称为难点,在此背景下,BIM 技术的应用就更能够体现出其巨大的应用价值。

为此,北京城建设计发展集团股份有限公司从 2009 年开始在项目中尝试应用 BIM 技术,2011 年成立 BIM 中心,2016 年 11 月结合外部政策环境及自身应用状况,制定了 2017～2019 年三年 BIM 技术应用的发展战略规划,力求在城市轨道交通工程的设计阶段实现全过程、全专业应用 BIM 技术。经过两年的不懈努力,基于多个项目的应用积累,初步建立了公司 BIM 技术应用的标准及管理体系。截至目前,共计有 228 个项目应用了 BIM 技术,工程类型及应用专业覆盖了城市轨道交通工程的全领域,总计有 1600 多名设计人员初步掌握了 BIM 软件应用。现将公司开展BIM技术应用过程中多年来所积累的应用心得、经验及教训进行整理并加以总结，以期与业内人士分享。

本书共四篇，第一篇为城市轨道交通工程BIM应用现状，该篇从城市轨道交通工程BIM应用的必要性及价值点入手，通过对城市轨道交通工程BIM应用现状及存在问题进行分析，结合BIM应用的现实环境与难点，进而探讨BIM技术在城市轨道交通工程领域的应用思路。第二篇为城市轨道交通工程BIM应用体系，该篇从BIM技术特点及应用原则入手，对软件工具、数据标准、模型成果标准、应用目标体系建设等内容进行介绍。其中：软件工具部分主要是对Autodesk公司和Bentley公司的产品在线路专业、区间工程、车站工程、车辆基地工程等的具体应用进行了分析、对比。标准与协同平台建设部分主要对模型分类与编码标准、模型标准、数据标语与协同平台建设的原则等方面进行了阐述。应用目标与实施方案部分按照设计阶段对应给出BIM应用目标，对于业界普遍的应用点提供了详细的实施方案。第三篇为城市轨道交通工程BIM项目应用实践，共列出7个典型案例，均为公司近年来真实BIM应用项目的实践总结。第四篇为城市轨道交通工程信息模型标准实例，主要规定了城市轨道交通工程在不同设计阶段各专业模型设计所需满足的模型深度，分别从信息粒度和建模精度两个维度加以定义，供大家参考。

本书在编写过程中，得到了公司领导及同事的大力支持及帮助，在此表示感谢！

BIM技术作为一项新兴技术，其在城市轨道交通工程领域的应用，无论在理论还是实践上都处于探索和发展过程中，同时因编写人员的能力有限，本书的内容一定会存在有待商榷的地方，一定会有以偏概全之处，希望读者发现编写中的错误，能够及时反馈，便于我们日后更正，大家携手共同推动BIM技术在城市轨道交通工程领域的快速发展。

编著顾问：王汉军、金　淮、于松伟

主要编著：韩德志、张弘弢、华福才

参编人员：（按姓氏笔画排序）

于　淼、马玉骏、王玉娟、王　刚、王均福、王　欣、王顺兴、王　敏、王　磊、叶　飞、付　斐、白唐瀛、朱新北、乔文锦、刘小诗、刘文波、刘玲玉、刘凌曦、刘嘉宇、刘增豪、刘　磊、刘　攀、许淑君、杨　果、杨　独、杨彩玲、李文会、李佳蓉、李晨曦、李博宁、李　静、吴立健、吴江滨、邹红云、汪　烨、张生平、张　欢、张若檀、张　波、张建军、张　程、张福星、陈玉环、陈由超、陈　奕、林少辉、周文鹏、郑广亮、郑飞霞、孟　禹、赵宪红、郝连波、卓　越、姚晓明、姚　雷、袁　鑫、徐　征、徐建洲、徐　崴、高方定、高　扬、曹春旭、覃金林、曾亚奴、熊丽娜、魏英华

目　录

Ⅰ　城市轨道交通工程 BIM 应用现状

1　城市轨道交通工程 BIM 应用的必要性及价值

1.1　城市轨道交通工程特点

专业众多。与一般的工业与民用建筑相比，城市轨道交通工程专业众多，且分工极为详细。工程一般会涉及建筑、导向标识、装饰、管线综合、地下结构、地上结构、防水、工程筹划、桥梁、线路、限界、轨道、通信、信号、牵引供电、动力照明、给排水、通风空调、自动售检票(AFC)、综合监控(ISCS)、乘客信息系统(PIS)、火灾报警系统(FAS)、环境监控系统(BAS)、办公自动化(OA)、门禁(ACS)、站台门、电扶梯、人防等 30 多个专业及系统。如此多专业及系统，不同阶段的专业间的协同十分重要。

投资巨大。城市轨道交通工程造价高、投资大，地下线路每公里综合造价为 6.0 亿～8.0 亿元，高架线路为 4.0 亿～5.5 亿元，轻轨为 2.8 亿～3.2 亿元，有轨电车为 1.0 亿～3.0 亿元。近年来由于征地拆迁费用的提高，北京、上海等一线城市的轨道交通地下线路每公里综合造价已经突破 10 亿元。一条城市轨道交通线路动辄数百亿的建设投入，给城市财政带来非常巨大的压力，已经成为制约城市轨道交通发展的重要因素，如何在建设过程中节省投资已成为重要的研究课题。

建设周期长。城市轨道交通工程的施工期一般为 4～5 年，加上前期规划设计阶段，建设周期往往长达 5～7 年。由于建设周期长，过程中不可控制因素多，导致工程量变更多。工程的一处变更通常会引起多个专业或系统产生变化，在工程参与人员大量变动的情况下，如不建立有效快速的沟通协调机制，相关专业不能及时跟进，就会出现返工、增加投资以及工期延误的现象。

空间局促。由于受到城市道路地下空间资源及工程投资的限制，城市轨道交通工程的建筑规模需要尽可能地压缩。但随着城市轨道交通乘客使用与运营管理功能需求地不断提升，相关专业和系统日趋复杂，需要更多的空间容纳，合理利用空间对于设计和施工提出了更高的要求。

参与单位众多。城市轨道交通工程作为一个庞大的系统工程，每个阶段都会设计众多参与方。设计阶段通常有设计总体、勘察、土建工点、设备系统、装修等 10 余家单位参与；施工阶段则对应有土建工点、设备系统、装修等 10 余家施工单位参与；同时对应设备系统还有多达几十家的设备供应商或集成商参与。这些参建单位之间技术工作接口复杂、关系密切，如何统一对设计思想地理解高效地协同工作，是建设管理的一大难题。

运营管理复杂。城市轨道交通工程交付运营后的运营维护同样复杂，城市轨道交通工程线路长，站点、线路遍布整个城市，维护现场分散。运营管理安全标准高、全年运行、只能夜间维护，每天有效工作时间不足 4 个小时，一旦停运将对城市交通产生巨大的影响。因此，如何提高运营维护管理效率也是一大难题。

1.2 城市轨道交通工程中 BIM 技术应用价值

目前 BIM 技术在国内轨道交通领域的应用尚处于发展阶段，在行业内依然没有进行大规模地应用，目前处于研究和试用阶段。BIM 的实施，将建设项目的预期结果在数字环境下提前实现，使设计的信息、意图显式化，从而使设计意图和理念能在实施前被建设项目全生命期中各参与方深刻地理解和评价，使设计中的创意、建筑规范、设计要求、时间、成本限制等都能在 BIM 概念下得到清晰、迅速地表达，从而保证建成后的工程实体能发挥其设计功能。城市轨道交通工程更能体现 BIM 应用的价值，具体如下：

1. 在前期规划阶段的应用价值

在城市轨道交通建设的前期，需要经历从预可行性研究到可行性研究的逐步细化的论证过程，从而落实城市交通规划和城市整体规划。规划阶段中，城市轨道交通线网规划涉及城市的自然条件、经济条件、社会因素等宏观因素，单线的规划既要落实线网规划，同时需要结合整体的线路及线路周围的人口、用地、出行需求等进行调整。两个规划均会涉及政府多个部门，必须建立在大量翔实可靠的资料分析的基础上，才能有效地进行决策。

在规划阶段可利用 BIM+GIS 的思想建立整个城市轨道交通线网模型，作为城市整体数字模型的一部分。利用城市模型的信息，如土地、人口密度、出行需求等因素可以更为准确地进行线网规划，并随着城市模型中信息的变化对线网规划进行修编。在单线可行性研究中利用线路周边的地质情况、人口密度、出行需求、道路情况等进一步优化线路，设定站位及出入口位置，确定交通衔接方案。

2. 在设计阶段的应用价值

目前，在设计阶段应用 BIM 技术最有价值，相对来讲应用也最成熟。城市轨道交通工程包括车站工程、区间、车辆段和控制中心四种类型。四种类型工程虽然功能用途不尽相同，但都具有空间复杂、涉及专业众多的特点。

对于工程本身来讲，通过 BIM 模型的搭建将工程还原，一是可以解决空间紧张、各种系统管线的排布，保证设计的精准性，全面落实建设中的技术标准；二是利用构件的属性信息进行模拟分析，进一步进行设计优化；三是利用模型便于协同交流的特性，提早吸取建设、运营的建议对设计方案进行调整。

对于设计企业来讲，通过应用 BIM 技术可以固化构件资源库、设计流程和标准，同时利用 BIM 技术的协同性可以提高设计效率和设计质量。

3. 在施工阶段的应用价值

城市轨道交通工程施工具有建设周期长、涉及专业多、参与方多、施工分序明显、协调工作量大、不可预见因素多等特点。

对于工程本身来讲，专业施工准备阶段通过 BIM 模型进行交底，可以大大缩减各参与方对于工程设计意图的理解时间，大大增强项目施工的可预见性，在施工的初期及早发现问题并解决问题。对于复杂空间通过模型进行施工工序排布，可以避免现场的拆、改、移的发生，从而减少施工费用和时间。施工阶段根据完成的实际情况不断地调整和更新模型，各方可以进行直观的施工管理，并根据现场的情况及时做出决策和调整，最终生成竣工模型。

对于施工企业来讲，可以利用 BIM 模型和时间、成本结合，进行直观的施工管理。通过施工模型和工程进度链接对工程进度的方案进行更有效的分析和交流;还可以将预算过程中创建的信息分解到工序中,制定采购计划,科学地控制成本与进度。

4. 在运营阶段的应用价值

在竣工模型基础上,通过信息的抽取和利用建立运营模型和工程资料管理系统。从而实现工程资料快速查询、资产管理、维修管理等功能。在运营阶段可以基于模型及时加载有关列车运行、维修、财务等集成信息并通过信息进行运营成本分析,给运营企业提供全方位的决策支持。运营中积累的信息也可为将来新建项目提供一个知识管理平台。

1.3 城市轨道交通工程 BIM 应用的必要性

1.3.1 政策环境下的必要性

1. 建筑信息化要求

建筑业信息化是指:以实体建筑生命周期管理为主线,在规划、勘察、设计、施工和安装、运营管理和维护等阶段,以及相关的监管、咨询和中介服务等环节,利用信息技术提升建筑业技术与管理水平的过程。建筑信息化发展本身是我国建筑现代化和国家信息化发展的一个重要目标。

BIM 的定义及内涵决定着其本身就是一项实现建筑信息有效传递和共享的技术,同时也是规划、设计、施工及运维基于建筑信息模型开展的过程和方法,因此 BIM 技术就是实行建筑信息化的载体和手段。

住房城乡建设部"关于印发《2011～2015 年建筑业信息化发展纲要》的通知(建质函〔2011〕67 号)"中明确要求,"十二五"期间,基本实现建筑企业信息系统的普及应用,加快建筑信息模型(BIM),推动信息化标准建设,形成一批信息技术应用达到国际先进水平的建筑企业。

住房城乡建设部"关于印发《推进建筑信息模型应用指导意见》的通知(建质函〔2015〕159 号)"要求:到 2020 年末,甲级勘察、设计单位以及特级、一级房屋建筑工程施工企业应掌握并实现 BIM 与企业管理系统和其他信息技术的一体化集成应用。到 2020 年末,限定范围内新立项项目勘察设计、施工、运营维护中,集成应用 BIM 的项目比率达到 90%。

住房城乡建设部"关于印发《2016～2020 年建筑业信息化发展纲要》的通知(建质函〔2016〕183 号)"要求:"十三五"时期,全面提高建筑业信息化水平,着力增强 BIM、大数据、智能化、移动通讯、云计算、物联网等信息技术集成应用能力,建筑业数字化、网络化、智能化取得突破性进展,初步建成一体化行业监管和服务平台,数据资源利用水平和信息服务能力明显提升,形成一批具有较强信息技术创新能力和信息化应用达到国际先进水平的建筑企业及具有关键自主知识产权的建筑业信息技术企业。

国务院办公厅"关于《促进建筑业持续健康发展的意见》(国办发〔2017〕19 号)"要求:加快推进建筑信息模型(BIM)技术在规划、勘察、设计、施工和运营维护全过程的集成应用,实现工程建设项目全生命期数据共享和信息化管理,为项目方案优化和科学决策提供依据,促进建筑业提质增效。

据不完全统计,2011 年～2017 年,包括住房和城乡建设部在内,全国已有 17 个省市的政府部门发布了 BIM 技术相关的指导意见和实施纲要,其中重点对政府投资项目进行了 BIM

技术试点应用要求，并督促加快形成一批 BIM 应用成效明显的示范工程。

城市轨道交通工程作为政府投资建设的大型重点民生工程，同时也是自身信息化水平要求较高的工程项目，其 BIM 应用水平越来越成为一个城市建筑信息化整体发展水平的缩影，已逐渐为各级政府主管部门所关注。

2. 建筑工业化要求

BIM 技术的技术源泉来自于制造行业，分析显示制造行业投入的非增值部分约占总投资的 26%，而建筑行业中投入的非增值部分约占总投资的 57%，无论从绝对比例还是相对比例建筑行业都远远落后于制造行业，在此背景下建筑行业转型过程中将众多信息技术手段引入并发展为 BIM 技术，因此 BIM 技术天生就具有工业化的特性。

建筑工业化，指通过现代化的制造、运输、安装和科学管理的生产方式，来代替传统建筑业中分散的、低水平的、低效率的手工业生产方式。它的主要标志是建筑设计标准化、构配件生产工厂化，施工机械化和组织管理科学化。建筑工业化颠覆传统建筑生产方式，最大特点是体现全生命期的理念，将设计施工环节一体化，设计环节成为关键，该环节不仅是设计蓝图至施工图的过程，而需要将构配件标准、建造阶段的配套技术、建造规范等都纳入设计方案中，从而设计方案作为构配件生产标准及施工装配的指导文件。

国务院办公厅"关于转发发展改革委住房城乡建设部《绿色建筑行动方案的通知》(国办发〔2013〕1 号)"中重点要求充分认识开展绿色建筑行动，并将"推动建筑工业化"列为十大重要任务之一。中共中央国务院关于进一步加强城市规划建设管理工作的若干意见(2016 年 2 月 6 日)中提出加大政策支持力度，力争用 10 年左右时间，使装配式建筑占新建建筑的比例达到 30%。国务院办公厅印发《关于大力发展装配式建筑的指导意见》，意见提出积极应用建筑信息模型技术，提高建筑领域各专业协同设计能力。建筑工业化也是我国现代建筑业转型发展的一个重要发展方向。

国务院办公厅"关于《促进建筑业持续健康发展的意见》(国办发〔2017〕19 号)"，明确"坚持标准化设计、工厂化生产、装配化施工、一体化装修、信息化管理、智能化应用"的原则，力争用 10 年左右的时间，使装配式建筑占新建建筑面积的比例达到 30%。

城市轨道交通工程作为典型的线性工程及功能性要求凸显的工程项目，其设计标准化的要求较之传统建设项目要强烈的多，在每条线的设计之初都需要开展建设设计标准化的研究。城市轨道交通工程中地下隧道中的预制管片、高架线路中的预制桥梁以及段场、控制中心中的拼装建筑都大量用到预制构件和装配式建筑。此外，城市轨道交通工程中除定制化设备外，大量的管道、风管、线槽、三箱等都可通过采用工厂预制和现场拼装的方式提高建造效率和施工精度，进而提高整个工程的建设效益。同时，BIM 技术在 4D、5D 领域的应用为建设管理组织的科学化提供了有力的技术手段，所有这些的实现都是建筑工业化的重要体现。

3. 智慧城市建设需求

智慧城市，即是在数字城市的基础上，运用物联网、云计算等新一代信息技术，收集、传输、处理和分析城市海量信息，构建智能化的城市信息技术应用体系，实现业务协同和工作联动，提升城市综合承载能力，促进新型城镇化发展的城市形态。

智慧城市的主要特征包括：全面透彻的感知。通过传感技术，实现对城市管理各方面监测和全面感知，智慧城市利用各类随时随地的感知设备和智能化系统，智能识别，立体感知城市环境、状态、位置等信息的全方位变化，对感知数据进行融合、分析和处理，并能与业务流程智能化集成，继而主动做出响应，促进城市各个关键系统和谐高效地运行。智能融合的应用。基于云计算，通过智能融合技术的应用实现对海量数据的存储、计算与分析，并引入综合集成法通过人的“智慧”参与，大大提升决策支持的能力；信息的共享互联。各类宽带有线、无线网络技术的发展为城市中物与物、人与物、人与人的全面互联、互通、互动，为城市各类随时、随地、随需、随意应用提供了基础条件，实现以人为本的可持续创新。

城市轨道交通作为重要的城市基础设施，其涉及到民生、公共安全、城市服务等多个领域。因此，城市轨道交通工程的智慧化是智慧城市的重要组成部分，其利用BIM+GIS技术实现城市轨道交通工程从项目规划直至运营服务的全生命期信息化、建设运营的智慧化都是智慧城市建设的重要内容，甚至在一定程度上将引领智慧城市的发展，近年来打造“智慧地铁”越来越成为大家普遍共识的地铁建设、运营理念。

综上所述，城市轨道交通应用BIM技术是国家建筑行业转型发展大背景下的必然选择，是响应国家建筑信息化和建筑工业化发展政策的必备手段，是履行国家BIM技术推广应用要求的必为之事，是推动智慧城市建设发展的必然要求。

1.3.2 工程本身应用的必要性

通过前面对城市轨道交通工程特点的介绍以及BIM技术对城市轨道交通工程应用的适用性分析，可以看出城市轨道交通领域应用BIM技术也有其领域特点的自发性需求，对解决城市轨道交通工程设计、建设、运营等各阶段主要矛盾提供了有利的手段支撑。

城市轨道交通工程技术在我国经过几十年的发展、积累，各单专业技术应用已基本成熟，但每条地铁线路建设过程中都会存在大量的问题需要后期整改，甚至成为工程缺陷，从而造成时间、经济甚至功能上的损失。以某城市的首通线路为例，建设阶段共统计质量通病问题2625项，其中前期设计引发问题426项，施工环节引发问题1632项，设备本身引发问题567项。

前期设计引发问题的原因90%以上都是由于：各专业设计图纸不完全匹配；专业配合不到位；特别是预留预埋遗漏或偏差问题突出；设计接口衔接上出现遗漏、偏差；设计节点细节上，特别是存在多专业交叉的节点细节上出现问题，如机柜上方安装排风口、水管下方设置配电箱、设备布置不满足检修要求、设备位置不满足安全防护要求等。

通过BIM技术的引入实现三维可视化设计、多专业协同设计、参数化设计、标准化设计，这些问题都将在设计阶段有效规避，特别是标准化设计、参数化设计可以将设计人员从简单的、重复性的图纸绘制以及反复的对图、协调、配合中解脱出来，用更多的精力去关注专业功能的提升以及设计方案的优化，有效解决目前大强度城市轨道交通工程建设环境下人力不足的问题。同时与众多性能分析软件的良好接口也便于设计人员对设计成果进行各种性能分析，从而确保设计效果最优，实现了一模多用，避免大量的重复建模工作。

施工阶段出现的问题经过分析，绝大部分都是施工质量问题，需要通过强化施工单位的质量管理以及委托有丰富地铁施工经验的承包商进行施工，但同时也暴露出目前施工手段过于依赖现场手工加工，预制化程度不高的现状。施工过程中虽然出现频率较少但影响较大的问题多出现在：二维设计图纸表达不清晰甚至出现表达盲区，而后期交底、沟通不充分时，施工单位自行臆断；施工单位对图纸解读不准确，交底不到位，理解有分歧；施工工序安排不合理，出现工程反复；各工序施工衔接及统筹不到位，造成各自为政；对工程总体实施功能、效果没概念，缺乏全局观念。

通过 BIM 技术引入，实现设计成果三维交付，能够将各种设计信息无损地传递给施工环节，可视化交底、施工步序的动画显示、重要施工节点的动画演示、虚拟建造以及 BIM4D 技术的应用，能够协助施工单位制定更加高效、合理的施工组织方案，实现从虚拟模型到现实的高质量转化，实现精细化施工，保证施工成果与设计意图的统一，并实现时间、成本、质量、风险的有效控制。

设备引发的问题绝大部分是产品本身的质量问题，但也存在部分因为设备接线漏接、预留接口不足等原因引发的问题，特别是在系统调试过程中，当某项功能没有实现时，需要花费大量的时间去摸排问题发生的原因，排查接口、接线，并从图纸去找寻各相关设备之间的逻辑关系，造成大量的时间消耗。同时，因为设备预制化、标准化程度不高而造成同一位置的同类设备观感非常不整齐，设备现场加工对既有成品造成损伤，因现场加工不到位而形成设备功能缺陷。

通过 BIM 技术的引入，可将设备信息搭载在相应的设备模型中，同时在模型中体现各个设备之间的逻辑关系，并且最大限度的实现设备的工厂化预制甚至工厂化预制拼装，大大提高施工效率及施工质量，同时为后期的智慧化运维创造条件。

建设完成投入运营后，运营单位接收、交接时 60%以上的时间是对于建设阶段海量资料、数据的交接、归档、分类、查阅，耗费大量的人力、物力，且限于运营人员的经验很难对竣工交付资料完全掌握，而对于设计人员的设计意图更不可能完全理解，因此在设备运管维护、应急灾害处理以及培训教育时都不易形成良好的针对性。调查发现，运营人员平时工作的大量时间是用于对维护对象各种信息的查阅上，从而对设备情况的了解掌握更多依赖于个人的工作态度，当出现岗位调整时，新接手运营人员又要花费大量的时间用于信息积累。同时，因为传统的信息维护方式以及资产管理方式都是基于电子表格，缺乏直观性，当单设备连续出现维护操作时不能形成及时的预警，从而可能将小问题积累成大问题，最终导致大的事故发生。当运营人员将大量的时间、精力运用于设备信息的检索、积累上就很难腾出有效的精力用于对设备的性能提升和对服务品质的有效提升上，从而只能是被动的维护而不是主动的服务，致使服务水平受到很大的影响，设备运行状态及运行寿命也会受到一定程度的影响。

通过 BIM 技术的应用，以及在此基础上智能运维平台的开发，通过可视化索引以及数字化存储，大大缩减了运营维护人员查阅各种数据的时间，通过三维仿真模拟以及设备运行的事故预警、自动定位、VR 培训及安全教育等功能，使得运维工作更加智慧、高效，从而大大提高地铁运营的服务水平和运营效益。

随着我国城市轨道交通工程建设强度的不断加大，各参与方都暴露出明显的人才缺口，单纯依靠人的经验来开展设计、建设、运营，建设效率及建设质量将面临很大的考验。与之相应，随着运营里程的快速增加，积累了海量的轨道交通资产，且随着轨道交通的网络化运营，城市交通对其依赖程度也越来越大，成为制约城市正常运转的命脉，这就又对运营提出了很高的要求。在此背景下 BIM 技术以其突出的优势、良好的匹配性，越来越成为城市轨道交通工程的必然选择。

2　城市轨道交通工程 BIM 应用现状及问题分析

2.1　BIM 技术国内外应用现状

21 世纪以后，计算机软硬件水平的迅速发展以及对建筑生命周期的深入理解，推动了 BIM 技术的不断前进。自 2002 年，BIM 这一方法和理念被提出并推广之后，BIM 技术变革风潮便在全球范围内席卷开来。

美国是较早启动建筑信息化研究的国家，发展至今，BIM 研究与应用都走在世界前列。目前美国大多建筑项目已经开始应用 BIM，BIM 的应用点种类繁多，而且存在各种 BIM 协会，也出台了各种 BIM 标准。

英国政府要求强制使用 BIM。2011 年 5 月，英国内阁办公室发布了政府建设战略(Government Construction Strategy)文件，明确要求：到 2016 年，政府要求全面协同的 3D·BIM，并将全部的文件以信息化管理。

新加坡政府部门带头在所有新建项目中明确提出 BIM 需求。2011 年“建筑管理署(BCA)”与一些政府部门合作确立了示范项目。BCA 将强制要求提交建筑 BIM 模型(2013 年起)、结构与机电 BIM 模型(2014 年起)，并且最终在 2015 年前实现所有建筑面积大于 5000 平米的项目都必须提交 BIM 模型的目标。

北欧国家如挪威、丹麦、瑞典和芬兰，是一些主要的建筑业信息技术的软件厂商所在地，因此，这些国家是全球最先一批采用基于模型的设计的国家，也在推动建筑信息技术的互用性和开放标准。北欧四国政府并未强制要求全部采用 BIM，由于当地气候的要求以及先进建筑信息技术软件的推动，BIM 技术的发展主要是企业的自觉行为。

日本在 2009 年开始大量的设计公司、施工企业开始应用 BIM，而日本国土交通省也在 2010 年 3 月表示，已选择一项政府建设项目做完试点，探索 BIM 在设计可视化、信息整合方面的价值及实施流程。根据调查，日本企业应用 BIM 更多是企业的自身选择与需求。

韩国在运用 BIM 技术上十分领先，多个政府部门都致力制定 BIM 的标准。2010 年 4 月，韩国公共采购服务中心(Public Procurement Service：PPS)发布了 BIM 路线图，要求 2016 年前，全部公共工程采用 BIM 技术。

中国的 BIM 发展也主要靠行业自身的推动。2009 年 11 月，香港房屋署发布了 BIM 应用标准。香港房屋署提出，在 2014 年至 2015 年该项技术将覆盖香港房屋署的所有项目。

中国的管理层级对 BIM 的推动有两个方向。首先对于建筑产业界，管理机构希望其自行引进 BIM 应用。对于新建的公共建筑和公有建筑，要求在设计阶段与施工阶段都以 BIM 完成。

在大陆，上海、北京、广东、山东、陕西等地区相继出台了各类具体的政策推动和指导 BIM 的应用与发展。2015 年 6 月，住建部《关于推进建筑信息模型应用的指导意见》中，明确发展目标：到 2020 年末，建筑行业甲级勘察、设计单位以及特级、一级房屋建筑工程施工企业应掌握并实现 BIM 与企业管理系统和其他信息技术的一体化集成应用。

2.2 城市轨道交通工程应用现状

城市轨道交通建设工程项目属于政府投资的大型基础设施投资项目，属于国家及地方政府大力推动 BIM 技术应用的重点项目，住建部 2016 年专门针对城市轨道交通领域立项课题《BIM 技术在城市轨道交通设计、施工应用研究》以进一步推进 BIM 技术在城市轨道交通设计、施工阶段的应用，并为全生命期内的应用推广奠定基础。

在国外，特别是欧美等发达国家，BIM 技术逐步成为城市轨道交通领域的必备技术手段，主要应用于 3D 设计、施工管理、物资信息管理、模拟分析等方面。英国的 Crossrail 项目将 BIM 技术成功应用于 3D 设计、协同工作、信息管理及流程管理过程中。美国洛杉矶的 Westside 地铁延长线项目将 BIM 应用条款纳入承包商合约，要求以 BIM 技术为核心规划管理整个建造过程。此外，加拿大多伦多 Spadina 地铁扩建工程，各参与方基于 BIM 技术开展设计协同；法国的 TGV、德国的 Emsch＋BergerGmbH、荷兰的 ArcadisInfra 等城市轨道交通工程，在规划、设计、建造与运维阶段均采用了 BIM 技术。

在我国，据不完全统计，目前全国有 24 个城市已开展了城市轨道交通工程的 BIM 技术应用，见表Ⅰ—2—1。大部分城市是在 2011 年后开始启动，随着政府对 BIM 技术推进力度的不断加大以及各参与方，特别是业主对 BIM 技术认识的不断深入，以北京、上海、厦门、广州等地为首的城市轨道交通工程 BIM 应用范围不断加大，从车站工程逐步向场段工程、区间工程延伸，从设计验证、管线综合等方面逐步向 BIM＋GIS 结合的城市环境模型建立、车站周边环境可视化、三维设计及二维图纸直接导出、大设备运输路径检查、VR 巡游等规划设计应用以及疏散、排烟、温度、风速、舒适度、照度等基于 BIM 技术的性能模拟计算方面延伸，应用面越来越广、应用深度越来越深。烟台轨道交通 1 号线一期工程实现正线全线、全专业、全流程初步设计阶段的三维正向设计，并实现各专业图纸的直接导出。同时，结合三维 GIS 实现城市模型、三维地质、三维管线、地下建构筑物的模型搭建及与 BIM 设计模型的结合应用。

表Ⅰ—2—1 国内城市轨道交通 BIM 技术应用统计表

已建成城市	首条线运营时间	首次应用 BIM 时间
北 京	1971 年	2009 年
天 津	1984 年	2014 年
上 海	1993 年	2012 年
青 岛	2015 年	2014 年
深 圳	2004 年	2015 年
宁 波	2014 年	2012 年
广 州	1997 年	2014 年
苏 州	2012 年	2015 年
长 沙	2014 年	2011 年
南 昌	2015 年	2016 年

续上表

已建成城市	首条线运营时间	首次应用 BIM 时间
南　京	2005 年	2012 年
无　锡	2014 年	2012 年
郑　州	2013 年	2014 年
南　宁	2016 年	2015 年
武　汉	2004 年	2014 年
福　州	2016 年	2016 年
合　肥	2016 年	2015 年
厦　门	2017 年	2014 年
济　南	—	2016 年
石家庄	2017 年	2015 年
常　州	—	2016 年
重　庆	2004 年	2016 年
沈　阳	2010 年	2016 年

2.2.1　应用模式

目前由建设管理方主导的城市轨道交通工程 BIM 技术应用，主要有两种组织模式，见表Ⅰ—2—2。

表Ⅰ—2—2　城市轨道交通工程 BIM 组织模式

模　式	各方职责	评　价
建设方＋BIM 总体管理方＋各参与方	1. 建设方提出需求； 2. BIM 总体管理方负责标准制定、构件库建设、过程管理和技术支持等； 3. 各参建单位负责具体责任范围内的 BIM 建模和应用工作	1. 各参与方深入 BIM 应用工作，更能体现 BIM 价值； 2. 各参与方既是需求提供者、又是具体实施者，协调量小、工作效率高； 3. 各方自主实施 BIM，职责划分清晰
建设方＋BIM 咨询方＋各参与方	1. 建设方提出需求； 2. BIM 咨询方负责全部 BIM 建模和应用工作，辅助解决设计施工问题； 3. 各参建单位提资，利用相关 BIM 成果	1. BIM 咨询方 BIM 技术能力突出，能够快速形成成果； 2. 技术标准便于统一

2.2.2　应用内容

建设管理单位主导的城市轨道交通工程 BIM 技术应用，由建设方制定所在城市的轨道交通工程建设 BIM 应用的总体规划，以满足建设管理方要求的质量管理、进度管理、成本管理等管理内容为核心目标，各参建单位按照建设管理单位的要求开展相应 BIM 应用工作。

在项目的规划、设计阶段，建设管理单位主要采用 BIM 技术来辅助项目的设计方案制定与展示，提升项目整体设计水平和质量，减少项目变更，降低项目建设成本。

在施工准备阶段，通过 3D 模型的可视化特点，开展管理综合碰撞检查等工作，进一步优化方案，节省成本并缩短工期。对临建场地、市政管线、交通导改等规划应用，能够在前期与外部单位直观的沟通协调并快速形成稳定方案，节省人力物流保障项目顺利进行。同时通过 BIM 技术实施贯彻实现安全文明施工的理念。另外，部分地铁建设管理单位要求利用 BIM 技术辅助施工图审查，提高工作效率。

施工过程阶段，主要通过 BIM 技术开展技术交底、工序模拟、关键工艺模拟，便于技术人员、施工工人等直观掌握工程各阶段施工内容及施工要点。另外，目前建设管理 BIM 应用均重点研究通过 BIM 技术结合移动互联网技术、物联网技术、云计算技术、VR 技术等一系列信息化手段，在建设过程中对进度、质量和安全等核心目标进行管控，实现在建设管理过程中的精细化和智能化管理。

最终在竣工交付阶段，进行数字化交付，为运营维护奠定基础。

2.3 BIM 应用的现实环境与难点

在国家大力推动下，BIM 技术的应用在我国建筑行业已取得长足的发展，并已形成较大的应用规模，但不可否认的是，目前 BIM 技术的应用范围局限性仍比较大，BIM 技术的应用优势还远没有发挥充分，特别是在城市轨道交通工程建设领域，从全生命期的角度看，各个环节的应用都存在着比较大的现实困境及应用难点。

2.3.1 BIM 应用的政策环境及难点

1. 相关政策法规有待调整、完善

BIM 技术一旦全面推广应用，将服务于整个工程管理体系，也受整个管理体系的制约、监管。特别是对于城市轨道交通工程这类政府投资的工程项目，其监管方式必然发生重大改变，会影响从项目立项、概预算审报批、规划报建、消防审批、图纸审查、项目招标、施工许可、质量与安全监督、工程验收和城建档案归档等各个环节的审批和监管模式，必然会引发由原来二维审、报、批的方式向三维审、报、批的方式转变，由纸质媒介审、报、批方式向数据信息平台审、报、批的方式转变。毋庸置疑，这些转变对提高审批流程和行政效率都将起到很大的促进作用，但与此同时这些领域的工作模式也需进行相应的调整，才能真正发挥 BIM 技术的提效作用，这就引发了相应政策法规的调整需求。

在此方面，深圳市政府开展了相关的实质性探索工作。2016 年深圳市政府办公厅下发了《关于推动深圳市建筑信息模型(BIM)应用的若干意见》，要求深圳电子政务资源中心牵头，会同与建设工程管理及政策法规制定相关联的十几家政府机构共同研究、制定与 BIM 应用环境相匹配的地方性配套政策，并给出明确的时间节点要求。但目前来看，距离国家层面的政策出台还需一定时日，这就为 BIM 技术在城市轨道交通工程领域的全面推广应用增加了实施难度。

2. 各环节的执行标准有待建立、完善

没有标准定义，BIM 做成哪种程度就没有指标鉴别好与坏、粗与精，无法形成管理与约束，特别是没有统一的标准定义，对于不同阶段、不同参与方、不同实施单位、不同软件平台所产生的数据无法实现顺畅的传递、共享，进而无法实现 BIM 的全生命期应用，无法充分发挥 BIM 技术的应用价值。

在国内，清华大学较早展开 BIM 标准方面的相关研究，2011 年借鉴国际 BIM 标准并结合中国实际，提出了中国建筑信息模型标准框架CBIMS，该框架中包括BIM技术标准和BIM实施指南两大部分。2012年1月，住房和城乡建设部发布《关于印发2012年工程建设标准规范制定修订计划的通知》正式启动中国BIM标准的编制工作，并计划制定《建筑工程信息模型应用统一标准》、《建筑工程信息模型存储标准》、《建设工程设计信息模型分类和编码标准》、《建设工程设计信息模型交付标准》、《制造业工程设计信息模型交付标准》、《建筑工程施工信息模型应用标准》以及后来增加的《建筑工程设计信息模型制图标准》。截至目前，《建筑工程信息模型应用统一标准》(GB/T 51212—2016)于2017年7月1日正式实施，《建筑工程施工信息模型应用标准》(GB/T 51235—2017)于2018年1月1日起实施，《建设工程设计信息模型交付标准》已通过审查，但尚未正式发布，其他标准尚处于征求意见阶段。

从实际需求角度，BIM标准体系搭建应该包括四大体系：模型创建标准、数据接口标准、模型交付标准及模型应用标准，每个标准体系中包含若干项具体标准，目前颁布或编制的国家标准距离标准体系完善还有很大的欠缺，而针对城市轨道交通工程领域的标准更是有很长的路要走，目前各个地方甚至企业结合自身需求制定了一些标准，但因缺乏国家层面的标准指导，因此制定的这些标准缺乏必要的统一性和复用性，这些都在一定程度上制约了BIM技术在城市轨道交通领域的全面推广应用。

3. 各参与方对BIM技术的认知有待提升

业主单位作为城市轨道交通建设工程的主导方，在对BIM技术认识不到位时，难以理解BIM技术的核心内涵，将BIM应用等同于管线碰撞，更甚至是为了BIM而BIM，只是在招标文件中提出概念，而无具体要求，也不督促执行，或者仅仅要求提供三维模型用于展示，与实际工程不发生任何关联，管理层将工作重心更多地侧重于管理而非技术，对于采用新技术有着本能的抗拒，不愿意投入成本去做自己不了解的事，也不知道应该如何推进。在此情况下就不可能提出企业或者项目的BIM需求定位，进而管理组织架构的搭建及管理实施模式的制定都无法与BIM实施需求相匹配，反而在一定程度上限制了其他参与方的BIM应用。

勘察设计单位对BIM技术的认识不足，简单地认为这是软件工具的更新问题，是IT领域应该解决的问题，与设计行业本身无关；或者认为BIM就是三维模型就是用于展示或管线综合。基于这种认识，就不会主动去探索、研究BIM技术的应用，而是等待标准的完善、软件的成熟或者业主要求的强化；或者为响应市场需求，培养或引入一批建模人员对二维图纸进行翻模展示或用于管线综合。而真正的BIM应用需要勘察设计单位投入大量的人力、财力、时间进行标准体系搭建、人才培养、软硬件升级、平台研发、协同机制确定、流程再造、管理及分配体制升级等大量的工作，这些工作的开展都需要基于勘察设计单位对BIM技术具有正确的认识。

施工单位对BIM技术的认识不足时，热衷于盲目跟风和"赔本赚吆喝"的对外宣传，企业最高管理层仅从企业宣传的角度推进BIM应用，追求炫酷的动画效果和逼真的场景模拟，或者将BIM技术等同于工地现场的门禁、打卡、远程视频监控等，而并非是出于企业自身的精细化管理、提升效益的需要而实施BIM。在此背景下，施工企业针对BIM技术应用研发缺乏投入，而将资金大量投入到展示效果的提升和宣传上，从而丧失了BIM技术应用于施工阶段的主要技术优势。

鉴于上述几个环节对BIM技术认识不足仍是比较普遍的现象，信息传递的终点阶段，运营单位对BIM技术的认知不足更加突出，将BIM技术等同于电子化，将BIM技术应用的精力集中在电子化的资产管理上，形成大量的电子化表格、电子化数据，而与现场实际运维工作尚未建立必要的联系，更多的用于记录、查阅及简单的统计功能，距离“智慧化运维”尚存在较大的差距。在此背景下，运营单位针对运维阶段 BIM 技术应用的需求不明晰，且实际运维过程中信息化、自动化程度比较低，人为的因素仍占很大的比重。

4. 建筑行业整体生态系统有待调整

目前建筑行业普遍存在如下问题：工业化程度低，整个生产过程仍采用“人海战术”；技术相对落后，劳动生产率和产业利润率低下；管理水平不高，仍以粗放型管理，高投入、高消耗的增长模式为主；行业生态更多强调竞争关系，不同参与方的共生意识不强；低价中标情况比较普遍，设计变更仍作为施工环节的重要盈利模式；各参与方沟通不顺畅，未形成成熟、有效的沟通机制及渠道。

从 BIM 技术的内涵可以看出，BIM 技术应用的价值核心是信息的多方传递、共享，而 BIM 应用的一个重要价值就是尽量避免设计变更的产生，在此背景下各参与方，特别是施工单位采用 BIM 技术的动力不足、基础薄弱，甚至会有一定的畏惧心理，而因为参建各方的共生意识不强，以及没有形成成熟的沟通机制，BIM 技术应用过程中信息传递及共享就会存在很大的障碍。更重要的是参建各方在 BIM 环境下的盈利模式目前尚未清晰，这也是制约各参与方大量投入应用 BIM 技术的最大难点。

2.3.2 BIM 应用的技术环境及难点

1. 软件应用体系不成熟

按照 BIM 应用中的不同应用层面，可把国内常用的 BIM 软件体系划分为以下十个大类：BIM 基础建模软件、BIM 专业建模软件、BIM 模拟分析软件、BIM 模型检查软件、BIM 轻量化软件、BIM 动画演示软件、BIM 算量和概预算软件、BIM 协同工作软件、BIM 二次开发软件(插件)、BIM 运维软件，而每一类软件又包含多款具体软件，仅日常用到的软件就有几十种之多。

众所周知，BIM 技术应用工作不能依靠某一单一软件解决，需要根据各阶段不同的应用需求选择不同的软件，特别是城市轨道交通建设领域，涵盖了市政、工业建筑、民用建筑等多个领域，是线性工程和单体工程的有机结合，更是需要多个软件的协同才能真正实现 BIM 技术的应用效果，但目前各软件之间的兼容性尚未完全解决，比如基础建模软件中在工业建筑和市政领域比较占优的 Bentley 公司 Microstation 平台软件与民用建筑领域比较占优的 Autodesk 公司 Revit 软件之间的数据信息传递就存在一定的限制，同时，基础建模软件与模型分析软件之间的数据同步也多存在问题。此外，既有的商业软件对城市轨道交通领域的应用都不甚友好，甚至无法直接满足其基本的建模需求，而二次开发相关软件目前尚不成熟，这些都对城市轨道交通领域的 BIM 技术应用带来较大的阻力。

2. BIM 技术应用人才匮乏

所有行业的信息化，都需要“高度复合型人才”，而伴随着 BIM 技术的应用、推广，暴露出建筑行业内“高度复合型人才”的匮乏尤显突出。而针对城市轨道交通领域，本来专业技术人才就存在很大缺口，BIM 技术的应用，使得这一缺口更加显著。BIM 技术的应用能力从低到高分为 6 个层次：BIM 软件操作能力、BIM 模型构建能力、BIM 模型应用能力、BIM 应用环境建立能力、BIM 项目管理能力、BIM 业务集成能力。随着应用层次的逐级提升对相应人员的综合能力要求越来越高，要求同时懂 BIM、懂软件、懂设计、懂管理、懂信息化甚至懂得软件开发，而实际能做到这些领域都有所了解的人将是凤毛麟角，特别是城市轨道交通领域本身就是一项复杂的系统工程，有其很强的特殊性，对参与人员的技术和管理能力要求就很高，有一定管理水平的技术人员需要十几年的项目积累，多已没有动力再去学习研究新技术。

当下正值建筑业信息化大发展的核心期，技术更新快，知识代差趋于明显，造成 BIM 技术人才的知识更新周期非常短暂，需要持续不断地学习、提升，而市场上此类人才的供需缺口又比较大，从而 BIM 技术人才对企业忠诚度往往因为市场竞争激烈而变得比较差，一旦企业不能提供适宜的发展环境或对 BIM 技术应用保持足够的投入，很难长期保有人才。同时，由于知识体系更新快，只有较强学习能力和综合运用能力的人才才能在领域有真正的持续发展，因此，要满足 BIM 技术应用所需的人才架构，企业自我培训和更新的难度、成本都会比较高。

3. 企业自我更新的难度比较大

BIM 技术带给整个建筑行业的不是某一局部的变革，而是整个产业链条的一次技术革命，所有参与方为了适应这次革命都需要对自身所处的某个或某些产业链条进行大的适应性调整，大到企业的发展战略，小到每一项工作的具体实施方案都会发生很大的变化。

以设计企业为例，目前设计企业使用 BIM 的盈利模式仍存在一定问题，BIM 技术的使用无疑会提高设计质量，但同时在应用初期会降低设计效率，从而直接影响企业的经济效益；推广 BIM 技术应用需要投入大量的人力和资金，而这些短期内无法实现投资回报，甚至会影响工程的正常履约进度，甚至引发经营风险；在当前轨道交通大建设的背景下，设计企业人员压力本身比较大，再去投入人力，特别是投入技术骨干力量开展相关研究，会继续加大人员缺口；设计行业是一个传统上对经验要求度比较高的行业，特别是城市轨道交通行业动辄十几年的培养周期，真正的技术骨干往往没有动力也没有精力投入到新的技术更新的探索上；BIM 设计环境下对设计工作的传统流程会形成一定冲击，需要进行流程再造，重新划分设计界面，开展设计分工，而这些与专业的责任定位及分配体制都有很大的关系，需要开展责、权、利的重新分配，毋庸置疑将引发大量的争议和问题。综上所述，设计企业内部的自我更新存在很大的困难和风险。同理，其他各环节的参与企业也同样面临着类似的问题。

2.4 BIM 应用思路

1. 政府引导，统一应用。但随着理论探讨的不断加深，实践工作的不断进展，BIM 的发展不仅仅是现有技术的进步和更新换代，也将表现在生产组织模式和管理方式的转型，并长远地影响人们对于轨道交通项目管理的思维模式，必将对轨道交通业产生深远影响。因此政府，尤其是行业主管部门必须大力引导城市轨道交通工程建设各方，在建设全过程甚至建筑物的全生命期进行统一的 BIM 技术实践应用，实现 BIM 的价值最大化。

2. 建立标准，协同共享。目前城市轨道交通行业内尚未形成业内统一的 BIM 标准，众多机构和使用方各自为战，相互之间不兼容，容易形成信息孤岛。为了促进和规范 BIM 技术在城市轨道交通工程中的应用，必须建立健全相关的技术标准。制定一套针对城市轨道交通工程的 BIM 标准和规范体系，并为其赋予相应的法律效力指导从业人员严格按照标准规范来执行，保证 BIM 技术的协同应用和信息共享。

3. 示范推广，助推进步。建设单位应率先通过示范工程对 BIM 技术应用加以验证与完善，继而在工程建设中进行宣贯推广，推动和引导新技术的应用并转化成为行业生产力，促进城市轨道交通工程业的技术进步和产业升级。

Ⅱ　城市轨道交通工程 BIM 应用体系

1　BIM 技术及应用原则

1.1　BIM 技术

BIM 技术是一系列先进信息技术的集成和综合运用。具体包括:一、CAD 与图形学技术。如:曲线曲面造型技术、参数化技术、真实感图形学技术等;二、语义与知识表示技术。如:语义计算、本体论技术、语义 Web、共享资源库等;三、集成与协同技术。如:CSCW 技术、数据库技术、中间件技术、软件服务技术等等。这些技术构成了 BIM 技术的核心内容,是 BIM 实施的重要基础和技术条件。BIM 技术应用的价值主要体现在信息技术直接产生的三大能力方面,即 BIM 的表现能力、BIM 的计算能力、BIM 的沟通能力。BIM 技术应用就是通过这些能力从而实现应用价值,并促进建筑行业各领域的变化和发展,这些深刻变化和发展包括:一、新理念的产生。BIM 技术深化所形成的新理念使行业变革悄然而至,如 BIM 协同概念的产生使设计、施工、运营等环节有可能完全置于同一信息技术平台之上,并形成建筑全生命期的理念,类似的还有很多新概念、新理念的产生,它们将逐渐形成建筑行业新的认知体系。二、信息资源的重新整合和配置。BIM 技术的应用基础是信息资源的重新整合和配置,同时 BIM 技术的应用也将为整个行业创造一类新的资产形态——信息资产,这些都会导致建筑行业价值链的重新组合,这将是建筑行业基于 BIM 的本质变化之一。三、新的思维模式及习惯方法。BIM 实施创造的新资产将使建筑行业的思维模式及习惯方法产生深刻变化,并使设计、施工和运维的过程产生新的组织程序和行业规则,这些都将深刻地改变建筑行业内每一个细微环节。

因此,BIM 技术应用必须从运用软硬件技术,特别是软件技术的基础开始,通过信息模型的创建和使用,实现建筑信息有效传递和共享,进而实现在工程各阶段信息的有效利用并形成新的业务流程、组织架构和管理方法。

1.2　BIM 技术应用原则

1. 全生命期信息有效传递原则

BIM 技术在项目全生命期内应用的过程中,由于设计、施工与运营方 BIM 应用的目的不同,对 BIM 模型与信息的要求也不相同。而且,大量的信息随项目的深入开展才能逐步清晰与明确。因此,不可能要求从设计之初就形成完善的模型与全部的信息,BIM 模型与信息在过程维度上需要不断地添加与完善。设计、施工与运营方各应用主体之间一定存在 BIM 模型与信息的传递。

BIM 应用依赖于软件,但是目前 BIM 软件的开发均各有侧重,或侧重某个阶段,或侧重某个专业,尚没有一款软件可以满足设计、施工与运营的全生命期全部应用需求。因此,必然存在 BIM 软件之间的模型与信息传递的问题。

鉴于全生命期各阶段对 BIM 模型的要求差别较大，并考虑模型与信息的获取难度不同，BIM 软件之间信息传递，特别是非几何信息的传递更为重要。因此，需确保上一阶段的 BIM 信息有效传递给后续阶段。

2. 应用价值引导原则

任何一项新技术的诞生后，随着热潮过后终归还是要回到价值应用与落地的本质。BIM 技术也如此。因此在 BIM 技术应用必须高度重视应用价值，城市轨道交通工程均为百年工程，投资巨大、社会关注度极高，与整个城市建设、交通息息相关。因此必须对 BIM 应用价值进行整体规划，从而明确设计阶段、施工阶段、运营阶段应用价值与应用目标。这样才能在各阶段进行有序地开展和推进 BIM 技术应用。

3. 阶段与专业的限定性原则

城市轨道交通工程包括车站、区间、车辆段、控制中心。不同工程类型的功能及 BIM 应用所需要的软件均有差异；同时城市轨道交通工程涵盖 30 多个专业，专业应用特点也不尽相同；在工程建设的不同阶段也有不同的专业 BIM 应用需求。在实际应用中，必须采取分工程类型、分阶段、分专业进行应用限定的方式逐步推进 BIM 技术应用，从而保证其有效地落实。

4. 现实操作性与前瞻扩展性兼顾原则

BIM 技术在现阶段应用会因软件与硬件条件、时间成本与人力成本等的限制因素而产生要约束条件，如对于应用模型深度受软、硬件条件制约的问题，模型深度越深、越细，越容易满足更多的价值应用需求，但是目前计算机的软硬件运行速度，不可能满足过深、过细的深度要求。再如，对于工程量统计的价值应用，如果仅统计主要大型设备数量，所花费的建模所需要的时间与人力成本，业主与设计方是可以接受的；但是，如果要统计结构钢筋或车站装修材料数量，建模将花费大量的时间与人力成本。

而 BIM 技术又必须考虑在城市轨道交通工程全生命期应用需求。因此必须深入理解城市轨道交通工程全生命期信息化的发展趋势和方向，前瞻扩展性地进行规划，同时结合实际制定实施计划。尤其是在数据系统方面应充分考虑业务未来发展的需要，尽可能设计简明，便于系统的扩展。对于原有的数据库系统，分别考虑兼容性，保证整个系统在实际需要时可以平滑过渡或升级。数据平台应采用具有开放、灵活、符合主流标准的集成架构，能够与轨道交通建设管理方现有的、在建的、将建的各相关应用系统进行有效的集成整合。

1.3 BIM 技术应用体系

BIM 的核心价值就在于依托模型使信息在建筑物全生命期内不断产生、传递和使用。即通过模型在建筑的规划、设计、施工和运维各环节建立一个完整和连续的信息维度，并不断发挥作用。因此各环节、各专业、各领域、各阶段的相关方对模型和信息的准确理解，对模型的规范创建、对信息的准确生产、传递和使用，是 BIM 应用取得成效的基本前提。BIM 技术应用可分为两个层面：一是建立建筑信息模型，包含设计、施工、运营维护阶段所需要的信息；二是根据信息传递的需求，通过合理的编码表达信息的关键属性，实现不同专业、不同阶段信息的沟通和传递。所以 BIM 技术应用体系建设必须从信息的产生与传递和信息的产生与传递的有效性这两个层面出发来考虑。

软件是基础，任何 BIM 技术应用都会涉及软件，而且因为应用工程类型、阶段、专业等因素不同会选取多种软件。其中最基础、最核心的是 BIM 建模软件，所以应用体系建设基础部分就是软件的选择与应用。

模型是载体，任何 BIM 技术应用都会以模型成果进行展示。模型依据工程本身特点和阶段根据应用需求而创建，将工程本身乃至具体的工程产品部件通过空间的位置关系和包含的属性信息融合展示。所以应用体系建设必须将模型的分类以及必须包含的属性信息以成果标准的形式进行约定，从而达到工程应用的目标。

信息传递和共享是核心，为实现信息的传递和共享，BIM 技术应用必须对信息进行统一，最为基础的部分是结合工程进行各类编码的统一，从而为日后共享奠定基础。而且为了便捷地在相关方进行信息传递，还会涉及 IT 基础架构、协同工作平台的建设。

产生价值是目标，所有新技术的应用都会归结到提质、提效，因此体系建设必须包括应用价值目标体系，为逐步推进 BIM 技术应用锁定阶段目标。

综上所述，BIM 技术应用体系至少要包括：软件工具体系、数据和模型标准体系、应用目标体系。简单地讲，软件是基础、模型是载体、信息的传递和共享是核心，通过应用产生价值是目标。同时因实施工程类型、阶段、专业、角色、目的的不同，在上述建设中范围、深度也会有一定的差异性。下文拟对城市轨道交通工程中软件工具、数据标准、模型成果标准、应用目标体系建设内容进行描述。

2 软件介绍及对比

任何 BIM 技术应用都会涉及软件，而且因为应用工程类型、阶段、专业等因素不同会选取多种软件。其中最基础、最核心的是 BIM 建模软件，所以应用体系建设基础部分就是软件的选择与应用。目前城市轨道交通工程主要使用 Autodesk 和 Bentley 系列软件，下文针对两款软件进行功能介绍和对比。

2.1 AutodeskBIM 软件介绍

2.1.1 Autodesk 公司介绍

Autodesk 是世界领先的设计软件和数字内容创建公司，用于建筑设计、土地资源开发、生产、公用设施、通信、媒体和娱乐。成立于 1982 年，Autodesk 提供设计软件、Internet 门户服务、无线开发平台及定点应用，帮助遍及 150 多个国家的四百万用户推动业务，保持竞争力。

2002 年，Autodesk 收购 RTC（RevitTechnologyCorporation）公司，把 Revit 软件纳入旗下。早期 Revit 仅有建筑板块，即我们常说的 Revit Architecture 软件。Autodesk 为了满足更多的需求又为机电管线与结构专业领域用户开发 RevitMEP 与 Revit Structure。随后，Autodesk 不断为全球市场开发最广泛的 3D 软件产品组合。

2.1.2 BIM 系统平台简介

Autodesk 针对建筑工程领域提供了专业的 BIM 系统平台及完整的、具有针对性的解决方案。Autodesk 整体 BIM 解决方案覆盖了工程建设行业的众多应用需求，涉及了建筑、结构、水暖电、土木工程、地理信息、流程工厂、机械制造等主要领域及专业，如图Ⅱ—2—1 所示。

Autodesk 工程建设软件集，主要包括面向建筑设计、土木基础设施和施工行业的集成式 BIM 工具，用以支持企业的 BIM 应用流程。其中，面向建筑全生命周期的 Autodesk BIM 解决方案以 Autodesk Revit 软件产品创建的智能模型为基础；面向土木基础设施全生命周期的 Autodesk BIM 解决方案以 Civil 3D 土木工程设计软件为基础。同时，还有一套补充解决方案用以扩大 BIM 的效用，包括项目虚拟可视化和模拟软件、AutoCAD 文档和专业制图软件以及数据管理和协作系统软件。

2.1.3 Autodesk 工程建设项目 BIM 应用解决方案

1. 解决方案概述

Autodesk 的 BIM 系统软件覆盖了土木建筑业不同类型的客户，并贯穿了设计、可视化、仿真分析、图纸文档、项目建造等工作流程。Autodesk 系列软件支持的数据流程，帮助不同专业在不同的工程阶段能够进行兼容性灵活的工作流程。

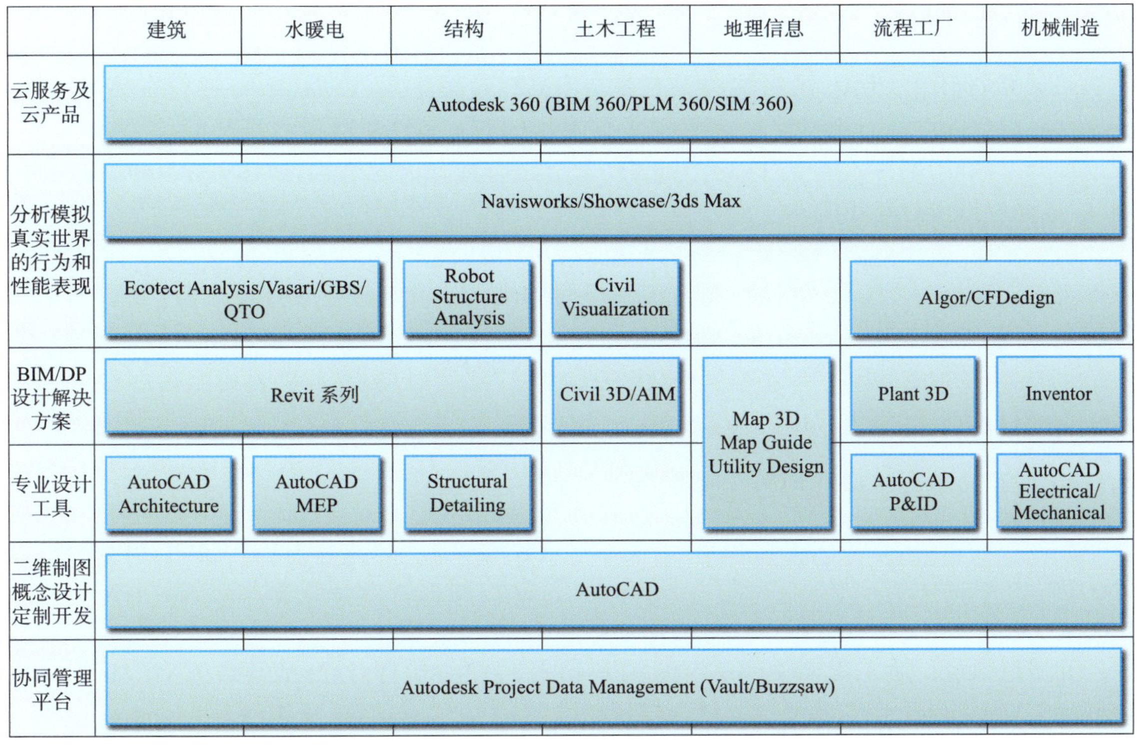

图Ⅱ—2—1 AutodeskBIM 解决方案架构图

工程建设软件集包括面向建筑设计、土木基础设施和施工行业的集成式 BIM 工具，是 Autodesk 最新推出的软件集，包含一系列丰富的软件和新技术，可帮助您对更高品质、更具可预测性的建筑和土木基础设施项目进行设计、工程设计和施工。

Autodesk 工程建设软件集包括的主要产品有 Revit、AutoCAD、Civil 3D、InfraWorks、Navisworks Manage、3dsMax，还包含分析、渲染、显示捕捉软件和服务及相关软件 Advance Steel、Autodesk Rendering、Dynamo Studio、Fabrication CADmep 等。

2. 工作流程

Autodesk 工程软件集，使用不同的软件进行协同工作，可以完成不同的 BIM 内容。Revit+AutoCAD 的组合，在进行到 BIM 阶段工作时，仍可以和使用 AutoCAD 的客户协同工作。Revit+ReCapPro 结合，使用 ReCapPro 导入用极光扫描仪捕获的电晕数据，创建 3D 模型。利用 Civil 3D+InfraWorks，可以将初步设计与详细工程设计相结合，利用 InfraWorks 为项目建模，然后再 Civil 3D 中进行详细的工程设计和分析。

Autodesk 软件集协同工作，不同软件不同格式，协同时，软件格式的兼容存在一定问题。

Autodesk 城市轨道交通工程 BIM 解决方案，从规划开始，经过方案设计、深化设计和施工建造，其主要工作流程如下。

进行方案设计：InfraWorks 是 Autodesk 公司推出的针对基础设施行业的方案设计、方案展示软件。利用 InfraWorks 进行方案设计，使用大量数据建立项目现有环境的模型，这些数据包括公开的地图数据，也可以利用实景模型等。通过 InfraWorks，快速创建轨道线路、桥梁、排水等可视化方案设计，还可对视距、洪水模拟、动态场地分析等进行分析，为整个项目提供决策依据。InfraWorks 概念设计的地铁线路数据可以导入到 Civil 3D,进行深化设计。

开展详细设计:参考实景模型,利用 InfraWorks 中的线路数据或者直接在 Civil 3D 中创建轨道线路,提供给建筑、区间结构等专业。依据总布置位置,应用 Revit 进行车站建筑、结构、暖通、电气的设计与建模。此过程,需要注意坐标的一致性。参考线路位置,使用 Dynamo 完成区间结构(高架桥或隧道)的设计与建模。参考车站与区间结构,使用 Dynamo 完成轨道道岔、接触网的设计与建模。

模型总装:应用 Navisworks Manage 进行模型总装。

动画制作:应用 Navisworks Manage 进行简单动画制作,使用 3dsMax 进行复杂动画的制作。

审阅、碰撞检查:车站 BIM 模型,直接在 Revit 中进行碰撞检查,整合模型在 Navisworks Manage 进行审阅和施工模拟。

2.1.4 城市轨道交通工程 BIM 常用软件介绍

Autodesk 工程建设软件集包括的主要产品有 Revit、AutoCAD、Civil 3D、InfraWorks、Navisworks Manage、3dsMax,还包含分析、渲染、显示捕捉软件和服务及相关软件 Advance Steel、Autodesk Rendering、Dynamo、Fabrication CADmep 等。

和城市轨道交通工程相关的 AutodeskBIM 软件主要包括:InfraWorks、Civil 3D、Revit、Dynamo、Navisworks 等,其中包括核心建模软件、制图软件和渲染、分析等软件。下面主要介绍常用的几款软件。

1. InfraWorks

(1)简介

InfraWorks 360 是 Autodesk 公司推出的一款适用于与基础设施项目的规划和方案阶段的全新设计解决方案。

InfraWorks 360 能够使基础设施工程师更轻松地构建现状环境及方案设计对象的三维数据模型,生成吸引力十足的比较方案,并为其设计进行极佳的模拟和可视化。除此之外,InfraWorks 360 通过云技术和专门的垂直功能,进一步扩展了三维建模能力,利用创新工具推动了道路、桥梁、铁路和排水工程的设计、模拟和分析。

(2)软件功能

导入数据:InfraWorks 360 可以导入众多不同的数据格式,包括 GIS 数据、CAD 数据和 BIM 数据。同时,也可以直接访问数据库,从数据库中导入项目所需的各类数据。

绘制和编辑要素:InfraWorks 360 提供了极其方便和快捷的基础设施要素绘制和编辑功能。可以绘制和编辑的要素有:道路、建筑、管线、铁路、河流、土地区域等。

分析设计:完成方案设计之后,还可以使用 InfraWorks 360 对设计成果进行各种分析,以验证该设计的可行性。

InfraWorks 360 中常用的分析功能有:主体分析、测距、地形统计信息。

管理方案:InfraWorks 360 可以在一个模型下创建多个不同的方案。通过鼠标点击切换,基础设施设计人员可以在同一个真实的场景下直观地对比不同的方案选项,从而快速做出决策。

可视化演示:InfraWorks 360 提供了多种与可视化相关的功能,使设计人员能够在真实场景中使用令人震撼的可视化成果展示其设计方案。

数据导出：InfraWorks 360 的模型可以导出为 *.fbx、*.obj、*.dae 格式，并包含材质及纹理，供其他软件，如 3dsMAX 使用。同时，以 *.imx 格式导出的模型可以被 Civil 3D 接受。

云端协作功能：InfraWorks 360 可支持用户在云中更安全地集中发布、存储和管理大型模型。通过邀请团队成员同时访问、下载和编辑共享模型并利用相同的数据审核多个项目方案，用户可以与多个利益相关方协作。

模型生成器：在 InfraWorks 360 中创建现状场景有两种方式，其中，模型生成器是最快速高效的一种。使用模型生成器，只需要简单的几步操作，即可一键自动创建全球任意地区的真实场景模型，包括三维地形、卫星航片、道路、水域、建筑等。

云端分析功能：InfraWorks 360 的云功能除了包括云端存储和协作之外，还能提供各类专业的分析。包括道路纵断面优化、交通模拟、直线桥梁分析等。

2. Civil 3D

(1)简介

Civil 3D 软件是一款面向基础设施行业的建筑信息模型(BIM)解决方案。它为基础设施行业的各类技术人员提供了强大的设计、分析及文档编制功能。该软件广泛用于交工运输、水利水电、市政给排水、城市规划和总图设计等众多领域。

Civil 3D 是架构在 AutoCAD 之上的，因此 Civil 3D 包含 CAD 的所有功能，Civil 3D 与 CAD 也有着高度一致的工作环境，通过工作空间的转换，我们可以将 Civil 3D 瞬间改头换面，变成我们熟悉的 CAD 的界面，除了 CAD 的基本功能之外，Civil 3D 还为我们提供了三维地形处理、土方计算、场地规划、道路和铁路设计等专业设计工具。

Civil 3D 的一个重要特点，也是最突出的优势，就是三维动态设计。设计数据的一处修改，与之相关联的也会动态更新。所有曲面、横断面、纵断面、标注等均以动态方式链接，可更快、更轻松地评估多种设计方案、做出更明智的决策并生成最新的图纸。

Civil 3D 图形中的设计图元(例如点和曲面)是维持与其他对象关系的智能对象。在对象模型中，一个对象中发生的更改可以自动传递给目标关联对象。例如，如果重新设计了一条路线曲线，则所有将该路线作为基准线的放坡都会被相应修改。此外，所有相关的桩号标注、标签和其他特定于此路线的数据都将得到更新。这种智能化关联关系省去了传统设计中大量重复绘制、计算、标记和检查的工作，使设计者摆脱了繁琐耗时的绘图工作，降低了出错率，提高了设计质量。

Civil 3D 在城市轨道交通工程中主要应用于线路设计和场地设计。

(2)软件功能

线路设计：可以利用 Civil 3D 的路线功能进行线路的平面设计，纵断面设计。对于线路有制约的控制性因素，也可以直观的在模型中展示出来，便于对方案进行及时的调整。

场地分析：原始场地分析是后续设计的基础。Civil 3D 软件可以很好地显示场地的地形地貌，并给出原始场地的高程、坡度、坡向、汇流等基础数据。通过这些基础数据的处理和分析，我们可以对建设场地进行全方面的评价。

边坡设计：通过放坡工具，结合场地设计标高及坡度，可以自动计算场地放坡的坡顶线、坡脚线，是设计曲面与原始地形完全结合，并对确定占地面积提供重要依据。

道路设计：利用路线功能生成道路中心线，通过装配可以完成横断面设计。

站场线路设计：利用 Civil 3D 可以将现有的 CAD 线路平面图转换为 Civil 3D 的路线对象，从而实现路线长度、道岔编号、车档编号、曲线标、曲线交点的自动标注。

土方量计算：通过体积工具，可以决速的统计出曲面之间的体积差(所形成的体积差即土方工程量)。通过汇总的土方工程量，道路工程量、道路标高、场地标高、排水点标高等因素，最终确定场地的场坪标高。

3. Revit

(1)简介

2006 年，Autodesk 公司在中国市场发布了 Autodesk Revit Architecture 软件，陆续又发布了 Autodesk Revit Structure 和 Autodesk Revit MEP。Autodesk Revit 系列软件是 Autodesk 公司在建筑工程行业中基于 BIM 理念开发的三维设计产品，因其参数化设计、系统分析计算、“一处修改，处处更新”、三维模拟检查碰撞以及协同工作等功能，大大提高了设计准确性，提升了设计效率，降低了设计成本。软件发布后，迅速获得了业内的热切关注。

2013 版发布后，Autodesk 公司将 Architecture、Structure、MEP 三个板块合并到一个软件中，合称 Autodesk Revit。

(2)软件功能

体量创建：快速、精确创建；编辑简单。体量推敲、面积分析到建筑平、立、剖面视图。体量修改后，所有视图自动更新。

高效建模、关联修改：快速创建参数化 BIM 模型，自动避免工程图间人为设计错误。

专用、专业建模工具：快速创建和编辑 BIM 工程数据模型；一处修改，处处更新；自动生成平、立、剖、详图视图及明细表。

工程量统计：自动实时输出工程量、设备材料清单、建筑技术经济指标等统计表。

快速详图：节点详图等随意索引，任意编辑，自动标记。强大的布图及图纸管理功能。

配筋设计与统计：三维配筋设计、自动统计钢筋用量。

智能 MEP 管线布置：自动布管、机电分析。

管线综合：自动检测并定位碰撞构件、自动生成冲突报告。

支持多人在同一建筑数据模型下实时团队协同设计。

可满足不同需求的可视化设计：效果图、漫游、虚拟现实。

集成式仿真分析工具：建筑性能与能耗分析、机电分析、结构分析。

强大的自定义功能：各种建筑、结构、机电全专业 BIM 设计构件族库。

4. Dynamo

Dynamo 是参数化建筑设计软件中的一种高效的计算机辅助设计工具，是基于 Autosesk Revit 信息管理平台的开源式插件。它是通过计算式设计方法和可视化编程语言，针对某个问题在工作界面里连接预定义功能的节点设置一套循序渐进的程序流(算法)，通过输入、处理和输出的基本逻辑解决问题。

“可视化编程语言”可以让设计师通过图形化界面创建程序，不必从白纸开始一行行的写程序代码，用户现在可以简单地连接预定义功能模块，轻松创建自己的算法和工具。或者说，设计师不用写代码就可以享受到计算式设计的好处。Dynamo 工作界面如图Ⅱ—2—2 所示。

城市轨道交通工程 BIM 应用中，Dynamo 主要用来完成区间建模，包括高架桥和隧道工程以及轨道和接触网等内容。

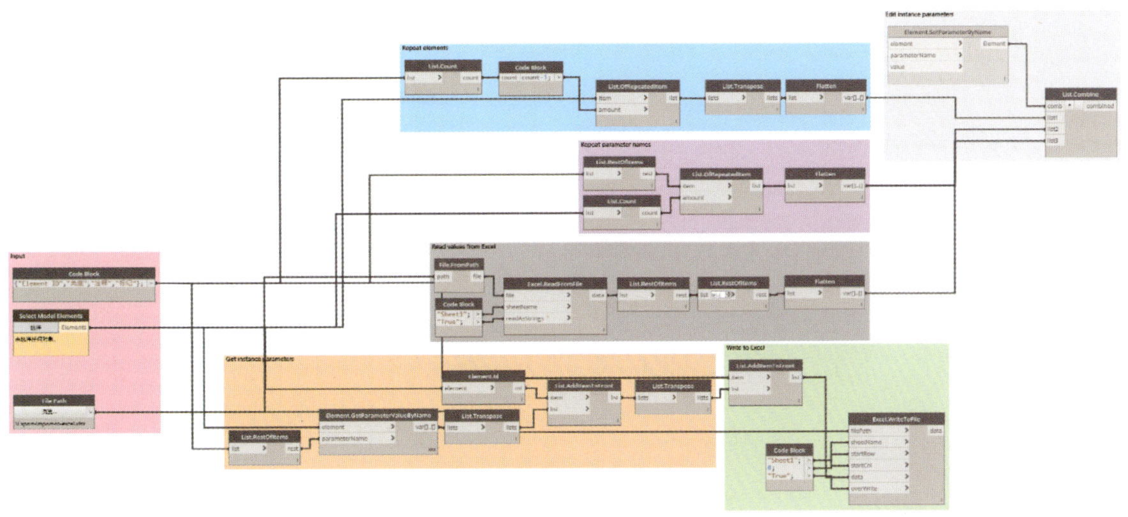

图Ⅱ—2—2 Dynamo 工作界面

5. Navisworks

(1)简介

Navisworks 软件是由英国 Navisworks 公司研发并出品，2007 年该公司由美国 Autodesk 公司收购。NavisWorks 是一款 3D/4D 协助设计检视软件，针对建筑、工厂和航运业中的项目生命周期，能提高质量，提高生产力。NavisWorks 软件能提高您的工作效率、减少在工程设计中出现的问题，是项目工程流线型发展的稳固平台。支持市场上主流 CAD 制图软件所有的数据格式，拥有可升级的，灵活的和可设计编程的用户界面。

支持 dwg、rvt、dgn 等在内的几十种不同数据类型导入。导出的格式有 nwd、nwc 等 Autodesk 专属格式。

城市轨道交通工程 BIM 应用中，主要用来整合线路区间、车站和车辆段模型，并进行分析。

(2)软件功能

整合模型：Autodesk Navisworks 软件能够将 AutoCAD 和 Revit 系列等应用创建的设计数据，与来自其他设计工具的几何图形和信息相结合，将其作为整体的三维项目，通过多种文件格式进行实时审阅，而无需考虑文件的大小。

Navisworks 软件产品可以帮助所有相关方将项目作为一个整体来看待，从而优化从设计决策、建筑实施、性能预测和规划直至设施管理和运营等各个环节。

审阅：Navisworks 软件是设计和施工管理专业人员使用的一款全面审阅解决方案，用于保证项目顺利进行。Navisworks 将精确的错误查找和冲突管理功能与动态的四维项目进度仿真和照片级可视化功能完美结合。

碰撞检查：在施工前预见并减少潜在的冲突问题，最大程度提高施工质量，节约施工时间。

动画制作：通过动画以及与对象交互，使模型的模拟效果更逼真。

施工模拟：Navisworks 软件能够精确地再现设计意图，制定准确的四维施工进度表，超前实现施工项目的可视化。在实际动工前，您就可以在真实的环境中体验所设计的项目，更加全面地评估和验证所用材质和纹理是否符合设计意图。

2.2 Bentley 软件

2.2.1 Bentley 公司简介

Bentley 是一家软件研发公司，其核心业务是满足负责建造和管理全球基础设施，包括公路、桥梁、机场、摩天大楼、工业厂房和电厂以及公用事业网络等领域专业人士的需求。Bentley 在基础设施资产的整个生命周期内针对不同的职业，包括工程师、建筑师、规划师、承包商、制造商、IT 管理员、运营商和维护工程师的需求提供量身定制的解决方案。这些专业人士将在基础设施资产的生命周期内使用这些资产从事相关的工作。每个解决方案均由构建在一个开放平台上的集成应用程序和服务组成，旨在确保各工作流程和项目团队成员之间的信息共享，从而实现数据互用性和协同工作。

Bentley 公司成立于 1984 年，1986 年 Microstation2.0 正式发布，到 2015 年，先后经历了 11 个版本，最新版为 Microstation Connect。

2012 年 3 月份正式推出新一代的以 AECOsim Building Designer（ABD）及相应的能耗计算系统 AECOsim Energy Simulator（AES）为主的建筑行业解决方案。它是一个基于 BIM 理念的解决方案，关注建筑项目的协同设计及工程信息在设计、建造、运营维护整个生命周期的应用。

2.2.2 BIM 系统平台简介

Bentley 系列软件工程建设解决方案，为用户打造一个通用的数据环境和协同工作环境。其解决方案集成在用于基础设施设计和建模的 Microstation 图形环境，用于项目团队协同工作的 ProjectWise 工程内容管理环境，及用于资产运营管理的 AssetWise 资产信息管理环境构成的平台之上。

Bentley 系列软件可解决建筑工程、土木工程等多领域基础设施项目，通过不应用模块的组合，形成适合不同领域的综合 BIM 解决方案。为三维设计、协同管理、信息移动化及资产管理创造了良好的基础和条件。如图Ⅱ—2—3 所示。

2.2.3 Bentley 城市轨道交通工程 BIM 应用解决方案

1. 解决方案概述

Bentley 轨道交通解决方案覆盖工程建设全寿命周期，为用户打造一个通用的数据环境和协同工作环境。该方案的特点是统一的模型平台和协同平台，覆盖线路、建筑、结构、轨道、暖通、给排水、供电、通信、信号、设备等多专业的专业工具。为三维设计、协同管理、信息移动化及资产管理创造了良好的基础和条件。

城市轨道交通工程 BIM 解决方案如图Ⅱ—2—4 所示。

2. 工作流程

Bentley 城市轨道交通工程 BIM 解决方案，从规划开始，经过方案设计、深化设计和施工建造，最终进行运营和维护，其工作流程示意图如图Ⅱ—2—5 所示。

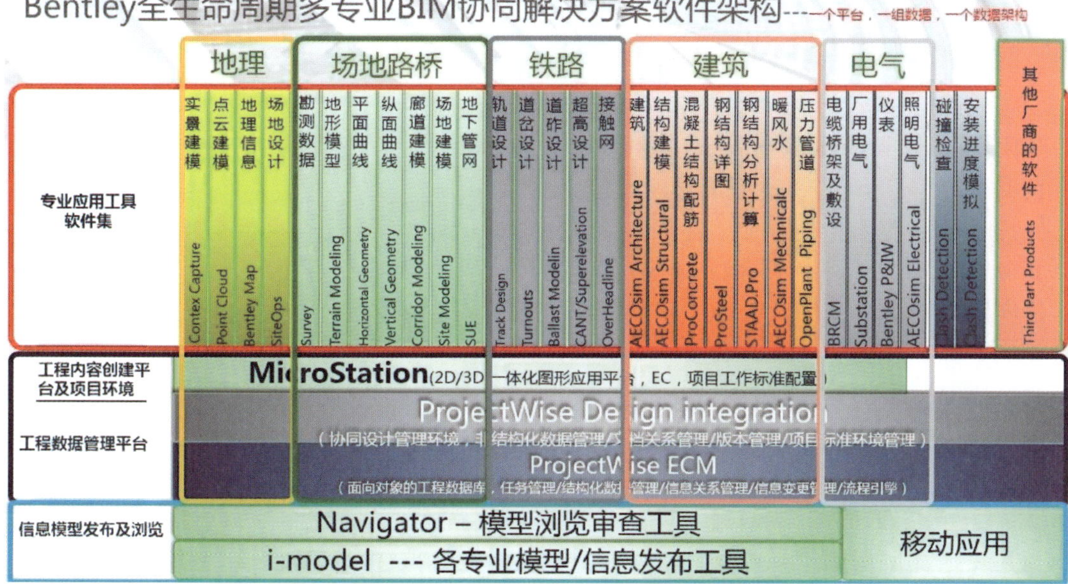

图Ⅱ—2—3 Bentley 多专业 BIM 协同软件架构

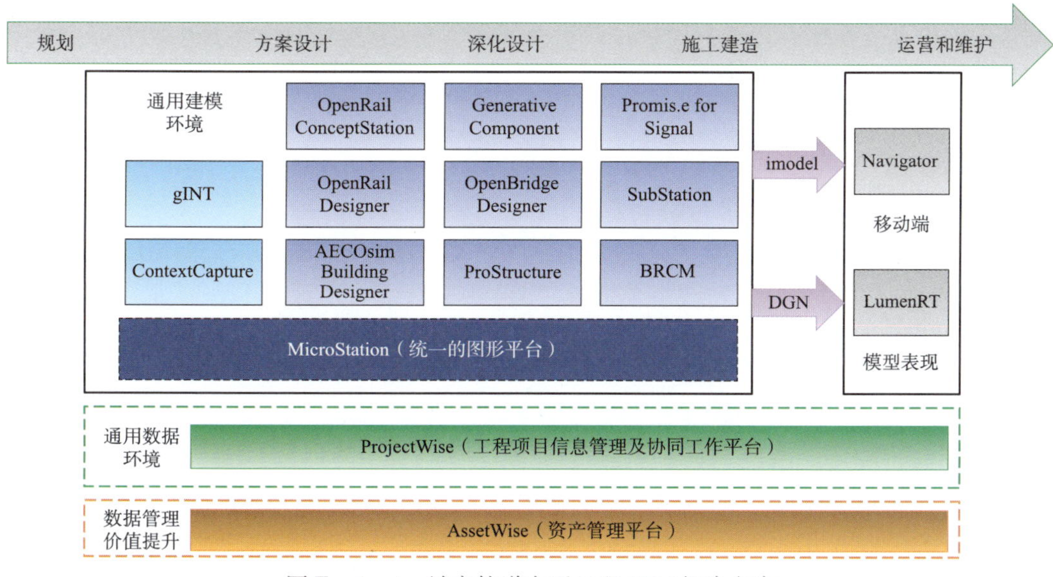

图Ⅱ—2—4 城市轨道交通工程 BIM 解决方案

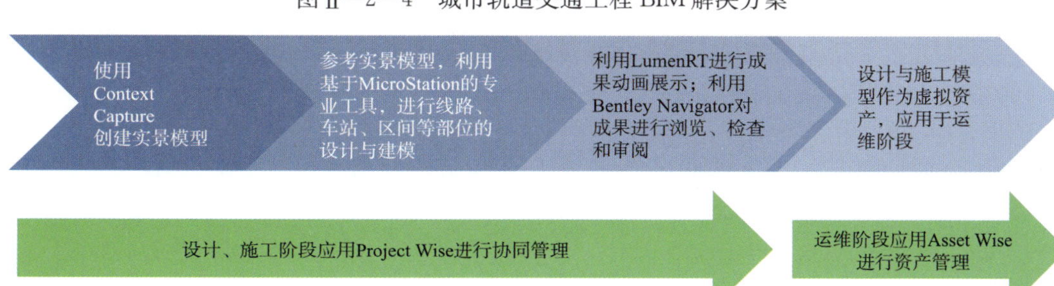

图Ⅱ—2—5 BentleyBIM 工作流程

(1)创建实景模型

测绘数据及现场照片采集,应用 ContextCapture 创建实景模型,为设计工作提供原始资料。

(2)进行概念设计

利用 OpenRail ConceptStation 进行概念设计。可以利用公开的地图数据,也可以利用现有实景模型或地形信息,快速完成方案设计。

(3)开展详细设计

参考实景模型,应用 OpenRail Designer 创建轨道中心线。

依据总布置位置,应用 AECOsim Building Designer 进行车站建筑、结构、暖通、电气的设计与建模。

参考路线位置,应用 Open Bridge Designer 进行高架结构设计与建模,应用 OpenRail Designer 进行路基和隧道设计与建模。

参考车站与区间结构,应用 Bentley Substation 进行变电设计与建模,应用 Bentley Raceway and Cable Management 进行通信设计与建模,应用 Promise for Signal 进行信号设计与建模。

参考线路,应用 OpenRail Designer 进行轨道道岔的设计与建模及接触网设计与建模。

(4)模型总装

应用 Microstation 进行模型总装,发布轻量化模型 i-Model。将总装模型导入 LumenRT 进行动画制作,满足汇报与展示要求。

(5)审阅、碰撞检查

应用 Bentley Navigator 浏览发布的 i-Model 模型,进行审阅和碰撞检查及施工模拟。

(6)协同管理

全过程应用 ProjectWise 进行协同管理、文档管理。

(7)运维管理

模型成果经过设计与施工阶段细化后,应用 AssetWise 资产管理平台进行运营维护管理。

2.2.4 城市轨道交通工程 BIM 常用软件介绍

城市轨道交通工程 BIM 应用解决方案中涉及众多软件,其中,相关 BIM 软件包含有:ContextCapture、Microstation(基础平台)、OpenRail ConceptStation(概念设计)、OpenRail Designer、AECOsim Building Designer、Navigator(浏览、检查和审阅)等,下面对软件功能做简单介绍。

1. ContextCapture

ContextCapture 为实景生成软件,可将照片自动生成详细三维模型。快速为各种类型的基础设施项目生成最大尺寸、最具挑战性的现状三维模型,还支持最精密复杂的航空相机系统和 UAV 采集系统。

Bentley Connect 版本的专业软件都集成了实景模型模块,可将实景模型连接进专业软件,并进行剪切、提取地形、缝合、地形修剪等编辑操作。如图Ⅱ—2—6 所示。

2. OpenRail ConceptStation

(1)简介

OpenRail ConceptStation 是一款轨道交通概念与方案设计产品,利用公共地图资源、实景模型或者现有地形数据及软件自带的轨道、道岔、接触网、道床、路基、隧道、桥梁等模块，快速创建轨道交通方案。此外，该软件内嵌 LumenRT 模块，可对方案进行快速渲染与动画表现。该软件主要用于快速制定方案、汇报与展示。如图Ⅱ—2—7 所示。

图Ⅱ—2—6 三维实景模型

图Ⅱ—2—7 铁路概念与方案设计

(2)功能

多种数据源创建三维背景信息：该软件包括地理坐标系服务，可辅助查找、下载和导入地理信息数据，并将数据转换成三维模型以轻松查看信息。OpenRail Conceptstation 根据定位，下载数据丰富的背景信息，从而加快概念设计进程，还可以轻松导入各种数据，包括地形模型、光栅 DEM、GIS、实景网络等。

土木草图绘制工具：借助 OpenRail Conceptstation，将三维建模与简单易用的工程草图功能结合使用，快速进行概念化轨道、电气化、隧道和桥梁设计。

创建概念设计：快速生成多个含有相关项目成本信息的设计方案，并与项目团队和利益相关方共享，以便选择最佳方案。

实时渲染：OpenRail Conceptstation 软件内嵌 LumenRT 模块，可将模型可视化为丰富的三维环境背景，可呈现车辆、水域、天空、树木和人物等，在短短数秒创建出色的照片实感可视化成果，并能够实时调整时间、天气等参数，展示不同的项目环境。

将概念设计转变为详细设计：保持几何图形完整性的同时，推进优化概念设计至深化设计阶段。确保在 OpenRail 中利用您的数字模型以提供加速的项目交付和更优的设计质量。

3. OpenRail Designer

(1)简介

OpenRail Designer 是在 OpenRoads Designer 基础上，增加了铁路设计相关模块，形成了

针对铁路、地铁等领域的 BIM 设计软件。

OpenRoads Designer/OpenRail Designer 均是 PowerCivil 的升级产品，面向道路、轨道交通、桥隧、场地、雨水管道等基础设施设计的专业软件，也是土木行业的 BIM 平台(内嵌 Microstation，可集成其他专业产品设计的模型)，可为土木工程和交通运输基础设施项目提供支持。

OpenRoads Designer/OpenRail Designer 是基于 OpenRoads 技术构建。OpenRoads 是 Bentley 土木工程设计产品 GeoPAK、InRoads、MXRoad、Powercivil、OpenRoads Designer 的底层技术。基于此技术构建的这些产品突破了模型设计方面的束缚，在一个应用程序中同时提供了三维建模、设计阶段可视化、设计意图、信息移动性及施工驱动等诸多工程内容。应用 OpenRoads 技术后，可对用户在标准、交付项和历史数据方面的权益加以保护，同时提供了信息建模功能以构建智能化的基础设施。

(2)功能

三维地形及土方分析：可以处理 DGN、DWG、TXT、DEM 等多种格式的测量数据，生成三角地形网络，用来分析工程项目填挖方。

CAD 工具：内嵌 MIcrostation 图形平台，拥有强大的 CAD 几何功能。

平纵设计：创建复合铁路规范的平纵设计线型。

轨道超高工具：创建复合铁路规范的轨道超高曲线。结合轨枕、铁轨的快速铺设，实现超高变化。

道岔工具：快速创建道岔库及道岔。

线性回归工具：通过处理既有线路了的离散中心点，快速回归分析出既有线路的线路中线，包含平曲线和竖曲线。

管线建模：利用内置的 SUE 模块，实现地下管网建模与分析。

4. AECOsim Building Designer

(1)简介

AECOsim Building Designer 简称 ABD，是一款注重于建筑设计的软件。其中，包括建筑、结构、电气和设备等四个专业模块，应用于车站的设计和建模，满足多专业 BIM 应用要求，达成专业间有效沟通。

建筑设计模块：包含建筑设计的各个阶段，包括概念设计、方案设计和施工图设计等，并能够提供智能化的工具，用户创建、编辑参数化建筑信息模型。还可进行空间规划，用于建筑设计前期空间规划与分析，实现高级渲染等，并能够通过模型抽取详细设计图纸，自动进行统计工程量和报表。

结构设计模块：创建及管理所有通用的结构构件，包括钢结构、混凝土结构、木结构和其他结构等，参数化创建梁、柱等构件，支持多种通用型钢界面。

材料统计报告和物理构件的力学分析数据。

设备模块：智能化建筑设备管道设计系统，包含暖通和给排水两个设计模块。涵盖从模型创建、图纸输出、材料报表和碰撞检测等整个设计流程，与上下游专业协同工作，并提供了良好的数据接口。

电气模块：包含动力照明系统(快速布置灯具、照明系统等)，火灾报警系统(确定烟感、温感保护范围，自动生成系统图)等，并能快速统计报表。

(2)功能

分析建筑性能:模拟真实性能并评估建筑系统性能,使您能够快速发现最佳设计选项。借助概念能源分析提供峰值负荷、年度能源计算、能耗、碳排放和燃料成本,尽早做出设计决策。

跨多领域团队紧密合作:一款应用程序便已提供建筑工具、电气工具、机械工具和结构系统设计工具。借助通用的设计环境和简化的工作流,您可以更好地协调设计。使用内置的冲突检测工具解决冲突,并在团队中共享模型和文档的补充信息,可以减少项目错误。

设计建筑和设施:借助综合的建筑工具,开发并设计任何规模的建筑和设施。直接从建筑模型中生成协调一致的建筑文档。为任何建筑组件创建平面图、截面图、立面图和一览表。

设计建筑结构:对钢结构、混凝土结构和木结构进行建模,其中包括墙、地基和柱以及其他结构组件。生成计划、框架布局、截面图和立面图。与详图设计应用程序(其中包括 Bentley ProStructures)紧密集成。

设计 MEP 系统:设计复杂的 MEP 系统以交付高性能的建筑。为完全参数化的暖通、管道和给排水系统建模。设计照明、电力、火警和其他电气子系统。

生成建筑文档和报表:直接从智能建筑模型中生成优质可靠的文档。通过发布设计模型视图,确保工程图为最新版本且可以准确表示您的设计。将规范、工程设计和设备文档链接至模型和工程图中,以便支持建筑运营。

优化设计备选方案:通过动态建模或操作几何图形,快速甄选设计。在更短的时间内发现更多潜在机会并探索大量的"假设"方案。无论外形、尺寸和复杂程度如何,均可不受任何限制地自由设计任何事物。

可视化建筑设计:生成模型的可视化效果,并进一步优化潜在设计。无需额外添置软件,即可生成细节栩栩如生且具备高端照片实感渲染效果的图形和动画。

5. OpenBridge Designer

桥梁 BIM 模型与有限元分析计算模型的无缝对接,内嵌多个国家设计规范,应用 OpenRail Designer 的线路数据,开展桥梁正向设计与结构分析工作。

6. ProStructures

ProStructures 作为一款先进的详图软件,在实际中有着广泛的应用,ProStructures 有两个独立有高度集成的模块,ProConcrete 和 ProSteel,可以快速批量生成钢筋混凝土结构和钢结构的精准详图设计和施工图,为项目的进度控制和造价控制提供了有力的支持。可以通过三维模型生成二维图纸,并生成详细的材料报表,提供加工级别的数据,直接进行钢筋加工。

7. LumenRT

LumenRT 是一款强大的渲染及动画制作工具。操作简单,易学易用,效果震撼,与 Bentley 解决方案无缝集成,只需一键导入,即可将设计或施工模型置于栩栩如生的环境中。无需借助第三方软件或团队,就可以做成效果逼真、表现震撼的动画,让方案被迅速地理解和消化。

LumenRT 自带丰富的素材库,且各种素材自带生动的写实属性,如四季变化、精准的日夜照明等,还能方便的调节天气、季节和时间。如图Ⅱ—2—8 所示。

8. Navigator

(1)简介

Navigator 是 BIM 审阅和问题解决软件。可支持现场访问土木工程项目数据,交互查看、分析并补充各种不同的项目信息。通过协同工作加快审批解决设计中的问题，在办公室、网页端和现场互相协作，以便更清晰地了解项目规划和执行。

图Ⅱ—2—8 LumenRT 快速布置植物

(2)功能

查看、浏览和标记三维 i-Model 以及相关的工程图和各类文档。

以统一方式实时收集所有现场数据，通过定制表单输入数据并将数据与项目同步。

通过 ProjectWise 安全地访问模型和相关文件，确保拥有最新版本的项目信息。

对模型进行沉浸式导航。以触控方式导航浏览项目，利用常用手势旋转、缩放和平移模型。可在联机或者脱机模式下工作。

2.3 软件对比

2.3.1 整体对比

在二维图纸时代，Autodesk 公司出品的 AutoCAD 软件，占去了中国大部分市场份额。而 Bentley 公司的 Microstation 在国内鲜为人知。一般项目的图纸大小在几兆或者几十兆，这个量级上，AutoCAD 和 Microstation 的性能和效率上区别不大。

到三维 BIM 时代，二者的区别就被放大。由于两个软件在底层设计中的不同，实时绘制的图形是否被直接写入到硬盘，影响了软件的运行效率，在处理大体积文件的时候更加明显。

1. 处理速度不同

Revit 最早是机械设计软件，对各个构件之间的关联考虑比较细致，而且仍然采用整个模型元素放在内存中的方式，导致项目越大，内存占用越高，运行效率降低。

Microstation 本身具有强大的三维处理能力，基于其上开发的 BIM 软件，继承了其硬盘即时存储机制，不断释放内存来处理新的图形，因此运行效率高。

2. 适用性不同

Autodesk 产品的核心建模软件 Revit，在国内民建、地铁车站等单体建筑，占据了大部分市场份额，用户基数大，在建筑 BIM 应用上，展现出强大的能力。另外，还创新性的用于隧道、桥梁等市政领域，在使用过程中要借助 Dynamo 等插件，但是 BIM 建模的效率和质量不高，尤其是用于 BIM 设计表现较差。

Bentley 的思路是专门的软件做专门的事。因此，其基于 Microstation 开发出了一些列软件，建筑设计对应 AECOsimBuildingDesigner，道路设计对应 OpenRoads，铁路设计对应 OpenRail，工厂设计对应 OpenPlant 等。

3. 互操作性不同

Civil 3D 是基于 AutoCAD 开发的专业软件，和 Revit 虽然同属于 Autodesk 公司，但从软件架构到数据格式，两者都有很大区别。因此，两者兼容性不好。Autodesk 公司其他产品，如 InfraWorks 和 Navisworks，都是相对独立的软件，采用不同的存储格式，无法和 Revit 达成直接的互相操作。软件之间的整合，需要导入和导出不同的格式来实现。

Bentley 公司的 BIM 软件，不管是自主或者收购的，都实现了统一的数据格式和统一的模型平台，因为他们都是基于 Microstation 开发完成。其统一格式为 DGN 格式，不同的专业 BIM 软件，都可以用 Microstation 直接打开，彼此之间也可以直接打开。

在试用过程中的一些比较，见表Ⅱ—2—1。

表Ⅱ—2—1　Autodesk 和 BentleyBIM 软件对比

指　　标	Autodesk	Bentley
硬件要求	高	较高
价格	适中	较贵
客户量	多	一般
学习成本	一般	高
擅长领域	建筑	市政、水利

2.3.2　线路应用对比

轨道交通线路专业 BIM 应用，主要使用 Civil 3D(Autodesk 公司)和 OpenRail(Bentley 公司)。

二者在设计流程上有其相似性，从地形处理、创建三维地模开始，进行平、纵线型设计，创建三维中心线，为后续专业提供空间三维曲线。

二者的使用对比，见表Ⅱ—2—2。

表Ⅱ—2—2　Civil 3D 和 Open Rail 线路专业应用对比

项　　目		Open Rail	Civil 3D
建模能力	三维地模	步骤简单，支持多种格式创建三维地模，地模数据可以和 Civil 3D 交互	步骤简单，支持多种格式创建地模，地模数据可以和 Open Rail 交互
	线路平面	支持包含交点法等多种平面创建方法，交互式参数输入，缓和曲线类型较少，缺三次抛物线类型	支持包含交点法等多种平面创建方法，交互式参数输入，支持多种缓和曲线类型选择
	线路纵断面	地形数据快速采集，交互式纵断面布置	地形数据快速采集，交互式纵断面布置
	参数化驱动	参数化修改平纵数据	参数化修改平纵数据
使用习惯	软件界面	继承于 MicroStation，绝大部分设计人不熟悉	继承于 CAD，界面友好
	本地化	本地化较差，后续需要进行大量定制	有部分本地化，主要是市政道路方面
	软件操作	需要一个熟悉的过程	与 CAD 类似，操作方便
成果	标注	图纸标注较难满足现有标准，需进一步研究	通过标签能实现批量快速标注
	出图	能实现二维出图和三维 PDF 模型	可以直接使用院内数字档案馆插件
	数据整合	包含地模、平、纵等数据，能够进行传递，并和 Civil 3D 交互	包含地模、平、纵等数据，能够进行传递，并和 Open Rail 交互

2.3.3 区间应用对比

Autodesk公司针对轨道交通区间BIM解决方案，采用Revit+Dynamo的组合，线路数据来源于Civil 3D。Dynamo弥补了Revit在市政领域尤其是线状工程的不足，可以针对高架区间和地下区间，完成相应的BIM建模。

Bentley轨道交通区间BIM解决方案，地下区间采用Open Rail，高架区间采用Open Bridge。线路数据均来至Open Rail，格式统一。

二者的使用对比，见表Ⅱ—2—3。

表Ⅱ—2—3 Civil 3D和Open Rail轨道交通区间专业应用对比

项目		Open Rail	Civil 3D/Dynamo/Revit
建模能力	区间结构(盾构、暗挖)	在Open Rail中，继续完成廊道(即断面)设计，创建区间结构，包含超高、加宽等参数信息，编辑完成的廊道断面可作为库，进行复用	利用Civil 3D设计的线路数据，按照不同的建模精度，提出逐桩坐标点，利用Dynamo编程，驱动线路数据和族，完成区间建模，包括超高等参数信息
	疏散平台	可单独创建，也可以和区间结构一起创建	创建方法同上，需要调用不同族
	轨道	Open Rail主要功能之一，能够快速完成轨道基础、轨枕和铁轨的布设	创建方法同上，需要调用不同族，对轨道基础的创建不太灵活
	接触网	目前版本无相关功能	创建方法同上，需要调用接触网族库，需要接触网拉出值、间距等参数的输入
	明挖区间	Open Rail和基础平台Microstation相结合，能够较好的完成明挖区间建模	针对复杂断面明挖区间，实现较为困难
使用习惯	软件界面	继承于MicroStation，绝大部分设计人不熟悉	继承于CAD，界面友好
	本地化	本地化较差，后续需要进行大量定制	有部分本地化，主要是市政道路方面
	软件操作	需要一个熟悉的过程	与CAD类似，操作方便
成果	模型展示	平台统一，区间和车站模型总装简单，模型较小	创建的区间模型为Revit模型，因此，区间和车站模型能够总装，模型较大
	出图	能实现部分二维出图和三维PDF模型	区间出图，采用Civil 3D和Revit出图相结合

2.3.4 车站应用对比

针对车站BIM应用，Autodesk公司采用Revit，Bentley公司采用ABD(AECOsim Building Designer)。

二者的使用对比，见表Ⅱ—2—4。

表Ⅱ—2—4 AECOsim Building Designer和Revitl轨道交通车站应用对比

项目		AECOsim Building Designer	Revit
建模能力	土建模型	需熟悉MicroStation平台基本操作，建模较为简单。	建模简单
	机电模型	对管道类管线快速建模，桥架及电器模块建模功能一般。	依赖于族库对各类管线及设备建模较为简单
	管线综合	对各类管线修改调整操作一般。	对各类管线修改调整操作简单、便捷
	构件族库	目前车站相关构件不完善，多数依赖于自行开发建立。	较为完善的族库及外部族库资源支持
	参数化驱动	点击元素后可直接修改参数，较为便捷	需熟练族编辑、修改等操作较为便捷

续上表

项目		AECOsim Building Designer	Revit
使使用习惯	软件界面	依托 MicroStation 平台,绝大部分设计人不熟悉。	继承于 CAD 类似界面友好。
	本地化	本地化较差,后续需要进行大量定制及开发	现有各类第三方插件已积累较多本地化定制及开发
	软件操作	需要一个熟悉的过程,最新 CE 版本有较为改善。	与 CAD 类似,操作方便
成成果	标注	图纸标注较难满足现有标准,需进一步研究	通过一定的设置或优化可满足当前出图标准
	出图	出图不满足现有出图标准	通过一定的设置或优化可满足当前出图标准

2.3.5 车辆基地应用对比

车辆基地场地设计以站场专业为主导,涉及总图、景观、路基、轨道、室外管线等多个专业,专业间接口复杂。

目前能应用于车辆基地场地建模的 BIM 软件主要有 Bently 公司的 Open Rail 和 AutoDesk 公司的 Civil 3D。

二者的使用对比,见表Ⅱ—2—5。

表Ⅱ—2—5 Open Rail 和 Civil 3D 轨道交通车辆基地应用对比

项目		Open Rail	Civil 3D
建模能力	道路交叉口	步骤简单,能创建各种交叉口	步骤复杂,无法创建复杂交叉口
	轨道、道岔	能创建钢轨、道砟、轨枕及道岔模型	只能创建连续的钢轨及道砟,不能创建轨枕及道岔
	室外管线	可以进行给水、雨水、废水、通信、电气、燃气管线进行设计	能创建重力流管线及给水管线,强弱电外线需进行定制
	接触网	目前版本尚无相关功能	目前版本尚无相关功能
	复杂横断面	通过创建横断面模板进行自定义	通过部件编辑器可以设计复杂横断面,并进行逻辑判断
	参数化驱动	点击元素后可直接修改参数	通过全景窗口修改部分元素特性
使用习惯	软件界面	继承于 MicroStation,绝大部分设计人不熟悉	继承于 CAD,界面友好
	本地化	本地化较差,后续需要进行大量定制	有部分本地化,主要是市政道路方面
	软件操作	需要一个熟悉的过程	与 CAD 类似,操作方便
成果	标注	图纸标注较难满足现有标准,需进一步研究	通过标签能实现批量快速标注
	出图	能实现二维出图和三维 PDF 模型	可以直接使用院内数字档案馆插件
	模型展示	模型样式丰富,立体效果好	模型单调
	数据整合	都为 DGN 格式,能和 PW 完美同步	与 Revit 交互困难,通过 Navisworks 整合

2.3.6 场地应用详细对比

1. OpenRail 与其他软件的数据交互

(1)与 Civil3D 的交互

OpenRail 中的地形数据和平纵数据,能够和 Civil3D 软件交互。交互格式有 .XML 和 .IFC。有助于线路等专业快速提出三维曲线,并未下一步出图提供两种平台互补性。

(2)模型整合

可以通过 Navisworks 进行模型整合。把 Bentley 模型转换成 DWG 或者 .stl 格式,导入 Navisworks 中。

Naviworks 提供了直接参考 DNG 格式文件，目前发现“参数化实体”加载异常，整合简便性问题需进一步尝试。

2. Civil3D 与其他软件的数据交互

(1)Revit 整合到 Civil3D 中

将 Revit 文件直接另存为 DWG 文件，然后插入 Civil3D。但得到的 DWG 文件较大，一个两千多平方米的物资总库就 30 多 M，插入 Civil3D 中基本无法浏览。同样使用上面的单体，导出 IFC 文件约 140M，导入过程需要一个多小时，基本不可行。因此，不建议 Revit 模型导入 Civil3D 中

(2)在 Navisworks 中集成

把 Civil3D 模型和 Revit 模型，转换成一定格式，导入到 Navisworks 中进行整合。经过试验此方法基本可行，但只可用来浏览展示，发现问题需要回到原有的软件中进行修改，然后再次导入 Navisworks。

3. 功能对比

(1)OpenRail

优势：所有软件均基于 Microstation 开发，模型格式统一，方便专业间互相参照、协同设计；对大体量的长大带状模型支持能力强；OpenRail 更侧重于建模。

劣势：与国内习惯不同，学习难度较大；出图方面较差，难以达到现有出图标准；应用成本高。

(2)Civil3D

优势：软件基于 AutoCAD 开发，界面及使用习惯与 CAD 类似，上手较为容易；可以通过部件编辑器进行复杂的横断面设计，并进行逻辑判断；部分模型通过样式的设置，并增加必要的标注后可直接到达出图的效果，如站场线路图、站场雨水图。

劣势：道路交叉口创建过程繁琐，后续修改容易出现各种问题，复杂异形的交叉口无法创建；无法创建道岔及轨枕等不连续对象；与 Revit 软件整合尚无较好的解决方案；硬件消耗较大，普通电脑无法胜任。

4. 成果表现

OpenRail 成果表现较好。如图Ⅱ—2—9 所示。

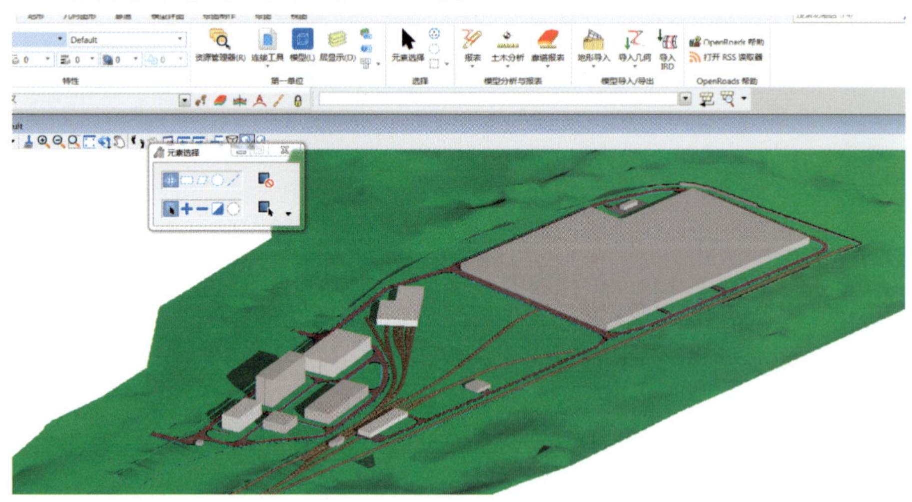

图Ⅱ—2—9　OpenRail 车辆段建模效果

Civil3D 成果表现一般。如图Ⅱ—2—10 所示。

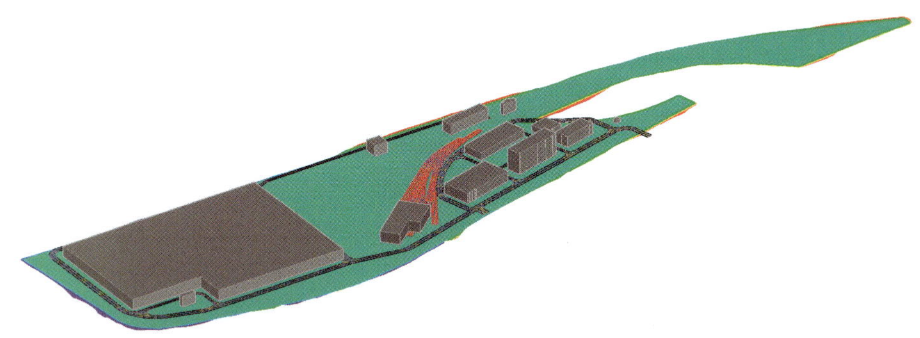

图Ⅱ—2—10 Civil3D 车辆段建模效果

5. 出图

(1)OpenRail 出图

OpenRail 出图包括两部分,一个是基础平台 Microstation 出图功能,一个是专业软件提供的出图功能。

Microstation 出图功能:套图框,设置出图比例,基础文字标注和打印文件等功能。

OpenRail 出图功能:主要包括平面图、纵断面图和横断面图,涉及设计参数标注、图纸分幅、图纸比例设定等。其中,图纸标注较难满足现有标准,需进一步优化。

OpenRail 横断面出图,能够剖切任意桩号的横断面图,并且能够把站场建模范围内的建(构)筑物剖切出图,此部分可能提升路基横断面图的质量和效率。

(2)Civil3D 出图

Civil3D 基于 AutoCAD,包含 CAD 全部功能,故在出图方面具有一定优势,CAD 中积累的字体、线型、标注样式、图框等能直接使用。

3 标准与协同平台建设

BIM 的核心价值就在于依托模型使信息在建筑物全生命期内不断产生、传递和使用。即通过模型在建筑的规划、设计、施工和运维各环节建立一个完整和连续的信息维度，并不断发挥作用。因此，各环节、各专业、各领域、各阶段的相关方对模型和信息有准确理解，才能规范创建模型并准确生产、传递和使用信息，从而达到 BIM 应用取得成效。所以必须建立系列标准，通过标准的实施，保证模型和信息的生产；必须建立协同平台，通过平台的使用，保证模型和信息的传递和使用。下文就信息分类及编码体系、模型标准、数据协同平台在城市轨道交通工程中的应用进行阐述。

3.1 信息分类与编码体系

使用基于 BIM 的轨道交通建设全生命期数据，必须有明确的分类体系和分类编码。将数据按科学的规律进行分类和编码，使其有序地存入计算机，才能对它们进行存储、管理、检索分析、输出和交换等，从而实现信息标准化、数据资源共享等应用需求，并力求实现数据库的协调性、稳定性、高效性。分类过粗会影响将来分析的深度，分类过细则采集工作量太大，在计算机中的存储量也很大。分类编码应遵循科学性、系统性、实用性、统一性、完整性和可扩充性等原则，既要考虑数据本身的属性，又要顾及数据之间的相互关系，保证分类代码的稳定性和唯一性。

3.1.1 建设原则

为了支持 BIM 在建设项目全生命期中的应用，须建立与国际兼容、符合我国实际情况，具有科学性、合理性、适用性的分类体系。分类体系应与国际现有分类框架兼容，继承现有建筑信息分类编码工作的思想和成果。并涵盖信息语义规范与信息分类编码两部分，以促进信息在不同软件系统、不同地区与语言之间进行映射和转换。

根据《建筑工程信息的组织》(ISO 12006)标准，结合我国具体情况以及现有建筑信息分类成果，信息分类建设应具有以下原则：

信息化原则：采用面分法以及可扩展字段编码，充分考虑对信息技术支持，提供了一种便于在信息系统中组织、排序、查询信息的方式。同时采用面向对象的数据字典系统，提供不同系统间、不同语言间信息语义映射转换的机制。

全面性原则：标准应是轨道交通行业全范围的分类体系，涵盖各种建筑类型以及全生命期(如设计、施工、运营和维护等)所涉及到的信息，统筹行业相关的所有价值信息。

本地化原则：在参照国际化的建筑信息语义框架与方法的基础上，结合中国国情与现有轨道交通信息分类成果，建立既与国际兼容、又符合实际，具有可实施性的建筑信息语义标准。

3.1.2 主要参照标准

（1）ISO 12006—2：2015 Building construction-Organization of information about construction works-Part2：Framework for classification（房屋建筑—施工信息的编制—第2部分：分类框架）

ISO 12006—2分类体系框架的分类对象是建设活动全生命周期中涉及到的所有信息数据，分类原则是基于一个简单的过程模型，即投入一定的资源经历特定的建设过程形成特定的建设成果。ISO 12006—2分类框架中对各类别信息的基本概念进行了阐述，形成了17张按照不同类别组织的推荐分类表，并给出了每张推荐表的条目示例。在该框架的指导下，各个国家和地区应该根据自己的项目特点、管理流程等组织自己的完整的、具有可操作性的分类编码体系。

ISO 12006—2采用面分法，其中的每个分类表代表建筑信息的某个方面，可以完整地反映建筑信息的各个方面。

（2）《建筑信息模型分类和编码标准》（GB/T 51269—2017），自2018年5月1日起实施

此标准是建筑工程信息模型国标体系的重要组成部分，适用于新建、改建和扩建的民用建筑及通用工业建筑信息的分类、编码。本标准的分类编码源自ISO 12006—2分类框架。轨道交通体系中有关建筑工程中的建筑、结构、暖通、室内给排水工程不再单独编制，采用此国家标准。

（3）《铁路工程信息模型分类和编码标准》（1.0版），自2015年1月1日起实施

根据铁路工程建设信息化总体方案的部署，BIM是实现铁路工程建设信息化的主要技术框架。为规范铁路工程信息模型的分类、编码，实现铁路工程全生命周期信息的交换、共享，推动铁路工程信息模型的应用发展，制定本标准。本标准适用于铁路工程全生命周期内各阶段信息模型的分类和编码。本标准的分类编码源自ISO12006—2分类框架。

（4）《分类与编码通用术语》（GB/T 10113—2003），自2003年12月1日起实施

本标准规定了信息分类与编码的基本术语及定义，适用于信息分类与编码的各应用领域。

（5）《地理信息分类与编码规则》（GB/T 25529—2010），自2011年03月1日起实施

城市轨道交通工程是典型的线路工程，区域跨度较大，与地理信息和工程地质信息关联紧密。因此考虑将地理信息和工程地质信息纳入。

（6）上海城市轨道交通网络建设标准化技术文件城市轨道交通BIM应用系列标准（一）《城市轨道交通设施设备分类与编码标准》（STB/TX－011005—2014），上海申通地铁集团有限公司，2014年09月发布。

（7）北京市地方标准《城市轨道交通设施设备分类与代码》（DB11/T 717—2010），自2010年10月01日起实施。

（8）深圳市地方标准《城市轨道交通设施设备编码规范》（SZDB/Z 84—2013），自2014年01月01日起实施。

3.1.3 建设思路

依照ISO 12006—2体系框架，引用《分类与编码通用术语》（GB/T 10113—2003）和《建筑信息模型分类和编码标准》（GB/T 51269—2017）等现行国家标准，并参考相关行业及国际标

准建立城市轨道交通工程分类与编码体系。建筑信息模型的分类和编码的基本原则和方法应符合表Ⅱ—3—1的规定。

表Ⅱ—3—1 信息分类和编码的基本原则和方法

序号		分类表名称	附录及编制说明
1	10	按功能分建筑物	在国家标准表 10 基础上扩充相关内容
2	11	按形态分建筑物	引用国家标准表 11
3	12	按功能分建筑空间	在国家标准表 12 基础上扩充相关内容
4	13	按形态分建筑空间	引用国家标准表 13
5	14	元素	引用国家标准表 14
6	15	工作成果	引用国家标准表 15
7	21	行为	引用国家标准表 21
8	22	专业领域	在国家标准表 22 基础上扩充相关内容
9	32	工具	引用国家标准表 32
10	33	信息	引用国家标准表 33
11	40	材料	引用国家标准表 40
12	41	属性	引用国家标准表 41
13	71	按功能分轨道交通单项工程	独立编制
14	72	按形式分轨道交通单项工程	独立编制
15	73	城市轨道交通工程构件	独立编制
16	74	城市轨道交通工程工项	独立编制
17	75	工程建设项目阶段	独立编制
18	76	城市轨道交通工程人员角色	独立编制
19	77	城市轨道交通工程组织角色	独立编制
20	78	城市轨道交通工程产品	独立编制
21	79	城市轨道交通工程特性	独立编制
22	80	地理信息	在 GB/T 25529—2010 基础上扩充相关内容

3.2 模型标准

3.2.1 编制原则

1. 依据应用进行专业划分

根据不同的应用需求，不同专业所创建的模型称之为专业模型，在实际应用中根据设计要求，分为更细化的专业模型，如：机电模型细化为暖通、给排水、强电等专业模型，结构模型可以细化为钢构、幕墙等专业模型。在 BIM 实施中无论是项目应用还是企业普及都要明确模型的分类划分，在模型较多的应用中，宜编制模型分类表并依深度划分等级，以利于模型的分类管理。

2. 依据阶段确定模型深度

模型的精细程度,我们称之为模型深度,也叫模型粒度。BIM 实施中模型创建精细程度是根据设计或应用需求确定的,如:初步设计和施工图设计有很大的区别,模型的深度也是由粗到细,有很大的不同。

这里需要强调的是,模型深度的粗细只代表其包含信息的多少,粒度的不同,不代表模型的优劣。强调划分模型深度,其意义在于,对各专业、各环节、各角色在模型创建、传递、使用时建立统一的识别方法,规范理解同一深度模型所含有的准确内容,为基于 BIM 建立的标准创造条件。

3. 几何信息和非几何信息:

依托模型实施 BIM,但我们真正关注的是模型所承载信息,在三维模型创建时,首先是基于三维坐标在虚拟环境中创造空间实体。因此,模型创建过程就是几何信息的产生过程,几何信息的多寡取决于模型创建的深度。在建筑设计中除了几何信息,还需要大量的非坐标性信息,即非几何信息。如:时间刻度、技术参数、命名和编码等等。这些信息是在模型创建时根据实际需要在模板中添加的。非几何信息是 BIM 应用非常重要实施条件。如:各种环境分析、工程量。

3.2.2 主要参照标准

主要参照标准见表Ⅱ—3—2。

表Ⅱ—3—2 主要参照标准

序号	标准名称	备 注
1	《中国建筑模型标准框架研究》(CBIMS)	
2	《建筑工程信息模型应用统一标准》	GB/T 51212—2016,统一标准
3	《建设工程设计信息模型交付标准》	征求意见,执行标准
4	《制造业工程设计信息模型交付标准》	征求意见,执行标准
5	《建筑信息模型施工应用标准》	GB/T 51235—2017,执行标准
6	《建筑工程设计信息模型制图标准》	征求意见,执行标准
7	《民用建筑信息模型设计标准》	DB11/T 1069—2014,执行标准

1. 国家标准《建筑工程信息模型应用统一标准》

《建筑工程信息模型应用统一标准》贯穿于建筑物全生命期的规划、勘察设计、施工和运维等四个阶段,涉及 BIM 标准制定、BIM 技术开发、BIM 技术应用以及 BIM 项目管理的基本准则,是专业数据标准及数据库、工作流程及支撑系统、专业应用软件、数据交换及协同等多领域、多学科的研究与开发应用。

该标准适用于建筑工程全寿命期内建筑信息模型的创建、应用和管理,制定建筑信息模型相关的工程建设标准应遵守本标准的规定。该标准的部分重要标准条文如下:

第 3.0.1 条,建筑工程项目信息模型的应用宜覆盖从项目前期策划一直到拆除的全寿命期。

第 3.0.2 条,应用建筑信息模型时,项目全寿命期可划分为策划与规划、勘察与设计、施工与监理、运行与维护、改造或拆除五个阶段。

第 3.0.3 条，建筑信息模型宜在项目全寿命期内的各个阶段逐步创建、传递和应用。

第 3.0.4 条，在工程项目的某一特定阶段应用建筑信息模型时，宜按专业任务分别创建专业 BIM 模型。

第 3.0.5 条，建筑信息模型在项目全寿命期各阶段所表达的信息应是一致的，从不同途径获取的信息应是唯一的，且不应包含冗余的信息。

第 3.0.6 条，建筑信息模型应具有信息的可扩展性，可在项目全寿命期内自由增加信息的种类和数量。

第 3.0.7 条，建筑信息模型软件应根据信息创建、存储和应用的能力进行软件分级。

第 3.0.8 条，建筑信息模型的创建、存储、应用和管理，可采用整体模型和多元体模型两种工作方式。

2. 国家标准《建筑工程设计信息模型交付标准》

《建筑工程设计信息模型交付标准》是一部适用于基于建筑信息模型的建筑工程设计过程中，各阶段数据的建立、传递和解读，特别是各专业之间的协同，工程设计参与各方的协作，以及质量管理体系中的管控等过程。另外，本标准也用于评估建筑信息模型数据的完整度。其适用范围包括：各类民用建构筑物，包括住宅建筑、公共建筑、地下空间等。《建筑工程设计信息模型交付标准》应该成为轨道交通工程交付标准研究的重要依据。

根据《建筑工程设计信息模型交付标准》编制大纲，该标准包括总则、适用范围、基本术语和名词解释、基本规定、命名规则、建筑结构构件数据要求、建筑设备数据要求、建筑经济数据要求、模型总体交付和表达格式等方面的内容。

3. 北京市地方标准《民用建筑信息模型设计标准》

《民用建筑信息模型设计标准》(以下简称北京标准)是北京民用建筑设计中 BIM 技术应用的通用原则和基础标准。并包含了建筑全生命期、设计资源共享、多专业三维协同、信息模型数据集成等相关的重要原则。北京标准编制所针对的是建筑设计环节中，以民用建筑为对象的 BIM 技术应用。同时还强调北京标准是 BIM 标准体系中侧重于地方行业应用实施的基础标准。北京标准的规范对象和应用范围是十分明确，北京民用建筑设计单位可依据这些通用原则和基础标准制定本单位 BIM 实施指南或建立企业级的 BIM 实施标准，也可以据此建立工程项目的实施导则。

该项目由北京市勘察设计与测绘管理办公室牵头，负责项目的总体组织管理和协调工作。北京工程勘察设计协会负责项目的具体日常管理和实施工作。清华大学、CCDI 悉地(北京)国际建筑设计顾问有限公司、中国建筑设计研究院、北京市建筑设计研究院、北京城建设计院总院有限责任公司、北京市住宅建筑设计研究院有限公司、北京市市政工程设计研究总院、中国中元国际工程公司、北京市勘察设计研究院有限公司、北京市测绘设计研究院等单位组成课题组共同完成该项目。

在北京标准中除 BIM 的基本概念、定义之外，主要编制三部分主要内容，即：资源要求、模型深度要求、交付要求，从 BIM 的实施过程，规范民用建筑的 BIM 设计的基本内容。

(1)资源要求

是指建筑设计单位运用 BIM 技术进行建筑设计所需要的基本应用条件，它包括模型创建软件、协同平台、构件和构件资源库三个基本方面，是BIM技术有效实施的前提。北京标准中对这些基本应用条件给予了总括的规定和说明。

(2)模型深度要求

建筑信息模型的创建是BIM技术应用的中心工作，其模型创建的目的，就是以模型为载体，生产和传递具有BIM技术特征的建筑设计信息，它是基于BIM技术进行设计的基本内容，是多专业三维协同设计的必要条件，也是实现全产业链建筑信息有效传递的重要手段，因此，建筑设计模型及其所承载的建筑设计信息的定义和规范是本标准的核心内容，它包括建筑模型深度等级和建筑语义信息规范两部分内容，并通过建筑模型深度等级表来体现，模型深度要求是通过对模型所承载和传递的信息进行分类描述，来统一建筑设计各专业中所应包含的基本内容，这使得模型基于内容形成了统一标准，不仅使建筑设计各专业内、专业间，也使得开发、施工、运维各阶段的模型内容与设计阶段的模型内容建立起了基本的对应关系，为专业协同，生命期各阶段协同，以及商业合约的签定和设计成果的交付奠定了重要基础，创造了统一的内容识别方法和手段。

(3)交付要求

在现实中，基于BIM技术进行的建筑设计成果交付主要指设计单位的设计标的完成和对外提交，它与传统建筑设计成果交付相比有明显的不同，与对建筑设计交付物的交付要求和交付形式也有很大的区别，特别是随IT技术的发展对建筑设计交付物的使用也在不断深化，因此，规范基于BIM技术的设计交付，既是规范建筑设计成果，也是规范建筑设计的市场行为和规范建筑设计成果使用的重要条件。基于BIM技术的设计成果交付规范，包据一般交付物和特殊交付物的两部分内容。一般交付物主要是依据商业约定(合同)而确定的交付内容、语义信息、文件格式，并能满足开发、施工、运维等不同领域直接或二次处理使用要求的建筑设计成果。特殊交付物是指依据特殊要求而提供的建筑设计成果，北京标准中特殊交付物特指满足北京市地方政府行政管理部门审查、审批，存档、备案等要求，而规定的交付内容、交付形式、语义信息、文件格式等要求的建筑设计成果，这是北京的政府行政管理手段创新的基础条件，基于BIM的交付要求是BIM实施中最重要的规范内容，北京标准中第一次提出合同交付和特殊交付的概念，这是为BIM在行业内更好的推广应用，全面发挥BIM作用的探索和尝试。

3.3 数据标准与协同平台

3.3.1 数据标准

实现工程项目投资策划、勘察设计、施工乃至运营维护各阶段基于BIM标准的信息传递和信息共享，应制定建设期BIM实施规划来整体管理。数据共享的实现除了由国家颁布一定的法律规范来保障外，最需要的是要有统一的数据标准。数据标准的统一是实现数据共享的前提条件。数据标准的制定对于BIM技术的实施具有重要意义，数据标准化不但是一个系统与另一个系统实现数据共享的需要，而且是在一个系统内保持数据的连贯性、持续有效性的需要，直接影响到BIM技术实施的经济效益和社会效益。在数据标准化建设还不是十分成熟的情况下，为了尽可能满足数据共享，在数据生产和数据库建设过程中应尽量满足BIM数据标准化所包含的基本内容。

1. 元数据标准

在整合和共享资源的过程中，最基本的就是基于元数据建立资源共享目录体系。在通过元数据描述各类资源的过程中，需要基于各类资源的不同特点，按照整合和共享的要求，制定专用元数据标准，科学、准确、完整的描述这些资源的属性和特征。同时从顶层框架考虑，不同领域的元数据应满足共享的共性特征。制定元数据标准应符合国家相关标准的原则和方法，确保元数据标准的一致性和适用性。

2. 坐标系统标准

统一的地理坐标系统是保障数据共享的前提。具有公共地理定位基准是轨道交通建设全生命期数据的主要特点。通过投影方式、地理坐标、网格坐标对数据进行定位，可使各种来源的地理信息和空间数据在统一的地理坐标系统上反映出它们的空间位置和四至关系特征。统一的地理坐标系统是实现轨道交通建设全生命周期信息收集、存储、检索、相互配准及进行综合分析评价的基础。

3. 交换格式

一个完善的数据交换标准必须能实现从源系统向数据模型、数据格式、数据结构、存储结构甚至系统硬件结构等方面有差异的目标系统实现数据的转换。BIM 数据不同于一般属性数据库仅有几种固定的数据类型，数据共享比较复杂。在当前 BIM 软件数据格式较多的情况下，应选用或制定一套稳定的数据交换格式标准及方法。总的原则是制定的数据交换格式应尽量简单实用，能独立于数据提供者和用户的数据格式、数据结构及软硬件环境，数据格式应便于修改、扩充和维护，便于同国内外重要的软件数据格式进行交换，保证较强的通用性。

4. 采集规程

轨道交通建设全生命其数据库中涉及到多源数据集，它具有数据量大、数据种类繁多的特点。数据随时更新且有共享性、利于数据传输、交换等需求。根据空间数据库的目标和功能，要求数据库全面而准确地拥有尽可能多的有用数据。作业规程中对设备要求、作业步骤、质量控制、数据记录格式、数据库管理及产品验收都应作详细规定。所采集的数据应具有权威性、科学性和现势性的特点。

5. 数据质量标准

BIM 数据质量标准是生产、使用和评价数据的依据，数据质量是数据整体性能的综合体现。数据质量标准内容包括但不限于：执行规范及作业细则；数据情况说明；位置精度或精度评定；属性精度；时间精度；逻辑一致性；数据完整性；表达形式的合理性等。为了提高 BIM 数据的质量，需要对 BIM 数据质量进行控制。数据质量控制的内容包括但不限于：完整的技术方案；优化的工艺流程；严密的生产组织管理；各环节的质量评价及过程控制等。

3.3.2　数据处理

1. 数据分类

城市轨道交通涵盖的数据按照应用场景分为空间基础数据和业务专题数据，其具体分类见表Ⅱ—3—3。

表Ⅱ—3—3 数据分类表

一级分类	二级分类	描 述	数据格式
空间数据	工程自身	车站、区间、车辆段、停车场设计和施工阶段的所有实体模型	*.rvt、*.max、*.dgnt 等
	地形地貌	工程实施范围内的采用西安 80 或者北京 54 坐标系统的数字正射影像图	*.tif
		工程实施范围内的地形高程数据	*.tif、*.dem
	地质	工程实施范围内的地下水分层、埋深等数据	*.doc、*.dwg、*.xls
		工程实施范围内的分层信息、土质、土性等数据	*.doc、*.dwg、*.xls 等
	周边环境	线路范围内的建构筑物等、市政管线、地下穿越或邻近其他的车站等建(构)筑物	*.max、*.rvt 等
业务数据	静态属性数据	地铁线路组成构件的规格型号、厂商、技术参数、价格等工程属性数据	*.doc、*.xls、*.pdf、*.rfa 等
	施工数据	构件的施工进度和施工质量数据	*.doc、*.xls、*.pdf 等
	图纸数据	构件相关的布置图、详图、审批文件等	*.dgn、*.dwg、*.pdf 等
	文档数据	随机资料、安装操作手册、实物照片等	*.doc、*.pdf、*.xls、*.jpg 等
	视频监控数据	视频监控信息的元数据(摄像头编号、网络位置等描述信息)及相关视频文件	*.xls 及视频信号等
	实时监测数据	监测点元数据(监测点编号、监测指标、描述信息)和监测点运行数据	*.xls 文件及运行数据文件

2. 数据采集

不同类型的数据具有不同的采集方法与技术要求,其具体要求见表Ⅱ—3—4。

表Ⅱ—3—4 数据采集方法与技术要求表

一级分类	二级分类	采集方法	技术要求
空间数据	工程自身	通过 BIM 建模软件建立工程自身多个专业:建筑、结构、电气、采暖通风、管线综合等的三维模型	涵盖招标要求的建模范围,建模的精度要保证与现场一致,误差不超过 1cm
	地形地貌	由规划单位和专业的数据服务器商共同提供的方式	地形比例尺达到 1∶500,影像图分辨率达到 0.5 m
	地质	由勘察单位提供	符合勘察技术要求
	周边环境	规划单位提供的周边建(构)筑物数据、地下管线数据,并结合地形影像数据。	主要构件(直径 1m 以上)在外形、位置上与现场一致
业务数据	静态属性数据	由设计单位、施工单位、监理单位、供应商共同提供	涵盖设计、施工过程中的主要静态属性数据
	施工数据	由施工单位、监理单位、评估单位共同提供	包含施工过程中的主要动态数据
	图纸数据	由设计单位、施工单位、监理单位、供应商共同提供	涵盖构件在规划、设计、施工阶段的图纸资料
	文档数据	由设计单位、施工单位、监理单位、供应商共同提供	涵盖构件在规划、设计、施工阶段的文档资料
	视频监控数据	对接现场的视频监控系统	根据实际需要
	实时监测数据	对接公司已有的监控系统	根据实际需要

3. 多源异构数据标准化处理

实现不同来源、不同格式、不同时期的结构化和非结构化的多源异构数据的融合集成，通过虚拟空间数据引擎的调度实现多源异构数据的直接访问。

数据处理工具在模型数据进入数据库之前进行处理，实现同种类型不同格式的原始数据能够转化为数据库平台支持的统一格式数据，并能够根据勘测数据来三维展现地质模型，从而保证数据的一致性、准确性。处理后的数据能够直接导入数据库平台，数据处理工具主要工具见表Ⅱ—3—5。

表Ⅱ—3—5 数据处理工具表

工具名称	功　能
模型导出工具	能够导出 BIM 模型，包括模型的几何信息、属性信息、材质纹理贴图，导出为平台支持的标准格式文件(*.brt)
影像地形处理工具	对不同格式的影像文件或者地形文件进行处理，将 tiff、jpg、img 等多种格式的影像文件，附加坐标信息转化为统一格式；将 dwg 高程数据、dem、dom 等多种格式的地形文件统一转化为统一格式
业务数据标准化工具	将设计单位、施工单位、供应商提供的工程数据、图档数据按照规定的格式、命名与具体的构件进行关联，建立关联关系
外部系统数据采集工具	通过外部系统数据采集工具将外部系统的视频信息、实时运行数据、报警信息采集进入数据库平台中

3.3.3 协同平台

围绕 BIM 技术轨道交通工程全生命期应用实施需要，以建设集成、统一的数据平台为抓手，充分整合项目各阶段、各参与方、各专业的信息资源，采集重要信息数据，逐步建立信息资源库。提供更加及时高效的信息获取方式，丰富展现形式，为管理与决策提供全面准确便捷的信息服务。

充分利用各类专业系统和智能分析模型，开展统计分析、预测预警和评估研判，使国项目管理层能够及时掌握项目运行的实际状况和变化趋势，不断提升信息保障和辅助决策能力。

(1)先进性

数据平台尽可能跟踪国内外先进、成熟的软件开发平台和软件开发技术，使设计系统能够最大限度地适应技术发展变化的需求，以确保系统的先进性，延长系统的生命周期，提高投资效益。

(2)前瞻性和整体性

数据平台充分考虑和深入理解轨道交通全生命周期信息化的发展趋势和方向，结合实际，对数据中心的整体架构具有前瞻性。明确建设目标并充分分析数据平台的外延相关系统的应用环境，在系统信息资源目录体系、数据交换体系设计时充分体系的完整性，从而保证整个数据平台的整体性。

(3)集成性

数据平台应采用具有开放、灵活、符合主流标准的集成架构，能够与轨道交通建设管理方现有的、在建的、将建的各相关应用系统进行有效的集成整合。

(4)扩展性

数据平台设计应充分考虑业务未来发展的需要,尽可能设计简明,各个功能模块间得耦合度小,便于系统的扩展。对于原有的数据库系统,分别考虑兼容性,保证整个系统在实际需要时可以平滑过渡或升级。

(5)可管理性和可维护性

数据处理的各个层面采用可以灵活配置的软件产品,能够使整体数据中心具有很强的可管理和可维护性。

(6)安全性

数据平台中具有严格的权限体系。数据信息必须按照信息的敏感程度进行适当的分级管理。数据管理、使用应具有可靠的权限控制。采用有效手段保障系统和数据的安全性。

(7)稳定性和可靠性

系统具有高度的可靠性,设计采用成熟稳定可靠的硬件及软件技术保证系统长期可靠的运行。系统设计采用有效的备份措施,系统能够在遇到灾难性破坏时,实行数据恢复。运行应稳定、可靠。

3.3.4 主要功能

统一的协同工作环境。所有参与方都可以在一个网络环境上工作,即 BIM 协同平台统一的协同工作环境,项目进度、质量管理等也应基于此平台完成。

规范协同。在应用标准的基础上扩展定制企业或项目的具体协同规范,并在协同平台中贯彻落实,协同规范也应以此为依据来制定。

权限控制。权限控制是 BIM 协同平台的重要功能,也是顺利完成 BIM 应用,实施责任分工,保证数据安全的重要手段。协同平台应具备根据设计的管理要求、项目特点、人员组织来划分权限并进行日常有效地控制和管理的功能。

项目的进度管理。BIM 协同平台应包含 BIM 模型浏览、进度管理等功能。通过模型浏览和进度显示协助完成进度控制。如:与 P6、Project 等进度管理软件对接,实现进度的策划、调整和执行等。

项目的质量管理。BIM 协同平台通过内嵌质量控制文档、资料表格模板等手段,可以协助项目的质量控制。依据企业或项目设计管理流程,可以实现电子移交、审核批准、远程协作、版本管理、图形和模型网上发布的实用的协同工作任务。通过内置流程和表单,可以实现协同任务的流程控制,有效地提高基于协同的质量管理。

分布式异地协同。通过多专业配合与协同工作功能,可以快速地建立专业间、专业内协同工作模板。运用底层分布式与远程增量传输等技术,可以使异地协同接近本地协同工作的效率,解决远程协同的问题。

BIM 模型的版本管理。协同平台应支持历史版本的存储和管理,并确保用较少的存储空间存储 BIM 与其他文档过程版本,为工程文档的全生命期管理奠定基础。BIM 协同平台软件内置的文档中心可以细化到各个阶段,可以实现工程全生命期各阶段的管理,可以成为工程项目的文档管理中心,为 BIM 成果的集中管理创造条件。

4 应用目标与实施方案

4.1 阶段应用目标

4.1.1 可行性研究阶段

应用目标:综合 GIS 数据和 BIM 模型直观地展示线路功能定位,确定并稳定线路及站位方案,增强设计的合理性见表Ⅱ—4—1。

表Ⅱ—4—1 BIM 应用价值体系—可行性研究阶段

<table>
<tr><th colspan="2">BIM 工作内容</th><th>应用价值</th></tr>
<tr><td rowspan="2">场地建模</td><td>地上建模</td><td>周边道路、建筑环境建模等,直观表示场景要素(主要建筑物、文物等)</td></tr>
<tr><td>地下构筑物建模</td><td>市政管线建模等,直观表示场景要素</td></tr>
<tr><td rowspan="2">车站、区间建模</td><td>车站建模</td><td>直观表示拟建工程的空间体量和外包尺寸。重要车站进行车站形式研究、展示布局</td></tr>
<tr><td>区间建模</td><td>直观表示拟建工程线路、建筑限界。典型区间、节点桥进行研究、展示布局</td></tr>
<tr><td rowspan="2">专项验证</td><td>规划定位、用地检查</td><td>与红线、绿线、河道蓝线、高压黄线、建筑物距离的关系,环评与卫生要求,用地范围准确性检查</td></tr>
<tr><td>风险源排查</td><td>车站控制因素,区间穿越河道、桥梁、铁路、既有建筑和地下管线等控制性建筑物</td></tr>
<tr><td rowspan="2">方案比选</td><td>车站形式分析</td><td>标准车站、换乘车站、枢纽站、线路起、终点站、特殊建筑形式车站方案研究</td></tr>
<tr><td>车辆综合基地进行选址比选</td><td>总平面布置方案及主要设施;地形分析,土方量估算</td></tr>
<tr><td rowspan="3">模拟展示</td><td>工程整体展示</td><td>工程整体展示</td></tr>
<tr><td>车站专项展示</td><td>防火设计、防淹设计、无障碍设计、建筑装修三维展示</td></tr>
<tr><td>交通组织、管线搬迁</td><td>站外市政管线综合复核(管线搬迁的碰撞复核),分阶段模拟复核管线搬迁方案、核准复位管与车站建筑顶板标高。站外交通组织,交通疏解的车辆通行能力复核</td></tr>
</table>

4.1.2 初步设计阶段

应用目标:综合 GIS 数据和 BIM 模型直观地展示车站主体及附属、区间工程及附属以及与周边环境的关联关系,在总体设计成果基础上进一步稳定车站和区间设计成果。提高沟通效率,增强设计的合理性、规范性。见表Ⅱ—4—2。

表Ⅱ—4—2 BIM 应用价值体系—初步设计阶段

<table>
<tr><th colspan="2">BIM 工作内容</th><th>应用价值</th></tr>
<tr><td rowspan="2">场地建模深化</td><td>地上建模</td><td>深化地上可见部分建模:道路、河流、铁路、桥梁、文物、名木、古迹、高压铁塔以及与周边既有建筑、构筑物、加油加气站等公共设施的关系</td></tr>
<tr><td>地下构筑物建模</td><td>区间穿越河道、桥梁、既有建筑、控制性建筑物基础和地下主要管线、人行地道等</td></tr>
</table>

续上表

BIM 工作内容		应用价值
模型深化	车站建模	直观表示车站主体、出入口(含消防专用通道出入口、无障碍电梯地面亭)、风亭、冷却塔的总体布局情况; 直观表示车站功能分区和平面布局(车站公共区和设备管理区平面布局;站厅付费区和非付费区布局;楼扶梯等垂直交通设施布置;售检票等乘客服务设施布局) 直观表示车站配线:包括线路配线与车站关系,配线岔心距有效站台距离;是否设轨排井等情况;终点站展示预留线路延长情况
	区间建模	区间结构分段建模,限界(轨旁各管线、设备布置大致位置,疏散平台,轨道等),辅助线(出入线、折返线等),结构(区间主体工程结构,联络通道,区间风井,盾构工作井,施工竖井)
	车辆综合基地建模	直观表示站场线路、场内道路、站场路基、雨水排水;直观表示各单体建筑、结构;直观表示出入线设计
专项验证	规划定位、用地检查	站位及周边情况:车站在城市中的位置,站位与周边道路和周边规划条件,附属建筑位置与周边临近规划建筑的关系以及地块开发等关系。 重点难点地段,控制线路平面、纵断面设计因素分析;部分变更线路走向、路由、车站分说明; 分阶段展示车站出入口、风亭与周边环境关系 车站主体及出入口、风亭等附属建筑所处的地形地貌情况
	特级、一级风险源方案模拟	对影响车站站位和埋深的控制因素(如:重要的地下管线,房屋拆迁、施工条件和交通疏解,以及区间穿越河流、桥桩等)采取保留、拆除、改移的措施的模型示意
	空间检查	整合各设计专业的 BIM 模型,对管线进行净高的检查
方案比选	线位、站位设计方案	线位、站位设计方案比较。地上地下过渡段位置方案比较;纵断面坡度设计及敷设高程方案比较
	换乘站的换乘方案	根据线网规划和建设时序展示车站换乘方式及近远期实施情况(同期实施、预留换乘节点或区间穿越等方式)以及联络线设置和预留情况; 标记预留节点分期实施结构分界点,并对后期建设的车站以及出入口、风亭等附属建筑的方案实施体量示意; 直观展示近远期车站换乘节点公共区实现换乘功能转换时的平面布局和交通流线; 标记展示换乘车站的资源共享内容和界面划分
模拟展示	工程整体展示	展示工程整体布局
	车站工程	交通组织设计和流线、车站防火设计、车站人防设计、车站防淹设计、车站无障碍设计、重点车站周边及广场设计、车站物业开发、车站装修效果、车站导向标志及广告设置
	区间工程	精细化展示与既有、远期车站、区间、管廊、隧道等穿越关系
	盾构机进出模拟	盾构在本站吊出、始发、掉头、过站等作业状况和结构加高、加宽范围
	客流模拟	客流模拟展示
计算分析	通行能力计算	车站设计客流及系统设计;车站站台宽度计算;站台至站厅楼扶梯通过能力计算;站厅付费区检票机和栅栏门疏散能力计算;车站出入口通道、楼扶梯通过能力计算;车站事故疏散时间计算;车站换乘设施能力计算;重要、复杂、运能不匹配的换乘车站功能评价;小交路折返站和同站台换乘车站站台人流密度和紧急疏散计算
	绿色建筑分析	日照、采光、噪声、通风分析
	工程量统计	车站主要特征表、车站设备、管理用房面积、车站门窗表

4.1.3　施工图设计阶段

应用目标：利用 BIM 模型直观地展示工程主体及附属内部各专业设计成果的关联关系，提高沟通效率、强化专业协同、避免错漏碰缺、提高设计质量、落实技术标准。见表Ⅱ—4—3。

表Ⅱ—4—3　BIM 应用价值体系—施工图设计阶段

BIM 工作内容		应用价值
场地建模深化	地上建模	地上车站或换乘交通枢纽站、终点站的站前广场（包括道路、消防车道、绿化，以及自行车、出租车或 P+R 小汽车停车场）布置；车站站前人行集散广场、机动车及非机动车停车场、公交港湾的设计模型深化及三维展示
	地下建模	与工程直接相关的构筑物，反映相关关系
模型深化	车站建模	直观表示车站站中心里程、坐标及标高、出入口及风亭设置、车站公共设施设置，车站内各专业模型。
	区间建模	区间结构分段建模，限界（轨旁各管线、设备布置大致位置，疏散平台，轨道等），辅助线（出入线、折返线等），结构（区间主体工程结构，联络通道，区间风井，盾构工作井，施工竖井）区间内各专业模型
	车辆综合基地建模	直观表示站场各专业；直观表示各单体各专业模型
专项验证	净高、净空验证	站位及周边情况：车站在城市中的位置，站位与周边道路和周边规划条件，附属建筑位置与周边临近规划建筑的关系以及地块开发等关系。 重点难点地段，控制线路平面、纵断面设计因素分析；部分变更线路走向、路由、车站分说明； 分阶段展示车站出入口、风亭与周边环境关系 车站主体及出入口、风亭等附属建筑所处的地形地貌情况
	管线综合设计	车站管线综合、区间管线综合、场地管线综合
	预留、预埋、检修空间验证、设备吊装孔运输通道验证	保证检修空间、运输通道
	各专业协同检查	各专业综合检查，避免错、漏、缺
模拟展示	车站工程	车站形式、换乘方式及实施情况、车站主体、配线及两端区间施工方法直观展示、交通组织设计和流线、车站防火设计、车站人防设计、车站防淹设计、车站无障碍设计、重点车站周边及广场设计、车站物业开发、车站装修效果、车站导向标志及广告设置、车站设备用房区装修模拟、对采用新技术、新材料的做法示意及对特殊建筑造型和必要的建筑构造的展示、地上车站幕墙工程展示、车站需要采取的安全防范、防盗要求及具体措施三维展示
	换乘车站	换乘车站需说明换乘方式及近、远期实施情况（如近期一次建成的换乘车站空间利用和设备资源共享，远期建设车站的预留换乘条件或区间穿越等方式和分期实施结构的分界点），以及换乘节点公共区实现换乘功能转换时的平面布局和交通流线
	复杂区域进行模拟演示	模型成果进行技术交底
	区间工程	精细化展示与既有、远期车站、区间、管廊、隧道等穿越关系
计算分析	绿色建筑分析	日照、采光、噪声、通风分析
	工程量统计	主要工程量统计

4.1.4 施工阶段

应用目标:应用 BIM 对工程施工方案开展深化设计及虚拟建造,深入理解设计意图、分析工程重难点,全面优化施工组织设计。应用 BIM 创建虚拟现场,利用 GIS、物联网、移动互联等技术开展标准化管理、进度管理、安全风险管理、质量管理、重要部位和环节条件验收、成本管理等方面的应用,实现对工程项目的精细化管理。见表Ⅱ—4—4。

表Ⅱ—4—4 BIM 应用价值体系—施工阶段

BIM 工作内容		应用价值
模型深化与维护	地上建模	施工现场布置检验施工场地布置的合理优化场地布置
	车站建模	结合施工组织设计进行模型深化,设计变更调整并加载施工信息,直至形成竣工模型
	区间建模	结合施工组织设计进行模型深化,设计变更调整并加载施工信息,直至形成竣工模型
	车辆综合基地建模	结合施工组织设计进行模型深化,设计变更调整并加载施工信息,直至形成竣工模型
精细管理	成本管理	基于 BIM 模型进行预算管理,进行成本控制。进行工程量统计
	进度管理	基于 BIM 模型进行进度管理,合理安排工期
	安全管理	基于 BIM 模型进行安全管理,直观反映安全控制因素
	材料管理	基于 BIM 模型进行材料管理,精细化下料
	质量管理	基于 BIM 模型进行质量管理,提高施工质量
模拟展示	施工方案模拟	利用 BIM 可视化特点,建立施工方案模型,模拟方案施工过程,梳理存在的问题并优化。利用模型或生成的文件进行可视化技术交底,提高沟通效率
	进度模拟	施工总工期与施工进度的模拟

4.1.5 竣工阶段

应用目标:将各阶段验收形成的专项验收情况、设备系统联合调试数据、试运行数据等验收信息和资料附加或关联到模型中,形成竣工验收模型,分别向政府管理部门和运营单位移交。见表Ⅱ—4—5。

表Ⅱ—4—5 BIM 应用价值体系—竣工阶段

BIM 工作内容		应用价值
场地建模深化	场地模型	反映最终地上、地下工程实际情况,录入相关信息便于日后查询和使用
模型深化	车站模型	反映最终工程实际情况,录入相关信息便于日后查询和使用
	区间模型	反映最终工程实际情况,录入相关信息便于日后查询和使用
	车辆综合基地模型	反映最终工程实际情况,录入相关信息便于日后查询和使用

4.2 场地环境实施方案

BIM 场地环境实施方需要融合地上、地下地理信息资料和测绘勘探资料,建立集地上地下为一体的地铁三维环境,其中包含地表环境、地质环境、管线环境等内容,方便准确地指导设计、施工、运维工作。

4.2.1 地上环境实施方案

采取低空无人机进行航测，快速、准确获取轨道交通工程规划线路及沿线两侧 1 km 范围内的城市环境信息（含地形和高程、地表地物等信息），生成三维模型。

1. 系统配置

系统配置见表Ⅱ—4—6。

表Ⅱ—4—6 地上环境低空扫描设备系统配置

序号	部件名称	单位	数量
1	F200 电动无人机	套	1
2	索尼 RX1RII 全画幅数码相机	套	1
3	索尼 QX1 双相机倾斜模块	套	1
4	F200 地面数传模块	套	1
5	无人机管家 2.0 专业版	套	1
6	F200 智能电池	组	2
7	F200 智能电池充电器	个	1
8	F200 回收伞	个	4
9	F200 作业运输箱	个	1

2. 技术流程

携带 F200 搭载倾斜双相机载荷模块进行轨道交通倾斜数据的获取，采用 ContextCapture 三维建模软件生成了高精度的三维模型，满足了城市轨道交通业主及设计方对高精度、高质量的三维数据需求，为轨道交通的规划设计、施工及后期运维提供了可靠的数据支撑。具体流程如图Ⅱ—4—1 所示。

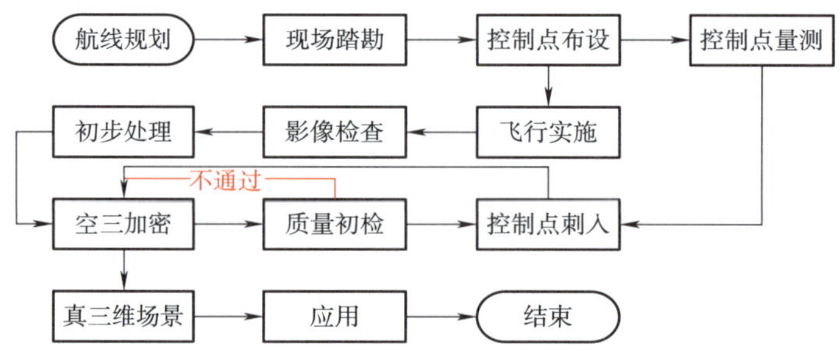

图Ⅱ—4—1 地上环境低空扫描流程图

（1）航线规划

根据设计线路，通过无人机配套软件进行飞行航线规划设计，规划飞行里程及飞行时间，为提高效率、避免往返飞行需设置航向重叠度和旁向重叠度。

（2）现场踏勘及飞行作业

航线设计完成后，即可进入外场实施作业。由于轨道交通线路较长，故需要选择多个场地进行转场飞行。

（3）控制点布设及量测

作业采用靶标布设，以道路交通标志线拐点为靶标点，通过中海达 RTK 连接 COS 站的方式量测控制点坐标信息。

(4)影像检查及初步处理

外业航飞人员在完成每一架次之后均要拷贝并检查飞行影像数据，满足需求后，先将 POS 信息写入对应的照片中，而后转入专业三维建模软件 ContextCapture 中进行新建工程，导入照片，完成初步处理。

(5)空三加密

倾斜摄影后处理部分真三维场景模型的构建主要是利用 ContextCapture 软件完成，其中包括：空三加密、控制点刺入以及三维模型的构建。

(6)质量初检

完成空三加密运算后，需要对 ContextCapture 软件所运行结束的空三结果进行检查，查看是否有照片漏掉未参与运算、是否有变形、分层、旋转等情况的发生。

(7)控制点刺入

在获取正确的空三加密结果后，为了获得更精准的三维模型，使其平面及高程信息更加准确，需要三维建模之前刺入控制点对其进行地理控制。

完成控制点刺入后重新提交空三，使用控制点进行平差。完成使用控制点平差空三加密后，检查空三结果报告，数据标准应满足《数字摄影测量空中三角测量规范》GB/T 23236—2009。

(8)真三维场景建模

完成空三获取加密点云之后，完成真三维场景建模处理。如图Ⅱ—4—2 和图Ⅱ—4—3 所示。

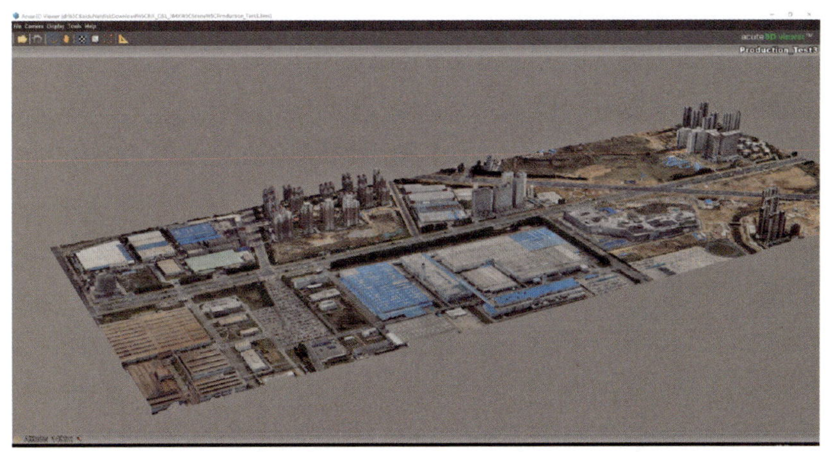

图Ⅱ—4—2　测区三维模型 1

3. 成果标准

对 Pix4DMapper 的空三成果，正摄影像及数字地表模型成果进行精度检查，检验其是否满足 1∶2000 地形图测绘的要求。

(1)控制点空三精度

整个航测过程中，空三的精度直接影响最终成图的精度，空三的质量检查一般通过空三解算报告和立体采集检查点进行。

图Ⅱ—4—3　测区三维模型 2

通过精度报告可知，空三结果中平面中误差 0.01m，高程中误差 0.016m。由于所有点均为控制点，未设置检查点，为了验证航测结果中高程的准确性，又对测区进行了抽样验证，在测区内选取了两排点，点间距约为 50m，通过 RTK 获取点坐标信息，在 ArcMap 中投入野外采集验证点，提取数字地表模型中相应点的像素值(即该点高程值)，将提取的高程值与野外采集高程值相减获取差值，计算中误差，中误差结果约为 0.12 m，满足《数字摄影测量空中三角测量规范》(GB/T 23236—2009)规定的 1∶2000 空三精度。

(2)DOM 精度检查

将控制点、检查点与 DOM 套合，进行 DOM 精度检查，可发现 DOM 的误差均在 1 像素左右，满足 1∶2000DOM 影像的精度要求。

4.2.2 地质环境实施方案

为得到更为直观的地质结构形态，为建设方、设计方等提供更好的决策和设计条件，使用 BIM 设计软件 Revit，构建三维地质层模型，展现不同地层的结构信息和地质形态，将传统的二维剖面图转化为三维可视化模型。

1. 技术方案

地铁区间三维地质模型构建思路：在获取地质剖面的前提下，使用内建模型中的拉伸方法对一个或者两个剖面进行拉伸得到一个模型体，最后使用空心切割对不规则的地质模型进行调整。

地铁车站三维地质模型构建思路：针对多个剖面的地质环境，使用融合方式对多个剖面展现出的地质模型进行容和拉伸，借助融合命令，将相对的两个剖面相互融合得到一个三维的地质模型。

2. 技术流程(图Ⅱ—4—4)

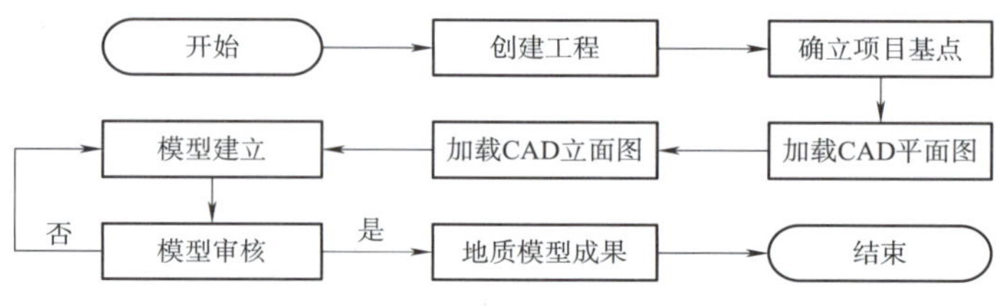

图Ⅱ—4—4　地质环境创建流程图

3. 成果标准

勘察资料 BIM 化成果规范标准包括，三维地质建模内容、模型分类分层、命名规则、坐标系、属性结构和内容、图例等内容。

(1)地质体图例色标标准

本图例的编制原则是，结合 1∶2.5 万～1∶5 万综合工程地质图的图面容量，确保图面层次分明，重点突出，含意确切，清晰易读；在充分考虑其系统性、科学性时，特别强调其实用性和通用性；尽量采用国内地质、工程地质长期通用的图例和色标，并尽可能地使之和国际同类标准或方案相一致，以便国际、国内交流。如图Ⅱ—4—5 所示。

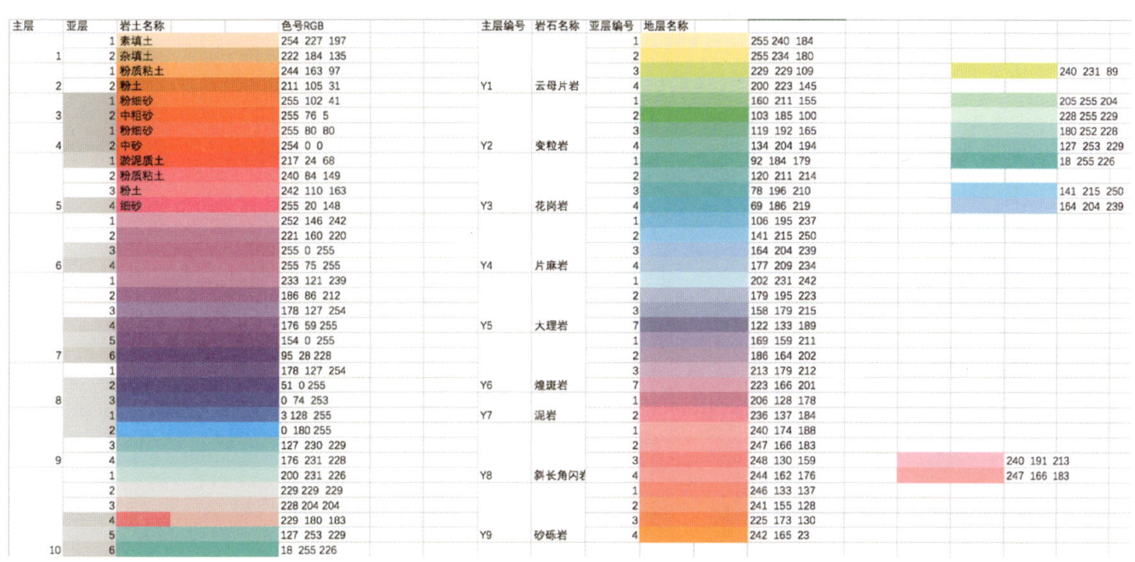

主层	亚层	岩土名称	色号RGB
	1	素填土	254 227 197
1	2	杂填土	222 184 135
	1	粉质粘土	244 163 97
2	2	粉土	211 105 31
	1	粉细砂	255 102 41
3	2	中粗砂	255 76 5
	1	粉细砂	255 80 80
4	2	中砂	254 0 0
	1	淤泥质土	217 24 68
	2	粉质粘土	240 84 149
	3	粉土	242 110 163
5	4	细砂	255 20 148
	1		252 146 242
	2		221 160 220
	3		255 0 255
6	4		255 75 255
	1		233 121 239
	2		186 86 212
	3		178 127 254
	4		176 59 255
	5		154 0 255
7	6		95 28 228
	1		178 127 254
	2		51 0 255
8	3		0 74 253
	1		3 128 255
	2		0 180 255
	3		127 230 229
9	4		176 231 228
	1		200 231 226
	2		229 229 229
	3		228 204 204
	4		229 180 183
	5		127 253 229
10	6		18 255 226

主层编号	岩石名称	亚层编号	地层名称		
		1		255 240 184	
		2		255 234 180	
		3		229 229 109	240 231 89
Y1	云母片岩	4		200 223 145	
		1		160 211 155	205 255 204
		2		103 185 100	228 255 229
		3		119 192 165	180 252 228
Y2	变粒岩	4		134 204 194	127 253 229
		1		92 184 179	18 255 226
		2		120 211 214	
		3		78 196 210	141 215 250
Y3	花岗岩	4		69 186 219	164 204 239
		1		106 195 237	
		2		141 215 250	
		3		164 204 239	
Y4	片麻岩	4		177 209 234	
		1		202 231 242	
		2		179 195 223	
		3		158 179 215	
Y5	大理岩	7		122 133 189	
		1		169 159 211	
		2		186 164 202	
		3		213 179 212	
Y6	煌斑岩	7		223 166 201	
		1		206 128 178	
Y7	泥岩	2		236 137 184	
		1		240 174 188	
		2		247 166 183	
		3		248 130 159	240 191 213
Y8	斜长角闪岩	4		244 162 176	247 166 183
		1		246 133 137	
		2		241 155 128	
		3		225 173 130	
Y9	砂砾岩	4		242 165 23	

图Ⅱ—4—5　地质体色标图例

岩体、土体类型用颜色表示；岩体的强度和土体的主要工程地质特性（如密实程度、压缩性等）用色调深浅表示；岩、土体类型用颜色表示；岩、土体结构用不同网纹符号表示；特殊岩、土体则用不同的颜色和花纹符号表示。如图Ⅱ—4—6 所示。

对于一些特殊地区如黄土、沙漠、冻土、岩溶、滨海等地区缤智综合工程地质图，在本标准的图例满足不了要求时，可在本标准的基础上，参照有关的专业标准，另行增设图例。

(2)地下结构对地层 BIM 模型需求

为了设计同地质体之间的无缝衔接，让地质体 BIM 模型和设计 BIM 结构在同一个标准环境中进行构建，防止出现地质体模型同设计对接不完善的情况。模型需满足如下要求：

地质模型建模要求：模型单位要明确、钻孔坐标要正确、钻孔标高要准确、钻孔位置需要标注；

地质模型建模内容：

地层单元属性（属性能被注释自动标识），需含有如下信息：地层编号、地层名称、地层颜色、剖面填充、属性应预留地层材质物理特性栏。

地质钻孔属性（属性能被注释自动标识），需含有如下信息：钻孔编号、地层模型应具备能被体量切割的特点、模型中应含有相应的平剖面图、地表平面图（含地质钻孔的编号等信息）、连接钻孔的纵、横剖面图。

岩性名称	岩土代号	类别名称	图例名称	对照信息图片
耕土	gt	填土		
人工填土	rgtt	填土	GKrgtt	
杂填土	ztt	填土	GKztt	
素填土	stt	填土	GKstt	
冲填土	ctt	填土	GKctt	
填土	tt	填土	GKrgtt	
淤泥	yn	软土	GKyn	
淤泥质黏土	ynznt	软土	GKynznt	
淤泥质粉土	ynzft	软土	GKynzft	
泥炭	nt	软土	GKnt	
泥炭质黏土	ntznt	软土	GKntznt	
泥炭质粉土	ntzft	软土	GKntzft	
淤泥质粉质黏土	ynzfzn	软土	GKynzfzn	
淤泥质砂土	ynzst	软土	GKynzst	
黏土	ntu	黏土	GKnxt	
粉质黏土	fznt	黏土	GKfznt	
重粉质黏土	zfznt	黏土	GKzfznt	
粗砾砂	1911	砂土	1911	
黏质土	nzt	黏土	GKnxt	
粉土	ft	粉土	GKft	
黏质粉土	nzft	粉土	GKnzft	
砂质粉土	szft	粉土	GKszft	
卵石土	Ps	碎石土	1914	
粉质土	fzt	粉土	GKft	
粉砂	fs	砂土	GKfs	
细砂	xs	砂土	GKxs	
中砂	zs	砂土	GKzs	
粗砂	cs	砂土	GKcs	

图Ⅱ—4—6 地质体填充图例

4.2.3 管线环境

通过外业勘察得到的管线数据，将管线 MDB 数据转化成三维 BIM 数据，将数字形式的管线数据 BIM 化。

1. 技术方案

为满足设计方设计图纸出图需求，采用 BIM 软件将管线探测数据进行三维加工处理，建立地铁沿线不同类型的市政管线三维模型。

2. 技术流程

(1)准备资料

既有管线测量数据：管线数据要按照管点和管线的形式分开，管点表格必须包含的管线类型、点号、XY 坐标、地面高程、附属物等数据，如图Ⅱ—4—7 所示。

管线表格必须包含的数据类型有(管线起始点号、起始点埋深、管径)如图Ⅱ—4—8 所示。

序号	1.00	2	3	4	5	6	7	8	9	10	11	12	13
英文字段名	PtOnlyID	ProjNo	LineNu	PipeType	PipePtNo	X	Y	SurfElev	Feature	Adjunct	SurfBldg	WellElev	WellDeep
中文字段名	标识码	工程编号	线路号	管线种类	点号	X坐标	Y坐标	地面高程	特征	附属物	建(构)筑物	井底高程	井底埋深
	2100.00	1	121	电信	DX0131357	472027.027	4159343.876	7.221	探测点			6.321	0.9
	2101.00	1	121	电信	DX015133	472027.457	4159286.304	7.465	探测点			6.545	0.92
	2102.00	1	121	电信	DX0160122	471524.409	4159310.051	7.903		人孔		6.903	1
	2103.00	1	121	电信	DX0160107	471424.732	4159315.178	7.934		人孔		7.134	0.8
	2104.00	1	121	电信	DX0160109	471438.404	4159308.686	7.945	三分支	人孔		2.345	5.6
	2105.00	1	121	电信	DX0160110	471442.704	4159308.628	7.988	三分支	人孔		2.388	5.6
	2106.00	1	121	电信	DX0160106	471424.032	4159309.33	8.04	三分支	人孔		5.04	3
	2107.00	1	121	电信	DX0160120	471490.355	4159306.062	8.058		量测点		2.458	5.6
	2108.00	1	121	电信	DX0160183	471468.232	4159374.175	8.081	探测点			7.021	1.06
	2109.00	1	121	电信	DX0160121	471523.607	4159304.411	8.086	三分支	量测点		4.936	3.15
	2110.00	1	121	电信	DX0160185	471523.046	4159371.262	8.088	探测点			7.088	1
	2111.00	1	121	电信	DX0160186	471523.058	4159370.431	8.092	探测点			7.092	1
	2112.00	1	121	电信	DX160972	471426.092	4159309.332	8.097		人孔		7.297	0.8
	2113.00	1	121	电信	DX0160181	471452.823	4159373.69	8.112	探测点			7.332	0.78
	2114.00	1	121	电信	DX0160189	471581.804	4159369.469	8.117	探测点			7.167	0.95
	2115.00	1	121	电信	[illegible]	[illegible]	[illegible]	[illegible]	[illegible]			[illegible]	[illegible]

图Ⅱ—4—7　既有管点测量数据示意

3	4	5	6	7	8	9	10	11	12	13	14	15	16	17	18
LineNu	PipeType	SPtOnlyID	EPtOnlyID			SPtElev	SElevType	SDeep	EPtElev	EElevType	EDeep	Material	EmBed	PipeSize1	PipeSize2
线路号	管线种类	起点标识码	止点标识码	起点号	止点号	起点高程	起高程类型	起点埋深	止点高程	止高程类型	止点埋深	材质	埋设方式	管径1	管径2
121	电信			DX0134099	DX0158120	31.73	外顶高	1.2	31	外顶高	1.2		套管	600X100	
121	电信			DX0134099	DX0133344	31.73	外顶高	1.25	33.579	外顶高	1.45		套管	400X100	
121	电信			DX0158120	DX0133061	31	外顶高	1.2	31.474	外顶高	1.19		套管	600X100	
121	电信			DX0133057	DX0133061	31.463	外顶高	0.8	31.474	外顶高	1.49	光纤	套管	500X200	
121	电信			DX0133060	DX0133061	31.457	外顶高	1.23	31.474	外顶高	1.49		套管	200X200	
121	电信			DX0133338	DX0133342	31.904	外顶高	1.4	33.136	外顶高	1.05	光纤	套管	400X100	
121	电信			DX0133342	DX0133344	33.136	外顶高	1.05	33.579	外顶高	1.68	光纤	套管	400X100	
121	电信			DX0133344	DX0158119	33.579	外顶高	1.38	31	外顶高	0.9	光纤	套管	300X200	
121	电信			DX0158119	DX0133061	31	外顶高	0.9	31.474	外顶高	0.75	光纤	套管	300X200	
121	电信			DX0133061	DX0133064	31.474	外顶高	1.96	31.688	外顶高	1.95	光纤	套管	400X100	

图Ⅱ—4—8　既有管线测量数据示意

勘察资料资料交底：包括探测范围及探测对象，管线调查项目及探测内容等。所测管线埋深为外顶还是内底；管线直接指的是外径还是公称直径。

管线线路平面图(CAD 数据)。

(2)既有管线测量数据整理

将项目提供的管线数据整理成标准格式的 EXCLE 表格数据。其中，每一类数据单独放置在一个 EXCLE 表格下，每个 EXCLE 表格分为管点和管线，EXCLE 数据表格整理如图Ⅱ—4—9 所示。

序号	1.00	2	3	4	5	6	7	8	9	10	11	12	13	14	15
英文字段名	PtOnlyID	ProjNo	LineNu	PipeType	PipePtNo	X	Y	SurfElev	Feature	Adjunct	SurfBldg	WellElev	WellDeep	WellNeck	OffsetNo
中文字段名	标识码	工程编号	线路号	管线种类	点号	X坐标	Y坐标	地面高程	特征	附属物	建(构)筑物	井底高程	井底埋深	井筒埋深	偏心井点号
	2100.00	1	121	电信	DX0131357	472027.027	4159343.876	7.221	探测点			6.321	0.9		
	2101.00	1	121	电信	DX015133	472027.457	4159286.304	7.465	探测点			6.545	0.92		
	2102.00	1	121	电信	DX0160122	471524.409	4159310.051	7.903		人孔		6.903	1		
	2103.00	1	121	电信	DX0160107	471424.732	4159315.178	7.934		人孔		7.134	0.8		
	2104.00	1	121	电信	DX0160109	471438.404	4159308.686	7.945	三分支	人孔		2.345	5.6		
	2105.00	1	121	电信	DX0160110	471442.704	4159308.628	7.988	三分支	人孔		2.388	5.6		
	2106.00	1	121	电信	DX0160106	471424.032	4159309.33	8.04	三分支	人孔		5.04	3		
	2107.00	1	121	电信	DX0160120	471490.355	4159306.062	8.058		量测点		2.458	5.6		
	2108.00	1	121	电信	DX0160183	471468.232	4159374.175	8.081	探测点			7.021	1.06		
	2109.00	1	121	电信	DX0160121	471523.607	4159304.411	8.086	三分支	量测点		4.936	3.15		
	2110.00	1	121	电信	DX0160185	471523.046	4159371.262	8.088	探测点			7.088	1		

图　Ⅱ—4—9

PipeType	SPtOnlyID	EPtOnlyID			SPtElev	SElevType	SDeep	EPtElev	EElevType	EDeep	Material	EmBed	PipeSize1	PipeSize2	Cal
管线种类	起点标识码	止点标识码	起点号	止点号	起点高程	起高程类型	起点埋深	止点高程	止高程类型	止点埋深	材质	埋设方式	管径1	管径2	条
电信			DX0134099	DX0158120	31.73	外顶高	1.2	31	外顶高	1.2		套管	600X100		
电信			DX0134099	DX0133344	31.73	外顶高	1.25	33.579	外顶高	1.45		套管	400X100		
电信			DX0158120	DX0133061	31	外顶高	1.2	31.474	外顶高	1.19		套管	600X100		
电信			DX0133057	DX0133061	31.463	外顶高	0.8	31.474	外顶高	1.49	光纤	套管	500X200		
电信			DX0133060	DX0133061	31.457	外顶高	1.23	31.474	外顶高	1.49		套管	200X200		
电信			DX0133338	DX0133342	31.904	外顶高	1.4	33.136	外顶高	1.05	光纤	套管	400X100		
电信			DX0133342	DX0133344	33.136	外顶高	1.05	33.579	外顶高	1.68	光纤	套管	400X100		
电信			DX0133344	DX0158119	33.579	外顶高	1.38	31	外顶高	0.9	光纤	套管	300X200		
电信			DX0158119	DX0133061	31	外顶高	0.9	31.474	外顶高	0.75	光纤	套管	300X200		
电信			DX0133061	DX0133064	31.474	外顶高	1.96	31.688	外顶高	1.95	光纤	套管	400X100		
电信			DX0133061	DX0134756	31.474	外顶高	1.06	29.736	外顶高	1.2	光纤	套管	300X200		

图Ⅱ—4—9　既有管点测量数据

(3)生成矢量 CAD 数据

利用"管线管点矢量化"软件和整理好的 EXCLE 表格生成 shp 文件。如图Ⅱ—4—10 所示。

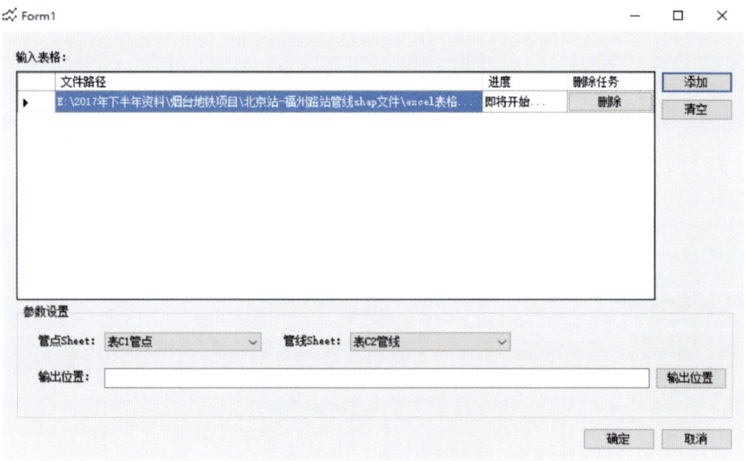

图Ⅱ—4—10　管线管点矢量化软件界面截图

得到的 shp 文件如图所示,每类管线分为点和线两个 . shp 文件,里面含所有表格中的属性信息。如图Ⅱ—4—11 所示。

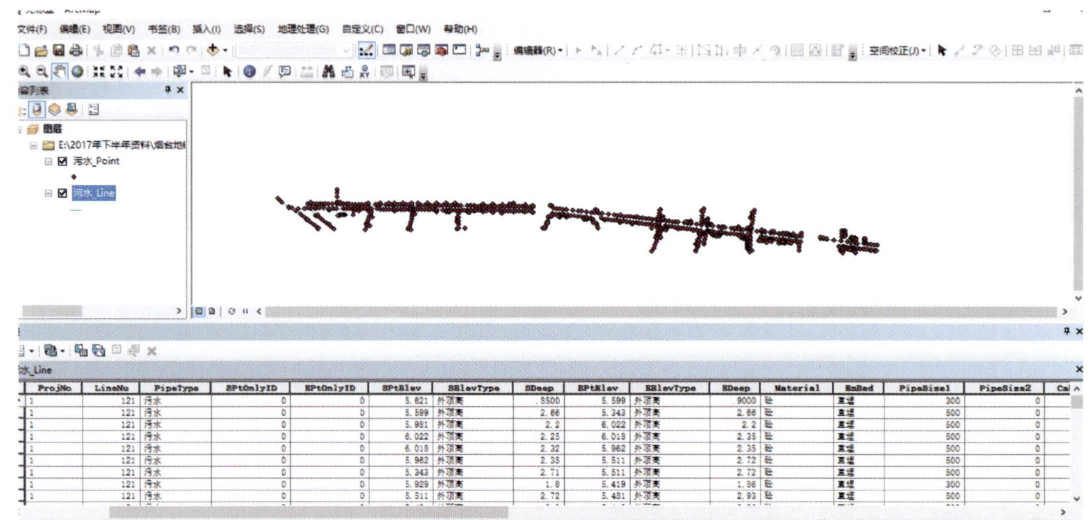

图Ⅱ—4—11　管线 shp 文件截图

在管线 shp 文件中属性需要添加一列，命名为“高差”，类型为双精度。如图Ⅱ—4—12 所示。

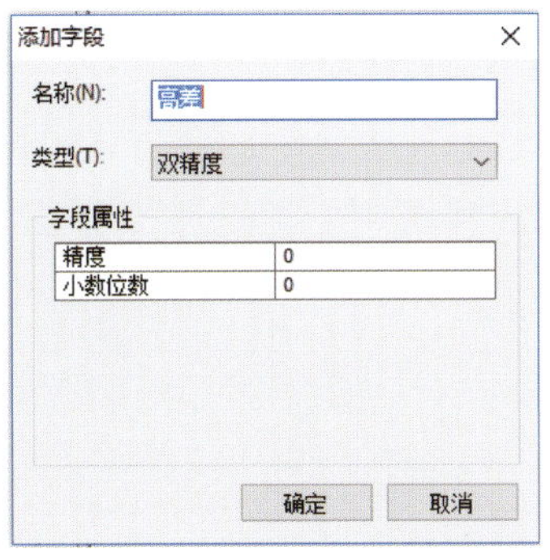

图Ⅱ—4—12　添加“高差”属性

得到结果如图Ⅱ—4—13 所示。

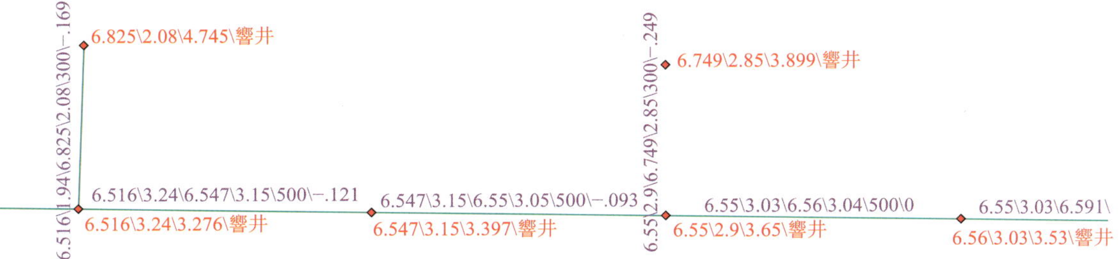

图Ⅱ—4—13　测的管线高差结果示意图

(4)管线建模

在所有的资料数据都处理完成之后通过 BIM 软件，根据之前整理的管线类目分别建模，在建模的过程中同时保证管线所有信息的录入，得到的结果如图Ⅱ—4—14 所示。

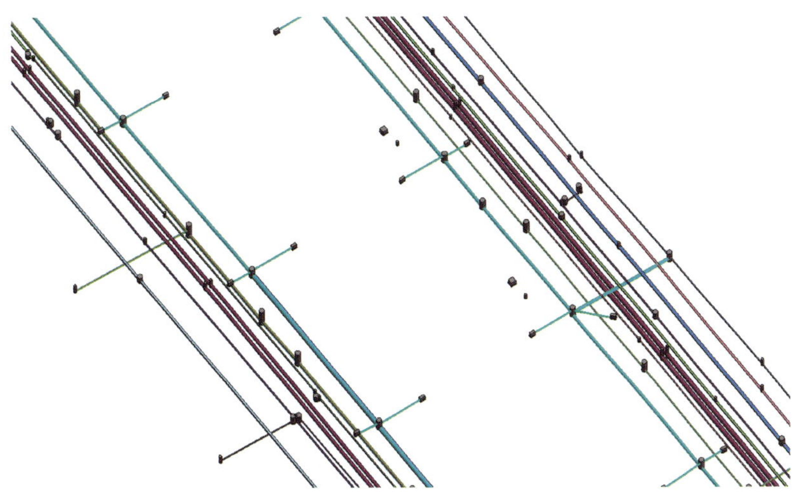

图Ⅱ—4—14　管线建模成果截图

4.3 模型创建实施方案

模型创建工作为 BIM 应用的基础工作，但因多种原因目前还无法完全实现依据 BIM 软件直接开展设计工作，形成三维和二维成果。因此下文方案均以现有二维图纸基础上进行模型创建。

4.3.1 技术方案

1. 前期准备

明确业主需求；明确管线综合在各阶段的 BIM 应用目标、各阶段 BIM 标准(包括软件版本、文件格式、专业代码、命名原则、各系统颜色体系、模型深度、交付内容与方式等)；明确提资要求及流程、明确组织与分工。

2. 专业提资

提资包括相应图纸及变更资料、项目规范性文件、其他需要注意事项的说明等。

3. 编制模板文件

确定建模软件，基于应用标准编制模板文件，确定协同方式。

4. 建模实施

(1)车站工程

车站土建建模(地下车站、高架车站)包括：车站主体、附属、围护等区域，依据平面图、立面图、剖面图、局部大样图等完成建模(包括墙板洞等细节)。

车站的设备设施建模包括：给排水(消防、气灭)、暖通、动照、通信、信号、供电、综合监控、FAS、BAS、电扶梯、屏蔽门等；应根据设计提资图纸的稳定性，后续管线综合调整的稳定性、与土建、精装等专业的配合情况，分区域、分部逐步进行模型搭建及细化处理。依据平面图、系统图、大样图、设计说明、设备表格等资料建模。

(2)区间工程

区间建模与车站不同，为典型的线性市政工程，模型构件的定位等数据均需要根据里程桩号进行确定，依据平面、纵剖断面，局部大样图，采用软件编程批量化地完成区间结构的建模。区间的设备设施建模包括：消防、暖通、供电、通信、信号、应急照明等专业，采用 Dynamo 编程解决阵列布置规律的设备布置建模，辅助人工调整模式，主要依据标准断面、平面图、设备表、设计说明等进行建模。

(3)车辆基地

场地建模：先根据现状地形图建立原始地形模型，作为后续建模的基础。再根据用地范围及场坪标高进行边坡设计，然后再分别对站场线路、场内道路、路基、室外管线等分别进行建模。最后依据±0 对应绝对标高和单体平面布置，拉出单体体量块。

车辆基地单体包括：运用库、联合检修库、大架修库、综合楼、材料棚、洗车库、污水泵站、门卫室等，建模与车站工程类似。土建建模要重点关注根据专业深化设计完成综合楼的外立面、大库的钢结构屋顶，应依据不同阶段的图纸深度(外立面、局部大样图，构件加工图)完成对应的模型搭建工作，满足阶段需求。设备设施建模需重点关注以服务车辆为使用功能的单体，在设计阶段用简易构件反映空间关系，后期应以设备招标中标的厂商提供的详细模型替换。详细模型要求设备厂商提供的模型可以加载 Revit 软件内，并包含详细的设备信息。

5. 模型审核与成果提交

模型审核重点是否符合项目的实施标准。针对各专业模型建模工作，成立专门实施小组完成，并明确其对应的职责，在建模过程中控制质量，在成果提交前完成内部三审工作。

模型自审（模型构建深度，构建命名，几何信息，非几何信息录入等）；模型一审（模型对图纸表达的准确性、专业性复审）；模型二审（技术标准复核）；模型三审（关键控制点复审）。

各专业模型成果要满足各阶段的规定的模型深度及信息等级，同时满足上传平台的接口要求，通过各阶段的建模、维护、变更、信息录入，逐步加深模型精度。

4.3.2 技术流程

土建建模及应用流程如图Ⅱ—4—15 所示。

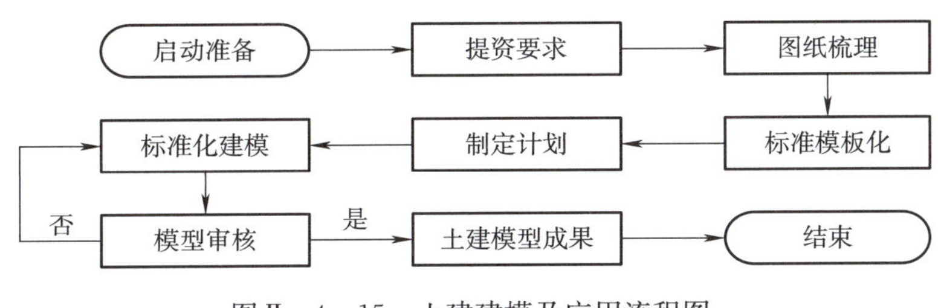

图Ⅱ—4—15 土建建模及应用流程图

4.4 三维管线综合实施方案

4.4.1 三维管线综合实施模式介绍

三维管线综合实施方式常规有以下两种模式：

二维管线综合＋BIM 验证模式：在二维管线综合图纸基础上，实施翻模验证、碰撞检查，提出问题报告，设计团队修改图纸，最终由设计师出管线综合图。此种模式一般有单独的 BIM 咨询公司介入地铁项目时采用，优点是在传统管线综合出图流程上介入，不改变原有配合模式及责任划分，缺点是设计团队与 BIM 团队配合细节较多，有较高的沟通成本，如咨询公司的 BIM 团队对地铁管线综合规则不熟悉，将加大配合难度，降低效率，增加项目实施时间（管线综合二维出图时间不变，额外增加 BIM 验证配合时间，及沟通解决问题时间）。

三维管线综合设计：在设备系统图纸基础上，直接进行三维建模及管线综合排布，需要综合协调的问题通过召开专项会议协调解决，最终由 BIM 团队出管线综合参考图，进行专业会签。优点：可以一定程度节省时间（直接进行三维管线综合设计），管线综合更全面更直观，管线综合成果质量更好。缺点是打破传统配合流程及责任划分，配合过程中需加强流程管理，对 BIM 团队能力要求较高，需要了解地铁管线综合规则的队伍担任。见表Ⅱ—4—7。

表Ⅱ—4—7 管线综合实施方式对比表

项　　目	二维管线综合+BIM 验证	三维管线综合正向设计
提资	二维管线综合图纸 机电施工图	机电施工图
管线综合标准	相同	相同
主要工作内容	模型建立、碰撞检查,提出碰撞问题报告	模型建立、管线综合排布、提出问题报告
BIM 协调会	以设计师为主协调解决净高不足问题,BIM 辅助操作演示	以 BIM 团队为主协调解决净高不足问,设计师为辅进行方案确认和建议
管线综合出图	由二维设计师在三维验证之前开始绘制,三维验证后深化完善	由二维设计师依据三维管线综合完成后,BIM 提供管线综合平剖面、单专业参考图进行绘制
实施流程	传统二维管线综合后单独添加三维碰撞验证环节	二维管线综合出图前添加三维管线综合排布环节
管线综合主要责任人	二维设计师	BIM 团队
BIM 人员专业能力	一般	较高
实施时间	二维管线综合时间+三维验证时间	三维管线综合时间+二维绘图时间
管线综合效果	一般	较好

经过两种实施模式的项目实操对比,建议在轨道交通行业采用第二种实施模式,下文进行详细的介绍,并对实施不同点予以明确。

4.4.2 二维管线综合+BIM 验证实施方案

1. 应用目标

精确化设计,避免错漏碰、控制间距等,提高设计质量;统一标准,全面落实业主、总体制定的标准,保证净高、净空、检修空间等;可视化展示,便于各方交流,进行方案优化;复杂区域直观展示,便于各方理解;缩短工期,通过精确化的图纸提前排产,合理的安排施工计划,减少返工、窝工、拆改等情况,保障合理的工期进度;配合指导二维管线综合专业出图。

2. 技术流程

(1)前期准备

明确业主需求;明确管线综合在各阶段的 BIM 应用目标、各阶段 BIM 标准(包括软件版本、文件格式、专业代码、命名原则、各系统颜色体系、模型深度、交付内容与方式等);明确提资要求及流程、明确组织与分工。

(2)专业提资

图纸:土建专业图纸、设备专业图纸、精装专业图纸、二维管线综合图纸

项目规范性文件:项目总体技术要求、管线综合原则等文件。

变更提资:对于涉及重大改动,应以业主或审查单位正式下发的变更单为变更依据,BIM 方存档,备份后模型同步修改。

其他:专业设计师应将本项目重点、需要特殊注意的事项进行书面交底,以避免遗漏重要事项。

(3)图纸梳理

接收图纸,要做相应的记录,确认各站、各专业图纸是否收齐,那些遗漏,需要进一步沟通。

接收图纸后,需要梳理各个站各专业图纸情况,分析标准站、换乘站情况,每个专业的图纸深度情况,是否满足建模需求。

了解各站设计布局，明确各站有哪些功能房间，依据表格进行勾选。

(4)制定计划

依据图纸梳理后整理出来满足相关工作启动条件的工作量，以及参与人员及能力，进行人员策划及工作进度计划。

(5)搭建模板

在机电建模的模板基础上，设置管线综合典型断面位置，设置管线综合平面、单专业、剖面出图样板，用标准站管线排布进行多方协调沟通后确定样板站管线综合方案，为其他车站管线综合工作提供指导。

(6)建模实施

依据二维管线综合图纸进行建模。

人工碰撞检查：在建模过程中，依据管线综合的原则，各专业管线控制间距等要求进行人工碰撞检查，将不合理问题、净高不足问题整理成管线综合问题报告。

软件碰撞检查：建模完成后，利用 Navisworks 软件进行碰撞检测，生成碰撞检测报告，提供给设计师。

零碰撞检测：依据设计师反馈的新图纸及问题报告回复进行模型更新后，做零碰撞检测，将新的碰撞问题报告提供给设计师，进行多轮配合后，完成零碰撞模型。

(7)提交模型及碰撞检测报告

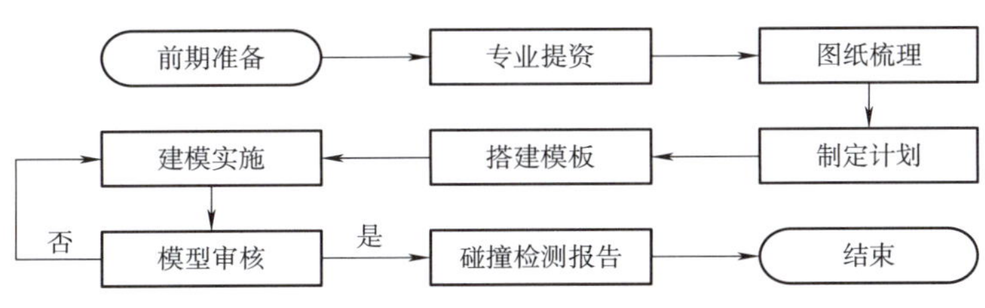

图Ⅱ—4—16　二维管线综合＋三维验证流程图

4.4.3　三维管线综合实施方案

1. 应用目标

精确化设计，避免错漏碰、控制间距等，提高设计质量；统一标准，全面落实业主、总体制定的标准，保证净高、净空、检修空间等；可视化展示，便于各方交流，进行方案优化；复杂区域直观展示，便于各方理解；缩短工期，通过精确化的图纸提前排产，合理的安排施工计划，减少返工、窝工、拆改等情况，保障合理的工期进度；配合指导机电设备专业出图。

2. 技术流程

(1)前期准备

明确业主需求；明确管线综合在各阶段的 BIM 应用目标、制定阶段 BIM 标准(包括软件版本、文件格式、专业代码、命名原则、各系统颜色体系、模型深度、交付内容与方式等)；明确提资要求及流程、明确组织与分工。

(2)专业提资

图纸：土建专业图纸、设备专业图纸、精装专业图纸、二维管线综合图纸

项目规范性文件：项目总体技术要求、管线综合原则等文件。

变更提资：对于涉及重大改动，应以业主或审查单位正式下发的变更单为变更依据，BIM方存档，备份后模型同步修改。

其他：专业设计师应将本项目重点、需要特殊注意的事项进行书面交底，以避免遗漏重要事项。

(3)图纸梳理

接收图纸，要做相应的记录，确认各站、各专业图纸是否收齐，那些遗漏，需要进一步沟通。

接收图纸后，需要梳理各个站各专业图纸情况，分析标准站、换乘站情况，每个专业的图纸深度情况，是否满足建模需求。

了解各站设计布局，明确各站有哪些功能房间，依据表格进行勾选。

(4)制定计划

依据图纸梳理后整理出来满足相关工作启动条件的工作量，以及参与人员及能力，进行人员策划及工作进度计划。

(5)搭建模板

在机电建模的模板基础上，设置管线综合典型断面位置，设置管线综合平面、单专业、剖面出图样板，用标准站管线排布进行多方协调沟通后确定样板站管线综合方案，为其他车站管线综合工作提供指导。

(6)建模实施

公共区走廊管线综合：在建模完成后，对净高要求的重点区域进行管线排布，过程中与设计密切沟通，将单专业无法解决的问题，组织 BIM 专题协调会，进行多专业现场沟通解决。并在方案稳定后进行综合支吊架深化工作。

设备机房及房间深化：在管线密集的走廊内管线方案经过各专业确认后，对房间内部的管线进行细致排布，同时开展相关专项验证工作。

精装区域配合：在管线综合过程中应结合精装造型进行管线综合方案排布，且管线综合工作结束后应与精装配合确定管线末端点位。

(7)BIM 管线综合图纸会签

在各专业强审意见修改落实后，需要正式出图给相关专业正式会签，目的是固化阶段性成果，在此次会签后，将 BIM 成果进行存档，在此后个别站单独提出的修改需求需要设计方提供正式的工作联系单，BIM 一次为调整模型的依据，并将由此引起的其他专业的修改工作，以工作联系单形式通知相关专业。

(8)施工交底

在施工进场后，安装工作前，进行 BIM 专项施工交底工作，将各个站的详细情况，及重点关注位置进行详细交底说明，以便施工团队有效地组织施工安装工作。如图Ⅱ—4—17 所示。

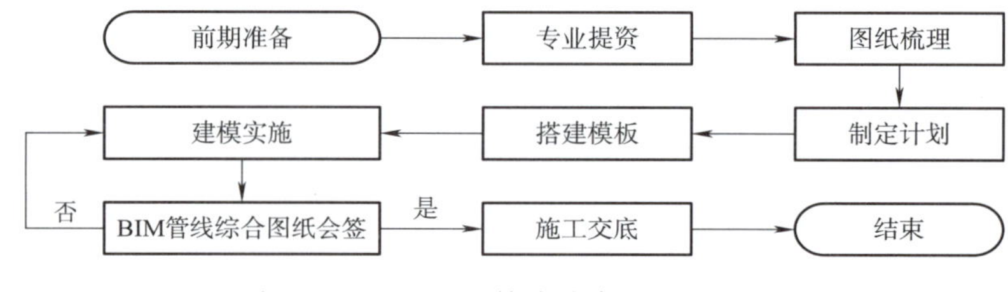

图Ⅱ—4—17　三维管线综合设计流程图

4.5　设计图纸检查方案

根据设计单位提交的资料，在建模过程中，利用 BIM 软件进行设计“错、漏、碰、缺”综合性检查，将发现的问题反馈设计单位，与设计单位配合将问题在出图之前解决。

应用目标：通过在建模的过程中，对图纸的完整翻建，对设计图纸进行核查，并提供设计问题报告，可以优化设计，减少设计中的错漏碰缺，提高设计质量。

4.5.1　技术方案

设计图纸检查主要依据问题报告形式实现，将模型验证过程中发现的问题梳理成问题报告，提交相关设计方，用来作为信息沟通的载体，问题报告需要详细记录出问题所涉及的专业、具体模型名称、涉及图纸名称、问题位置、问题表述、优化建议、问题截图、设计回复栏等相关内容，对核查出来的问题需要记录并追踪，汇总分析，总结经验，找出预防方案。

4.5.2　设计图纸检查分类

1. 图面问题核查

对提资图纸中影响建模准确性的错漏碰缺问题进行核查。包括：缺少标高标准、缺少尺寸标准、平剖面不一致、平面与系统不一致等问题。

(1)缺少标高、尺寸标注(图Ⅱ—4—18)

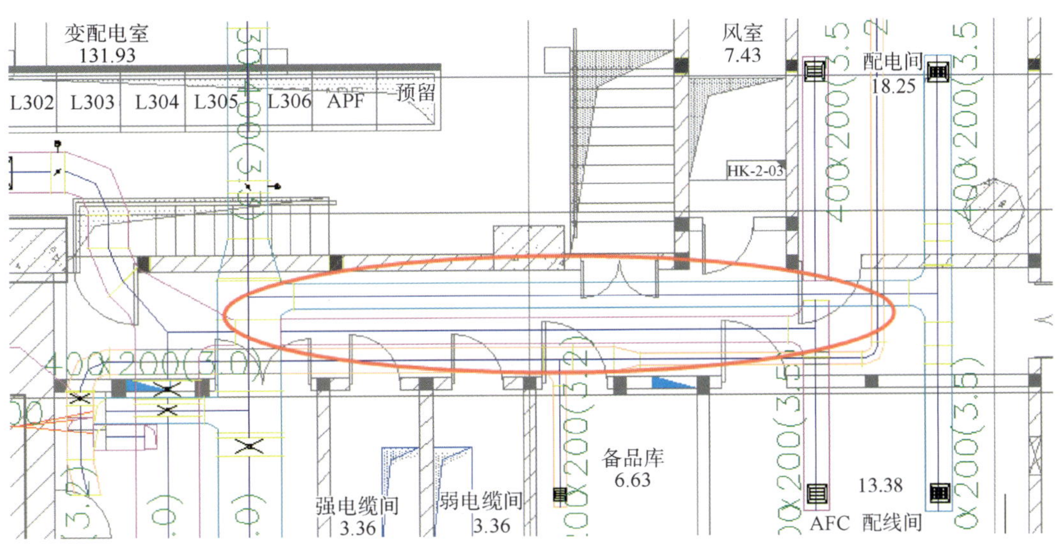

图Ⅱ—4—18　风管缺少尺寸标注问题示意图

(2)平面与系统不一致

如某项目中，系统图中表示消火栓干管有一段标高升至 8.800，但平面图中标高只有 8.700。如图Ⅱ—4—19 和Ⅱ—4—20 所示。

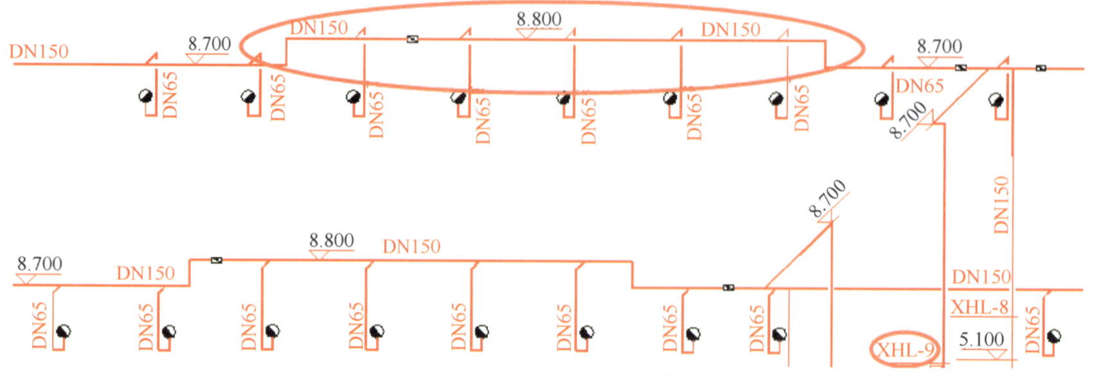

图Ⅱ—4—19 平面与系统不一致问题示意—消火栓系统图

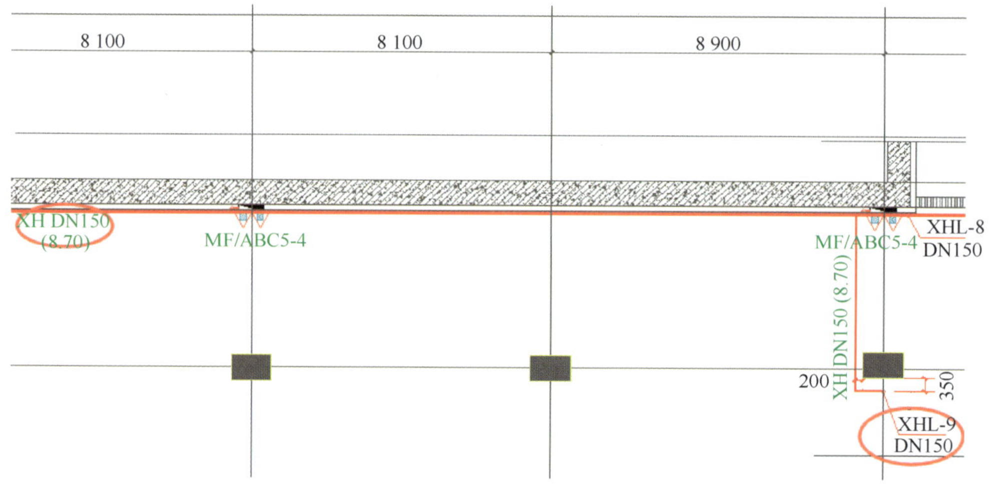

图Ⅱ—4—20 平面与系统不一致问题示意—消火栓平面图

(3)上下层表述不一致

如某项目中，站厅站台立管错位，且站厅层小送风风管尺寸为 1000×500，但站台层风管尺寸为 1000×1000(风是由站厅送到站台)。如图Ⅱ—4—21 和图Ⅱ—4—22 所示。

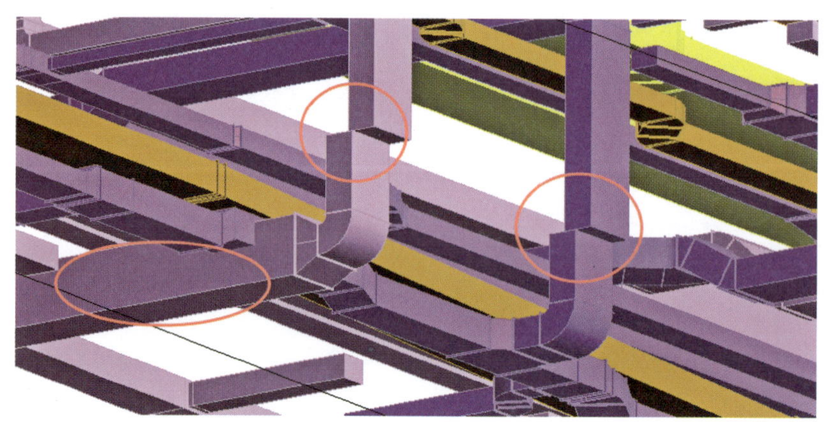

图Ⅱ—4—21 上下层表述不一致问题示意—风立管上下层位置及尺寸不一致三维截图

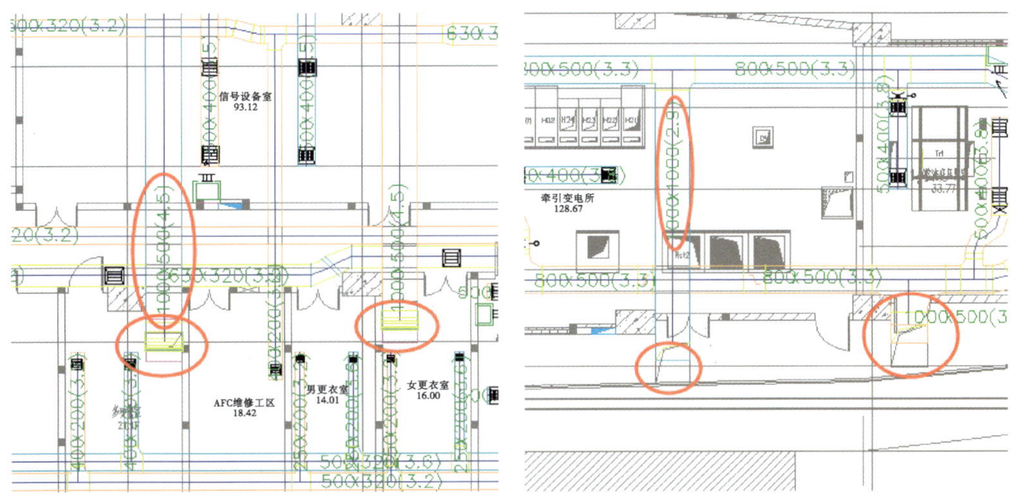

图Ⅱ—4—22　上下层表述不一致问题示意—风立管上下层位置及尺寸不一上下层平面截图

(4)平面剖面不一致

如某项目中，洞口边梁在平面与剖面的尺寸不一致。如图Ⅱ—4—23 和图Ⅱ—4—24 所示。

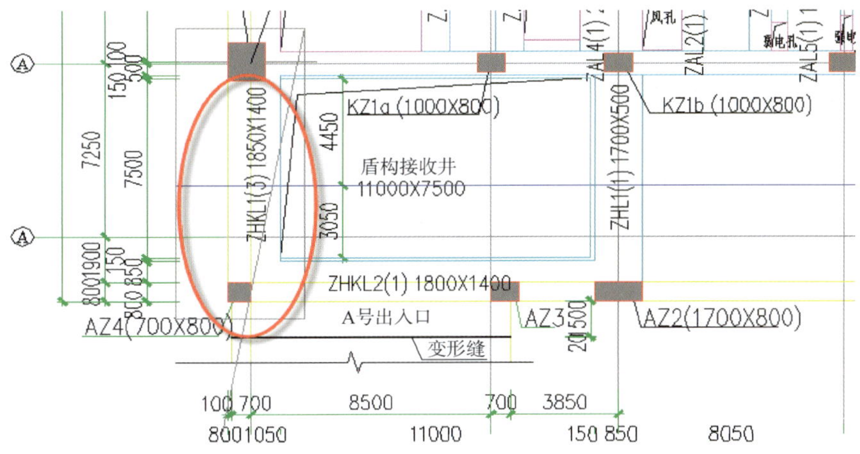

图Ⅱ—4—23　平面与剖面不一致问题示意—梁平面尺寸标注 1850×1400

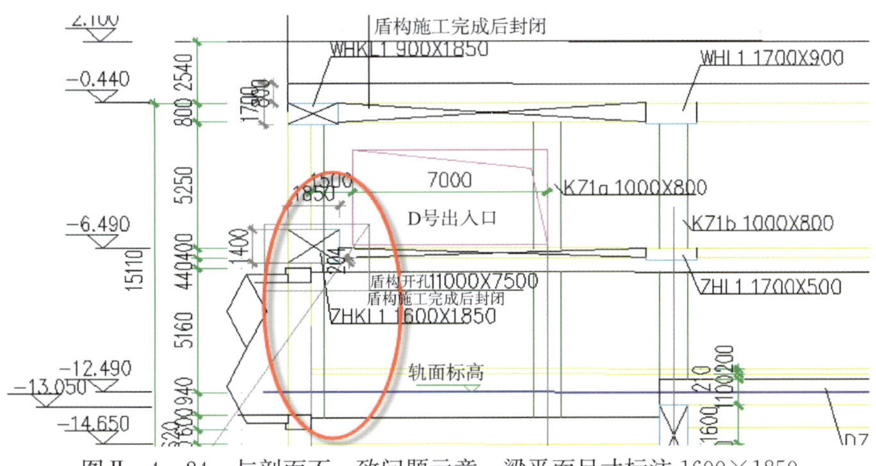

图Ⅱ—4—24　与剖面不一致问题示意—梁平面尺寸标注 1600×1850

2. 建筑结构交圈核查

模型创建完成后，根据土建模型检查主体与维护结构交圈问题，并出问题报告。包括洞口不交圈、墙体不交圈、楼板不交圈等问题。

(1)洞口不交圈(图Ⅱ—4—25)

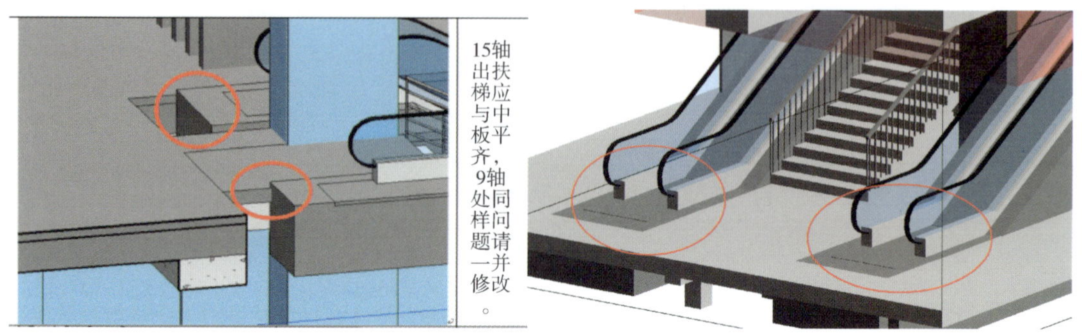

图Ⅱ—4—25 扶梯板洞不交圈问题示意图

(2)墙体位置不交圈(图Ⅱ—4—26)

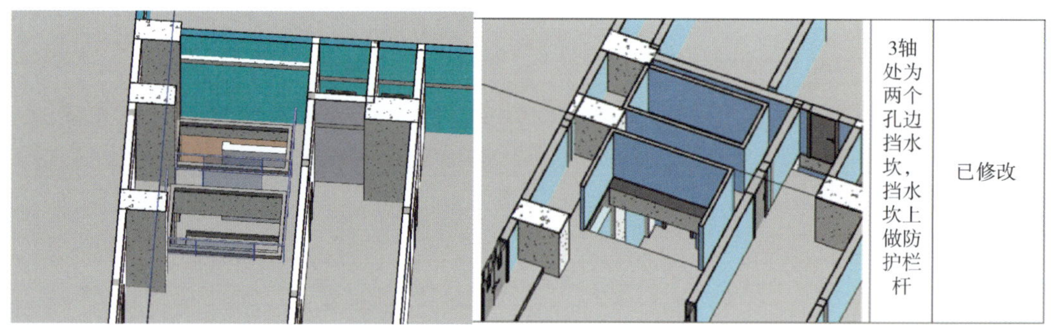

图Ⅱ—4—26 墙体位置不交圈问题示意图

3. 碰撞核查

(1)机电与土建碰撞

生活给水管、中水管和喷淋立管穿梁(图Ⅱ—4—27)。

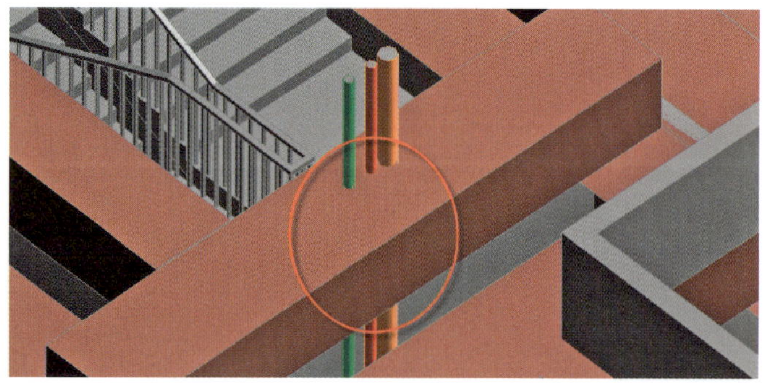

图Ⅱ—4—27 立管穿梁问题示意

大系统送风管与扶梯发生碰撞(图Ⅱ—4—28)。

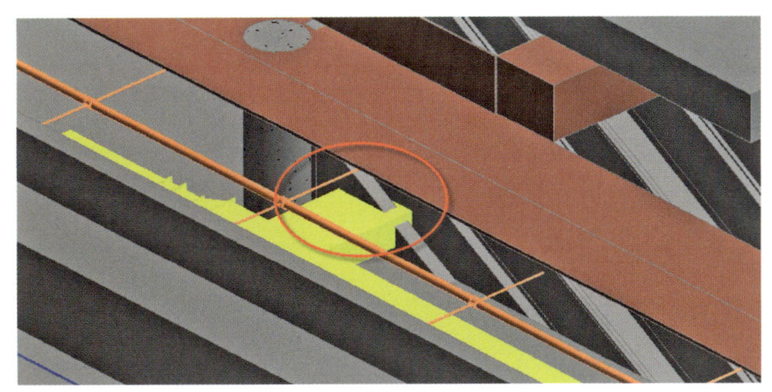

图Ⅱ—4—28 风管与扶梯碰撞

(2)机电与机电碰撞

某项目中,废水管与风管立管碰撞,由于风管有风口,且均要连接至上层,无法利用管线高差调整,消防立管与风管碰撞,且立管均撞梁(图Ⅱ—4—29)。

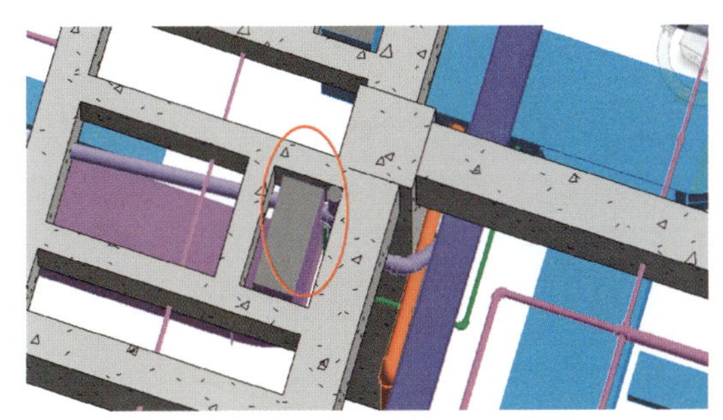

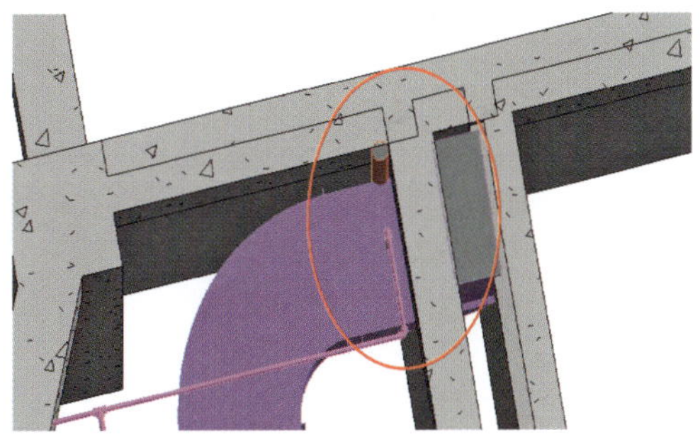

图Ⅱ—4—29 机电管线碰撞问题示意

(3)检修空间问题

对站台板下进去专项验证:包括设备检修空间是否满足,与给排水管线是否冲突等。某标准站验证发现有一段动照和供电专业的支架无法检修,于是跟建筑专业协调,在清扫间和检修室内分别新增一处人孔,以便达到站台板下处处可以检修的目的。

4.5.3 问题报告举例

模型创建完成后,对模型进行专项核查,并整理书写《××地铁—××站—土建设计—BIM咨询—图面问题报告》,《××地铁—××站—土建设计—BIM咨询—土建碰撞问题报告》。

4.5.4 问题统计分析与问题追踪

针对各个车站的问题进行统计,可分析出常见问题种类,出具相应建议,总结避免措施。

建立问题追踪机制:发现问题、记录问题、问题类型、提交设计师、问题确认、问题回复、解决方案验证、是否解决记录、是否上会。

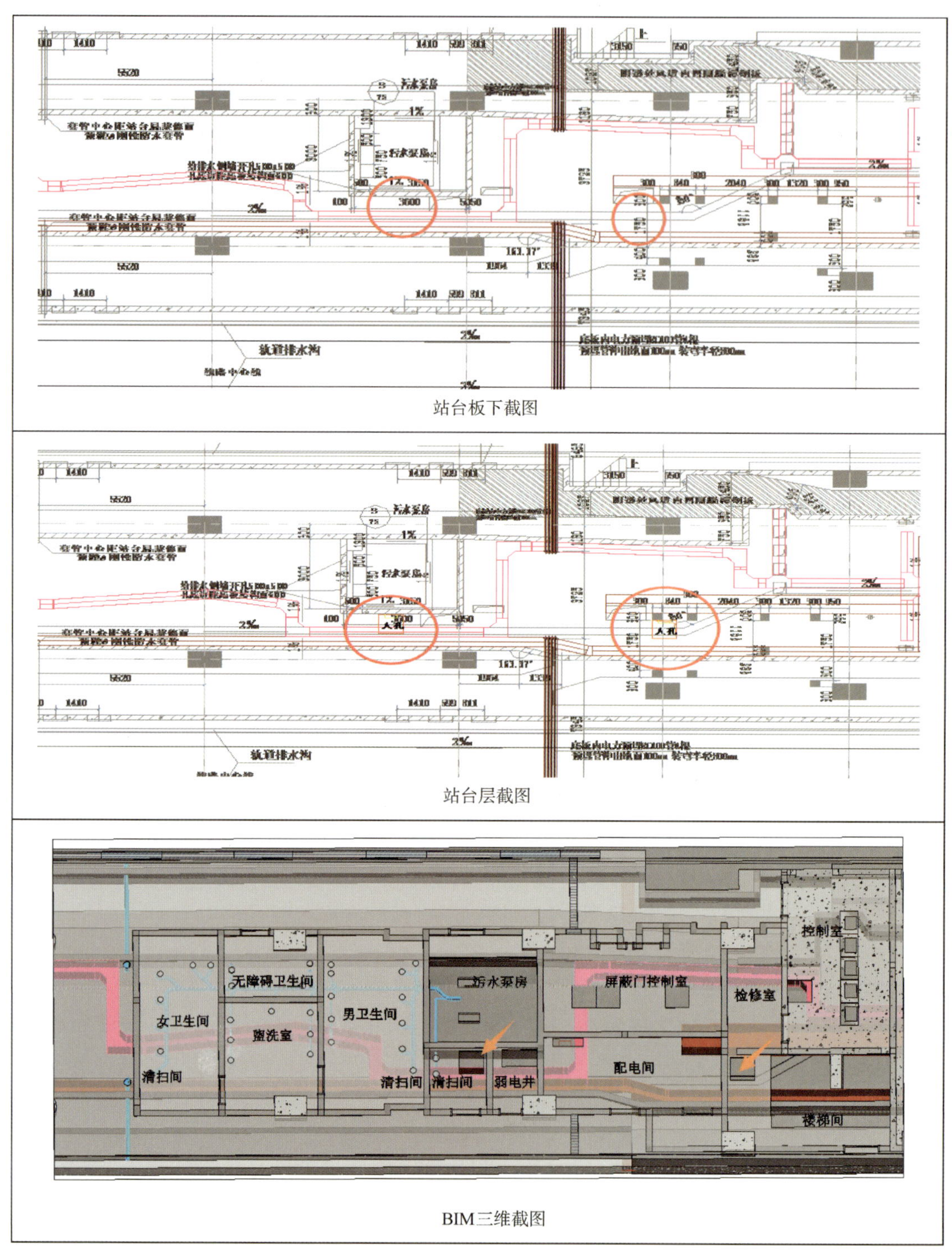

图Ⅱ—4—30　站台板下检修空间不足问题示意

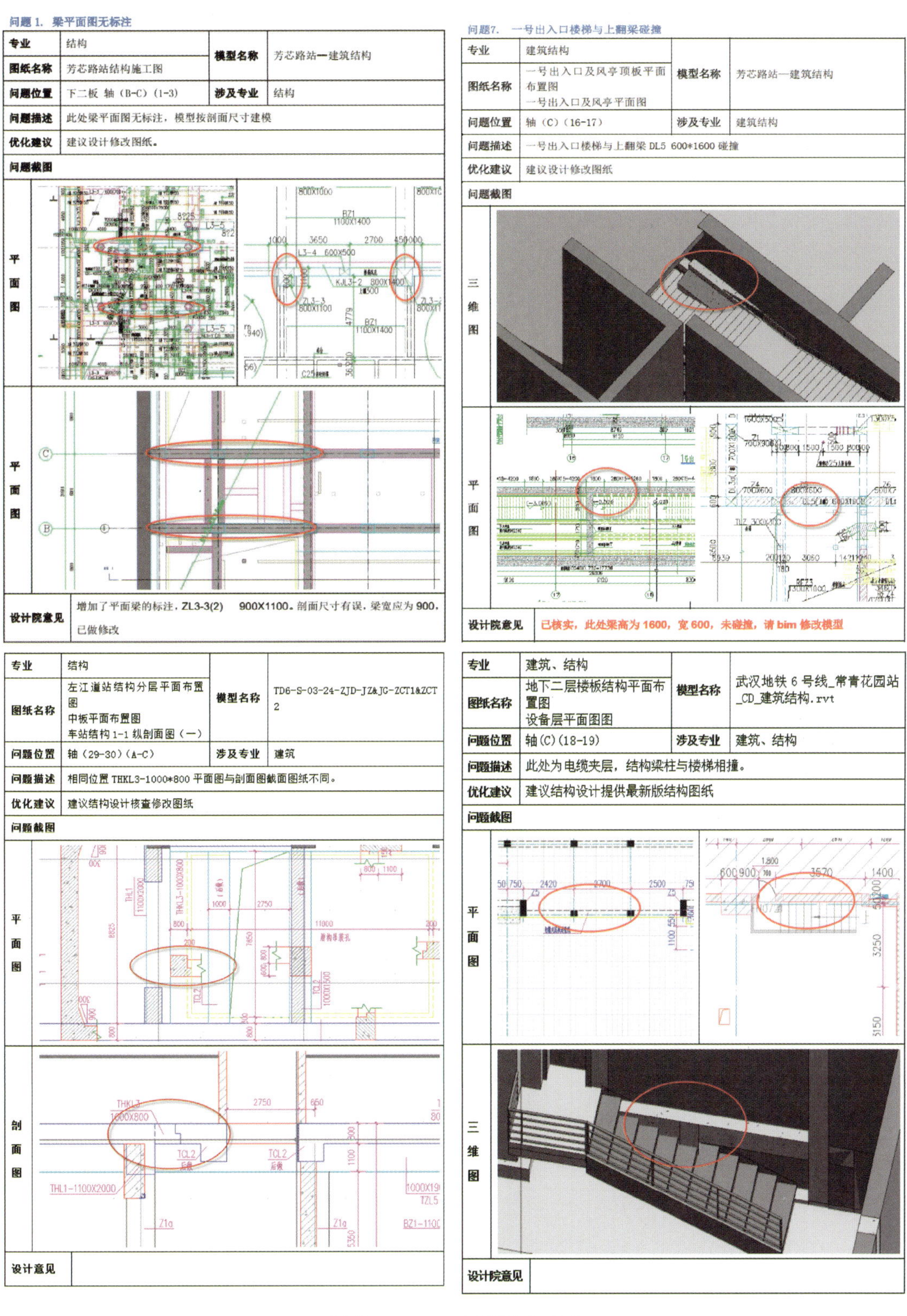

问题 1. 梁平面图无标注

专业	结构	模型名称	芳芯路站—建筑结构
图纸名称	芳芯路站结构施工图		
问题位置	下二板 轴（B-C）（1-3）	涉及专业	结构
问题描述	此处梁平面图无标注，模型按剖面尺寸建模		
优化建议	建议设计修改图纸。		
问题截图			
平面图			
平面图			
设计院意见	增加了平面梁的标注，ZL3-3(2) 900X1100。剖面尺寸有误，梁宽应为 900，已做修改		

专业	结构	模型名称	TD6-S-03-24-ZJD-JZ&JG-ZCT1&ZCT2
图纸名称	左江道站结构分层平面布置图 中板平面布置图 车站结构 1-1 纵剖面图（一）		
问题位置	轴（29-30）（A-C）	涉及专业	建筑
问题描述	相同位置 THKL3-1000*800 平面图与剖面图截面图纸不同。		
优化建议	建议结构设计核查修改图纸		
问题截图			
平面图			
剖面图			
设计意见			

问题7. 一号出入口楼梯与上翻梁碰撞

专业	建筑结构	模型名称	芳芯路站—建筑结构
图纸名称	一号出入口及风亭顶板平面布置图 一号出入口及风亭平面图		
问题位置	轴（C）（16-17）	涉及专业	建筑结构
问题描述	一号出入口楼梯与上翻梁 DL5 600*1600 碰撞		
优化建议	建议设计修改图纸		
问题截图			
三维图			
平面图			
设计院意见	已核实，此处梁高为 1600，宽 600，未碰撞，请 bim 修改模型		

专业	建筑、结构	模型名称	武汉地铁 6 号线_常青花园站_CD_建筑结构.rvt
图纸名称	地下二层楼板结构平面布置图 设备层平面图图		
问题位置	轴(C)(18-19)	涉及专业	建筑、结构
问题描述	此处为电缆夹层，结构梁柱与楼梯相撞。		
优化建议	建议结构设计提供最新版结构图纸		
问题截图			
平面图			
三维图			
设计院意见			

图Ⅱ—4—31　问题报告示意

Ⅲ　城市轨道交通工程 BIM 项目应用实践

1 上海市轨道交通18号线项目芳芯路站

应用点评：本项目在总体设计阶段、初步设计阶段、施工图设计阶段进行了不同侧重点的BIM应用，对车站场地、市政管线、建筑、结构等专业进行BIM建模，总体及初设阶段侧重于车站定位、与周边环境得关系验证与展示、道路翻交与管线导改，初设与施工图阶段侧重土建模型的精确建模，实现了土建工程量统计，体现了BIM的三维可视化、精细化、辅助决策，工程量控制等价值，是车站类土建BIM应用的典型案例。

1.1 项目简介

车站概况：车站位于浦东新区花木街道，在芳芯路与高科西路之间的白杨路下，沿白杨路南北向设置站位。白杨路道路红线宽32m，路东侧的国脉苑（多层住宅）距离红线仅3.8m。

车站形式：车站为地下三层岛式站台车站，采用双柱三跨现浇钢筋混凝土箱型结构。车站共设4个出入口、2组风亭及1个消防出入口。车站长164m，宽24.2m，有效站台长度为140m，站台宽度13m，面积15202m^3。

运用BIM技术实现可视化设计，很好地解决了复杂空间造成的设计偏差，并为二维设计校对碰撞，提高设计效率及准确性。

1.2 BIM应用

BIM实施范围为初步设计、施工图设计、施工配合阶段，对车站建筑、结构专业，车站主体（公共区、走廊、机房、房间、站台板下、轨行区）、附属采用BIM软件进行设计。

BIM实施目标为通过BIM技术，实施场地仿真、方案模拟、设计验证、精确算量及三维施工交底等具体应用，加强交流便捷性，提高决策效率，提高设计质量，控制项目成本。

重难点分析：芳芯路站北侧与地块开发结合设计，站内夹层板、楼板错层落低处较多，空间关系复杂。

(1)基于BIM的场地仿真。通过对场地的仿真建模，对出入口、风亭、冷却塔、垂直电梯的设置位置与周边环境的关系进行验证，确定其合理性。

(2)基于BIM的方案模拟。基于BIM模型的建立，可进行交通导改模拟、管线改迁模拟、施工模拟等内容，并生成数据、图片、视频等成果，对设计方案的优化、比选提供指导。

(3)基于BIM的设计验证。多专业在设计过程中基于模型进行设计成果空间冲突、碰撞、缺漏的检查，提前发现可能发生的设计问题，并对重难点区域进行分析、总结，找出常见问题产生的原因，并提出预防办法加以控制，避免在施工阶段发现重大设计问题，造成返工现象。

(4)基于BIM的精确算量。通过对于模型的精细建模，可应用BIM软件对于模型进行算量统计，并自动生成各类明细表，得出各位置、各构件的工程量，避免人工统计时容易出现的错漏的问题。

(5)基于 BIM 的三维施工交底。通过 BIM 三维技术结合传统技术交底，有效解决了传统交底不够直观，大幅度提高了被交底人对设计意图的理解能力。

1.3　软　件

采用 Revit 建立基础的建筑、结构模型；将模型文件导入到 lumion 中，进行仿真、漫游。见表Ⅲ—1—1。

表Ⅲ—1—1　Revit 系列软件配置

应用类型	软　件
建筑建模	Autodesk Revit Architecture
结构建模	Autodesk Revit Structure
设备建模	Autodesk Revit MEP
效果展示	Lumion 3Dmax

1.4　BIM 成果

见表Ⅲ—1—2。

表Ⅲ—1—2　主要成果文件及格式

文件内容	文件格式
各专业设计模型	*.rvt
仿真漫游、可视化	*.dae，*.ls6(lumion)
效果图、漫游动画	*.jpg，*.avi

(1)模型展示及场地仿真

采用 revit 建立芳芯路站建筑、结构模型，直观展示设计意图，并对出入口、风亭、冷却塔、垂直电梯的设置位置与周边环境的关系进行验证，确定其合理性；并将模型作为后续设计验证、模拟分析、精确算量、三维交底工作的基础。如图Ⅲ—1—1～图Ⅲ—1—4 所示。

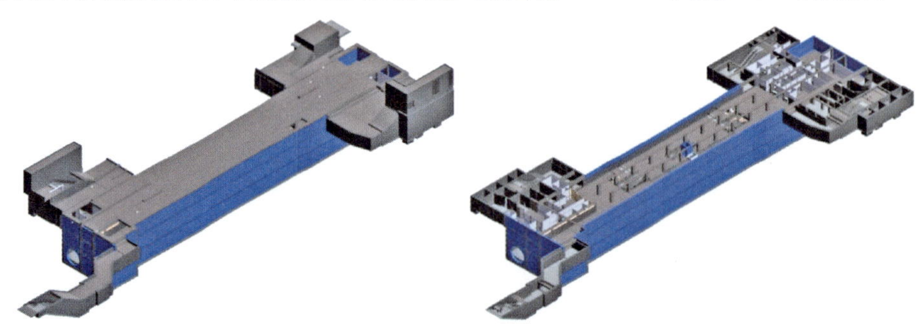

图Ⅲ—1—1　车站主体建筑结构模型

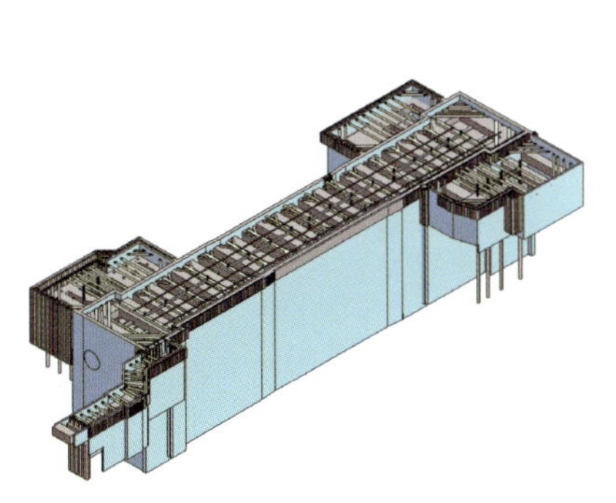
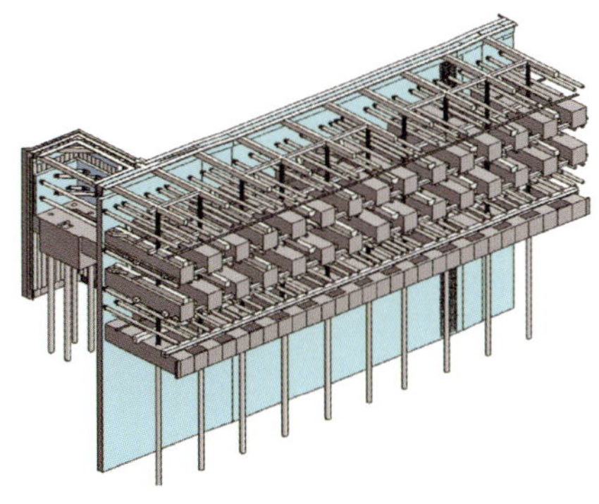

图Ⅲ—1—2　车站围护模型

图Ⅲ—1—3　25 出入口与环境关系示意

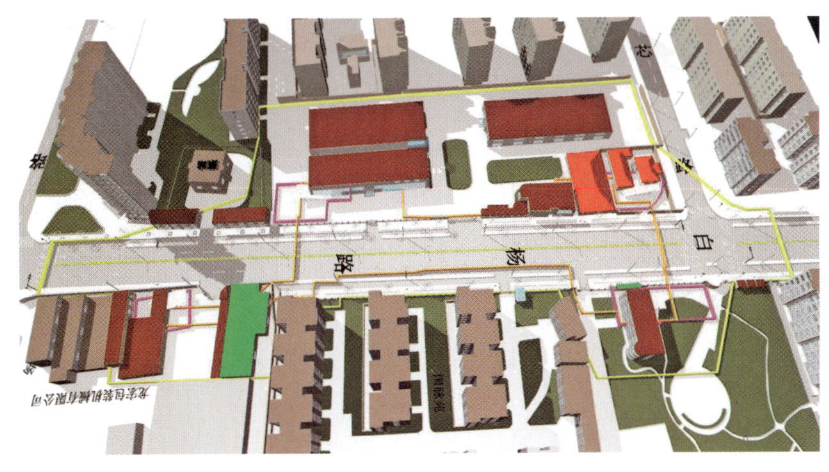

图Ⅲ—1—4　场地仿真建模

(2)方案模拟

通过模型对项目方案进行模拟分析,生成数据、图片、视频等成果,对设计方案的优化、比选提供指导。如图Ⅲ—1—5 所示。

(3)设计验证

多专业在设计过程中基于模型进行设计成果空间冲突、碰撞、缺漏的检查,提前发现可能发生的设计问题,并对重难点区域进行分析、总结,找出常见问题产生的原因,并提出预防办法加以控制，避免在施工阶段发现重大设计问题，造成返工现象。如图Ⅲ—1—6 所示。

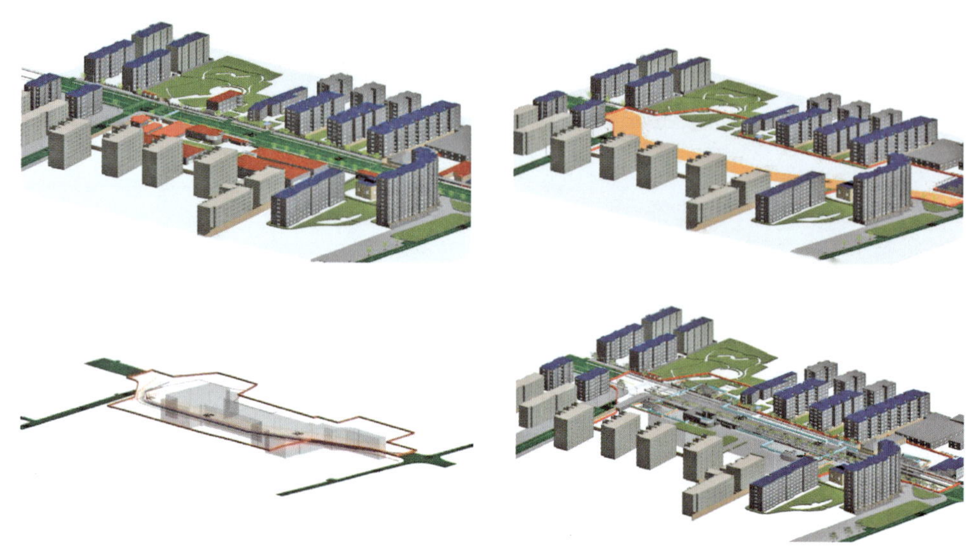

图Ⅲ—1—5　芳芯路站交通导改模拟

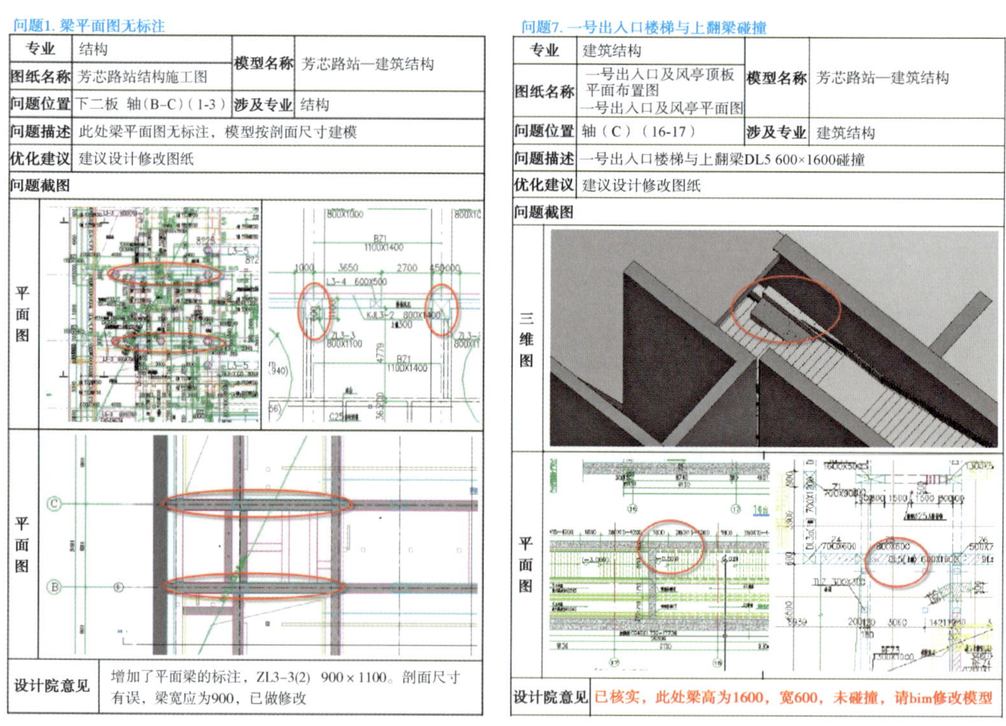

问题1. 梁平面图无标注

专业	结构	模型名称	芳芯路站—建筑结构
图纸名称	芳芯路站结构施工图		
问题位置	下二板 轴（B-C）（1-3）	涉及专业	结构
问题描述	此处梁平面图无标注，模型按剖面尺寸建模		
优化建议	建议设计修改图纸		
问题截图			
平面图			
平面图			
设计院意见	增加了平面梁的标注，ZL3-3(2) 900×1100。剖面尺寸有误，梁宽应为900，已做修改		

问题7. 一号出入口楼梯与上翻梁碰撞

专业	建筑结构	模型名称	芳芯路站—建筑结构
图纸名称	一号出入口及风亭顶板平面布置图 一号出入口及风亭平面图		
问题位置	轴（C）（16-17）	涉及专业	建筑结构
问题描述	一号出入口楼梯与上翻梁DL5 600×1600碰撞		
优化建议	建议设计修改图纸		
问题截图			
三维图			
平面图			
设计院意见	已核实，此处梁高为1600，宽600，未碰撞，请bim修改模型		

图Ⅲ—1—6　设计验证问题报告示意

通过对模型进行核查，提供设计问题报告，优化设计，减少设计中的空间冲突、碰撞、缺漏等问题。

(4)精确算量

通过对于模型的精细建模，可通过 BIM 软件对于模型进行算量统计，并自动生成各类明细表，得出各位置、各构件的工程量，避免人工统计时容易出现的错漏的问题。

芳芯路站主体围护结构

序号	项目名称	投资监理		BIM		差异	百分比	备注
		砼（m3）	长度（m）	砼（m3）	长度（m）			
2	地下连续墙-1200mm	24275.34		24255.03		-20.31	-0.001	
4	圈梁	512.55		481.53		-31.02	-0.064	差异为挡墙工程量
5	支撑	347.76		372.84		25.08	0.067	
6	系梁	71.25		78.87		7.62	0.097	
7	角撑	69.30		66.71		-2.59	-0.039	
8	钻孔灌注桩Φ850	749.03	1320	775.36		26.33	0.034	图纸不同，BIM的图纸多两根桩
9	格构柱		1157.14		1134.64	-22.5		
10	高压旋喷桩墙缝止水	372.38						BIM图纸无此项
11	三轴搅拌桩槽壁加固	3528.12		2047.04		-1481.08	-0.724	图纸不同
12	三轴搅拌桩基基坑加固（坑底）	20769.61		20819.050		49.437	0.002	
13	钢支撑Φ609		5855.67		9010.52	2946.04	0.327	投资监理考虑二道换撑，工程量变小
14	钢支撑Φ800		208.81					
15	钢系杆		3303.6		3303.6	0	0.000	

北中路站附属围护结构

序号	项目名称	砼（m3）	钢筋（t）	长度（m）	百分比	备注
	1号风亭1号出入口					
1	钻孔灌注桩围护桩	1389.84	254.010	2765	0.183	
2	桩间网喷C30细石砼	42.18	3.330		0.079	
3	三轴搅拌止水桩帷幕	2937.14				
4	旋喷桩墙缝止水	184.00				
5	圈梁	94.40	14.83		0.157	
6	支撑	141.11	34.67		0.246	
7	角撑	1.80	0.23		0.130	
8	三重管高压旋喷桩加固（坑底）	3363.51				
9	钢支撑		251.42	761.89		
10	钢围檩		102.37	237.1		
11	钢板撑		1.18			
12	地连墙预埋钢板		7.01			
13	抗拔桩	251.33	34.020	500	0.135	
14	混凝土拆除	573.36				
15	土方开挖	14123.94				
16	土方回填	3726.74				
17	降水井					8座，H=17m
	2号风亭2号出入口					
1	钻孔灌注桩围护桩	904.78	173.380	1800	0.192	
2	桩间网喷C30细石砼	25.75	2.030		0.079	
3	三轴搅拌止水桩帷幕	1816.72				
4	旋喷桩墙缝止水	216.00				
5	圈梁	60.12	9.44		0.157	
6	支撑	48.14	13.54		0.281	
7	角撑	1.80	0.23		0.130	
8	三重管高压旋喷桩加固（坑底）	1155.19				

图Ⅲ—1—7　工程量统计表示意图

(5)三维施工交底

通过召开BIM三维交底会议，组织设计、施工、总体单位进行BIM三维交底，大幅度提高了被交底人对设计意图的理解能力。

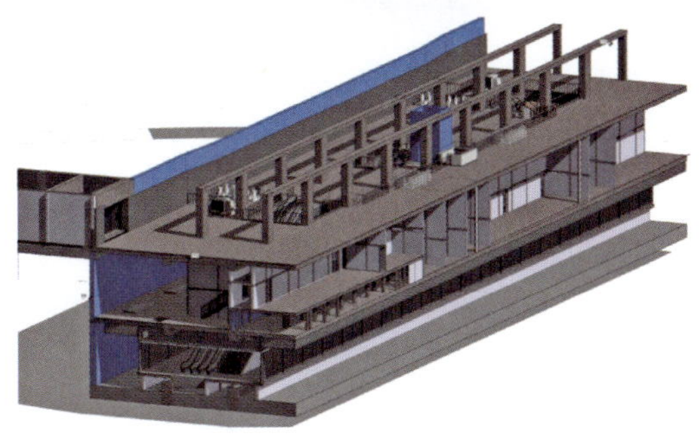

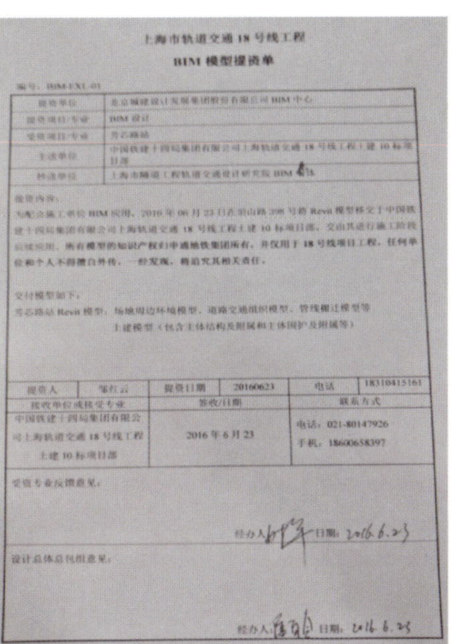

上海市轨道交通18号线工程

BIM模型提资单

提资人	[illegible]	提资日期	20160623	电话	18310415161
接收单位或接受专业		签收/日期		联系方式	
[illegible]		2016年6月23		电话：021-80147926 手机：18600658397	

经办人 日期：2016.6.23

经办人 日期：2016.6.23

图Ⅲ—1—8　三维施工交底会：会场照片、成果签收单、模型细节展示

2 厦门市轨道交通 2 号线一期工程林边站

应用点评：该项目在车站精装设计阶段，通过 BIM 技术实现多专业协同设计，促进各专业间的版本统一，方案一致，推进项目整体进度；建立精装模型，展示方案效果，验证精装方案合理可行，暴露错漏碰缺等实际问题，优化精装细节；通过专业族库建设，实现本项目的精装设计的模块化，参数化设计，提高复制率，为其他项目提供参考族库。

2.1 项目简介

地下二层岛式站台车站，其中地下一层为站厅层，地下二层为站台层。车站主体结构外包总长 206.1m，主体结构外包总宽 21.7m（有效站台中心处），站台计算长度 118m，站台宽 13m。设计原则："一线一景"、"一线一色"体现厦门地域文化，"标准化"、"模块化"、"装配式"，有利于运营使用维护。

2.2 BIM 应用

应用阶段为精装设计阶段。实施范围：车站公共区，含通道的内部界面装修，包括环控、通信信号、动照、给排水、FAS、BAS、AFC、PIS、导向、广告的末端点位模型创建。

BIM 实施目标：通过 BIM 的多专业协同、构建精装专业族库的方式，实现本站标准化"、"模块化"、"装配式"的设计原则。通过应用 BIM 进行设计验证，仿真模拟，优化精装设计效果，提高车站观感体验。

重难点分析：精装设计依托前期建筑、结构、设备专业模型进行，因此对前期输入条件要求较为严格，需要完善的前期准备工作，防止精装设计模型进行大范围返工调整；对于涉及重大改动变更，应以正式下发的变更单为变更依据，BIM 方存档，备份后模型同步修改。

（1）基于 BIM 多专业、异地协同设计。本项目各专业均采用 BIM 进行设计，通过共享服务器的使用，虚拟专用网络设置及 Revit 软件中心文件协同功能的支持，实现了多专业、异地协同设计，各专业模型可及时、准确的更新至云平台中心文件模型中，避免了传统方式互传资料导致文件更新不及时、文件版本容易产生差异的缺陷。

（2）精装专业族库。为满足厦门市轨道交通 2 号线精装设计原则"标准化"、"模块化"、"装配式"的要求，在本站 BIM 实施过程中建立适用该线的精装族构件库，各族构件共计 100 余个，基本满足该线路、本站精装设计使用，并为后续地铁线路、车站精装 BIM 设计族库建设提供基础。

（3）基于 BIM 模型的设计验证。基于 BIM 模型，对模型中墙面（柱面）体系、地面体系、天花体系，各系统设备专业点位进行设计验证。验证精装模型是否与建筑模型存在冲突；精装模

站厅层

问题1. 建筑模型中门的位置与大小和精装图纸不一致

专业	精装	模型名称	林边站精装模型
问题位置	轴（20）（F）	涉及专业	精装、建筑
问题描述	建筑模型中此处门的宽度为900，而精装图纸此处门的宽度为700。		
优化建议	请设计核查图纸		
问题截图			
平面图			
模型	950		
设计意见	主体建筑施工图中表达确实是0723，砌筑图正式施工图将修改为0923（墙垛依据保证200即可），旁边售票机房门也需要改为内开；现模型已根据0923修改。		

问题2. 公共区管线和吊顶碰撞

专业	精装	模型名称	林边站精装模型
问题位置	轴（11-12）	涉及专业	精装、建筑
问题描述	公共区吊顶完成面高度为3 200，吊顶厚度为180，桥架底皮3 250，与吊顶碰撞		
优化建议	请设计核查图纸		
问题截图			
平面图	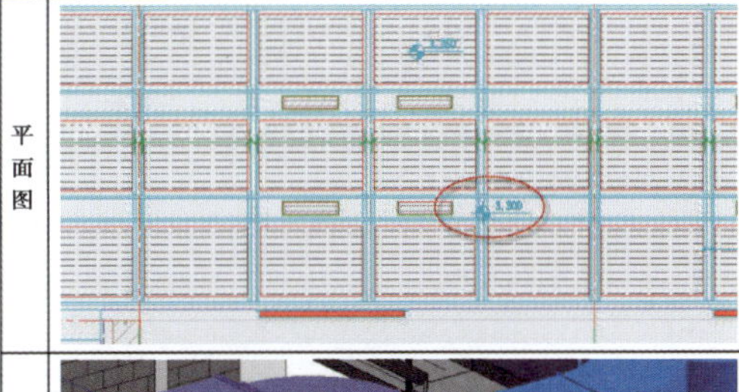		
模型	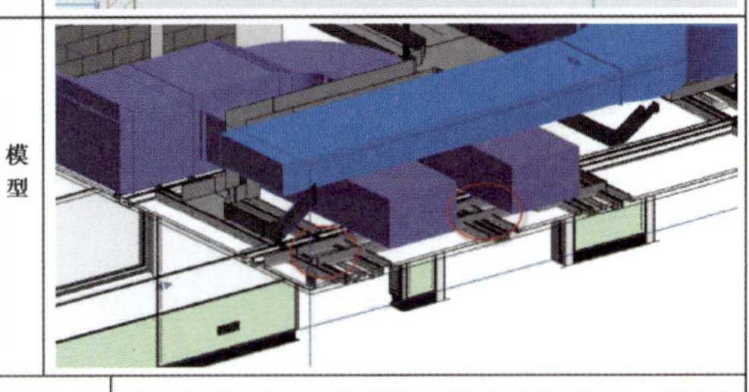		
设计意见	经核实，该处桥架标高可调整至桥架底部标高为3.4 m，综合管线正式施工图可按该标高来调整		

问题4. 公共区风管支管与吊顶碰撞

专业	精装	模型名称	林边站精装模型
问题位置	轴（11-12）	涉及专业	精装、环控
问题描述	公共区吊顶采用拱形，此方案会和风管支管碰撞。		
优化建议	请设计核查图纸		
问题截图			
平面图	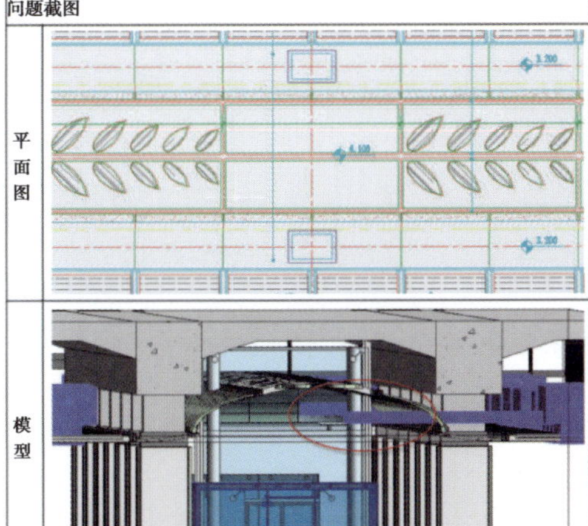		
模型			
设计意见	经核实，该处支管可取消，原则是票亭为开放式		

问题7. 图纸与模型不符

专业	精装	模型名称	
问题位置	D轴（15）	涉及专业	
问题描述	三角房剖面高度与建筑模型不符。图纸上三角房墙体高度为2 670 mm，模型中墙体高度为2 323 mm。		
优化建议	请设计核查模型		
问题截图			
平面图			
平面图	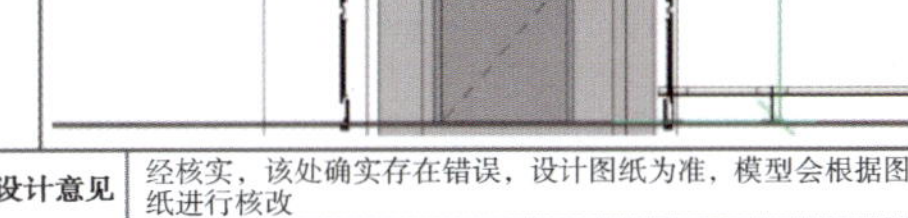 2323		
设计意见	经核实，该处确实存在错误，设计图纸为准，模型会根据图纸进行核改		

图Ⅲ—2—4　精装验证问题报告示意

(4)仿真漫游

图Ⅲ—2—5　站厅站台层漫游截图

图Ⅲ—2—6　出入口出漫游截图

3 重庆轨道交通六号线支线二期思源站

应用点评：该项目在施工图设计阶段，车站全专业采用 BIM 软件进行正向设计，实现基于云平台的各专业协同设计，最终完成了各专业施工图出图的工作。在提交了传统二维设计成果之外，还基于 BIM 模型的二次应用进行了探索和尝试。

3.1 项目简介

重庆轨道交通六号支线二期工程，线路起自悦来站北端，沿悦复大道、悦港纵向路、和太一支路、Z4 路向北至终点沙河坝站，主要串联了会展中心城、水土组团。二期工程线路全长约 14 km，共设站 7 座，其中地下站 5 座，高架站 2 座，换乘站 2 座。

图 Ⅲ—3—1

车站概况：思源站为重庆轨道交通六号线支线二期工程的第 4 座车站。车站位于规划 Z4 路与方正大道交叉口，沿 Z4 路呈南北向设置，站位周边用地以商业、居住、医疗用地为主。车站形式：路中地下两层明挖岛式站，站中心里程处顶板覆土约 3.093 m，底板埋深约 17.8 m。附属建筑：车站共设 2 组风亭、4 个出入口，分别位于 Z4 路和方正大道两侧。车站规模：长为 196.8 m，宽度为 22.2 m，有效站台长度为 118 m，站台宽度 13.5 m，总建筑面积 12 215.13 m^2。

3.2 BIM 应用

（1）基于云平台的 BIM 正向协同设计

车站各专业均采用 BIM 软件进行正向设计、建立各专业的 BIM 模型，同时基于云平台进行协同配合，各专业的模型能够通过云平台及时反馈到其他专业。

（2）基于 BIM 模型的施工图出图

各专业实现了使用模型在 BIM 软件的环境下直接完成施工图绘制，并打印提交纸质施工图文件。完成的施工图图面能够满足传统 cad 设计的施工图图面效果，真正实现了用 BIM 做设计，用模型出图纸。

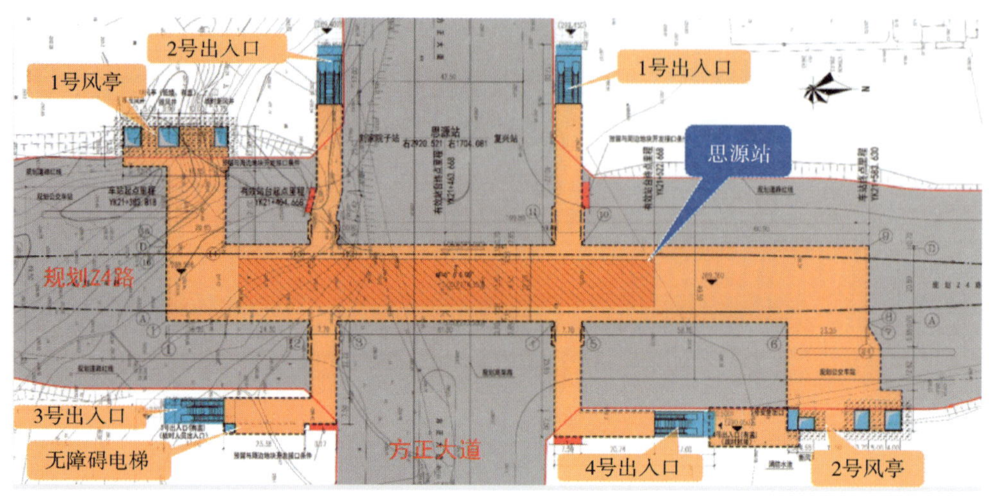

图Ⅲ—3—2　思源站总图示意

(3)专业族库

为满足施工图深度要求，本项目建立了适用于轨道交通车站工程的族构件库，各专业共计 300 余个，基本满足了常规车站工程的施工图深度建模要求，为后续项目做好了基础。

(4)仿真模拟

本项目基于 BIM 模型，进行了烟气模拟分析、疏散模拟分析、客流模拟分析等，对设计方案进行模拟分析验证，反过来对设计方案进行优化和修正，进一步提高设计质量。

(5)碰撞检测和管线综合

车站工程参与专业多、地下空间受限，各类管线种类多、尺寸大、空间关系错综复杂。为提高设计质量、提高空间利用率，本项目对各专业模型进行了碰撞检测，对设备专业管线综合进行了优化设计，减小后期施工现场返工率。

(6)工程量统计

通过对 BIM 模型进行自动统计，能够快速准确地对所需构件、材料、管线进行统计，通过对施工图模型的深化设计与材质添加，使工程算量结果趋于精确，并自动生成各类材料表，形成工程量统计报告。提高造价人员编制工程概算的效率和准确性，避免了人工统计时容易出现的错误遗漏等问题。

(7)BIM 工程中解决的问题

Revit 软件不具备结构节点加强的功能，在实际运用中，大多采用新建族文件或者项目内建模型方式解决。在思源站的实际应用中，通过这种方式主要解决了顶、中、底板斜托模型和上、下翻梁节点模型。实现方式：根据节点轮廓尺寸新建族(或内建模型)→导入项目文件中定位。此类模型放入项目文件中，显示时会与梁、板、柱、墙等系统族构件之间有连接线，影响图面。此时采用 revit 自带构件连接功能可实现无缝连接。

传统的表达方式是很难完整表达空间异形结构的，需要设计人积累相当的经验才能完全认识此类空间异形结构，对于施工单位、业主等，更是难以理解。revit 软件本身不具备直接建立空间异形结构的功能,需要采用族的形式,通过放样、拉伸、空心形状剪切的功能逐步实现最终模型。例如暗挖车站:主体及附属结构均建立二次衬砌、初支的族。对于接口部位附属结构的空间异形构件,建立步骤如下:根据附属结构断面轮廓进行拉伸→采用主体断面外轮廓线建立空心形状,对附属结构模型进行剪切→形成的族文件→导入项目文件中进行定位。

3.3 软件和协同

本项目所采用的 BIM 软件如下。

表Ⅲ—3—1 主要软件配置

应用类型	软　件
协同平台	ProjectWise
建筑建模	AutodeskRevitArchitecture
结构建模	AutodeskRevitStructure
设备建模	AutodeskRevitMEP 鸿业 BIMSPACE
碰撞检测	Navisworks
模拟分析	Pathfinder Anylogic Massmotion Pyrosim
效果展示	Fuzor Lumion 3Dmax Photoshop

3.4 BIM 成果

表Ⅲ—3—2 主要成果文件及格式

文件内容	文件格式
二维图纸	*.dwg
各专业设计模型和三维图纸	*.rvt
轻量化模型	*.nwd
碰撞检测报告	*.nwd 、*.doc
工程量统计报表	*.rvt、*.xls
效果图、漫游动画	*.jpg,*.avi

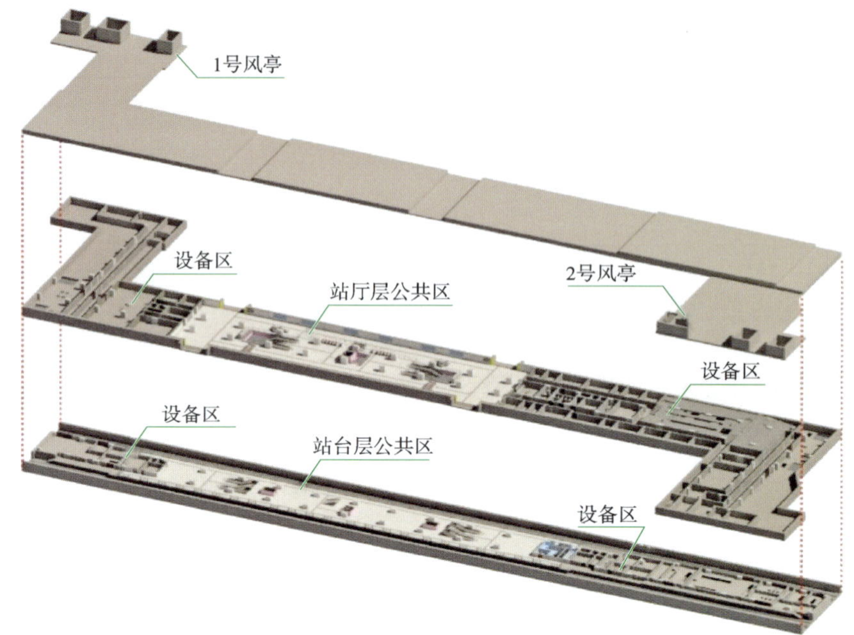

图Ⅲ—3—3　车站各层索引图

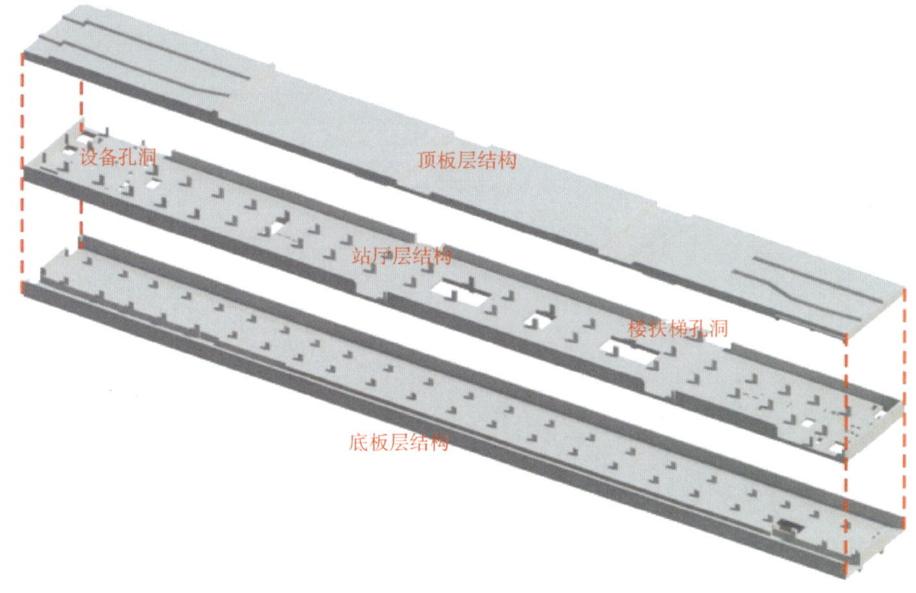

图Ⅲ—3—4　车站结构模型索引

图Ⅲ—3—5　车站各专业族库示意

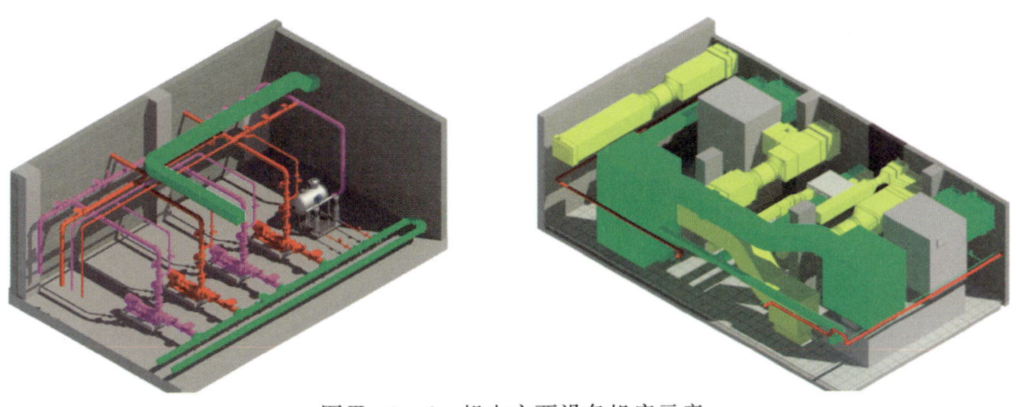

图Ⅲ—3—6　机电主要设备机房示意

图Ⅲ—3—7　添加材质后精装渲染效果图

图Ⅲ—3—8　顶板上、下翻梁部位三维模型

图Ⅲ—3—9　上、下翻梁节点模型

图Ⅲ—3—10　斜托模型

图Ⅲ—3—11　暗挖车站风道加强段三维模型

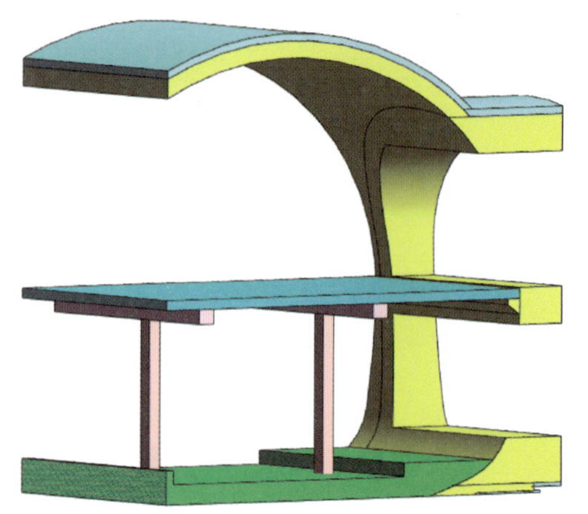

图Ⅲ—3—12　暗挖车站主体、附属接口部位三维模型

4　重庆轨道交通两路口车站改造工程

应用点评：本项目为既有车站改造项目，为工可方案设计阶段。车站建筑、结构、设备等专业采用 BIM 软件进行设计，实现了专业的协同设计、可视化汇报、数据仿真模拟验证、施工过程的动态模拟，很好地解决了项目方案阶段，对于可行性、必要性的论证，对于业主关心的改造期间的影响、改造前后的对比，以及改造工期的安排、风险点控制等关键问题，提供了数据支撑和直观表达，便于业主进行项目决策。

4.1　项目简介

重庆轨道交通两路口车站为一号线和三号线的换乘车站。一号线为东西向主要交通要道，三号线为南北向的城市主要交通要道，高峰期客运量大、客流繁忙。

图Ⅲ—4—1　三号线进出站扶梯客流现状三号线站台客流现状

图Ⅲ—4—2　一号线进出站扶梯客流现状一、三号线站厅客流现状

重庆现状已开通 1、2、3、6 号线，4 条线路，历史线网客流高达 261.9 万乘次，一号线和三号线的客流占一半以上，其中三号线客流最高，两路口车站为线网中换乘客流量最大的车站(日均客流约 49 万，其中换乘客流 36 万)，车站空间较小、换乘设施不足、客流拥堵、运营压力大。

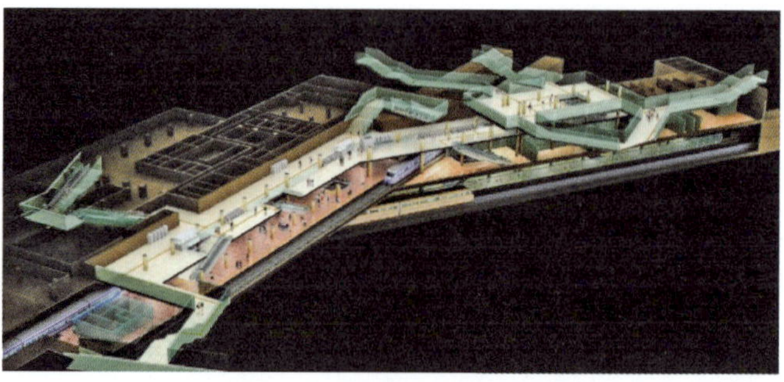

图Ⅲ—4—3 重庆线网客流历史数据两路口车站换乘空间关系

而目前重庆开通的轨道交通线网中，只有两路口（1、3 号线换乘）、小什字（1、6 号线换乘）为重庆南北过江交通线网上主要的交通节点，一号线为东西向，三号线为南北向，受城市发展的影响，南北方向过江的客流有较大的客流需求，导致早晚高峰、节假日期间，车站客流拥堵，大量客流滞留在车站，造成较大的运营安全隐患。

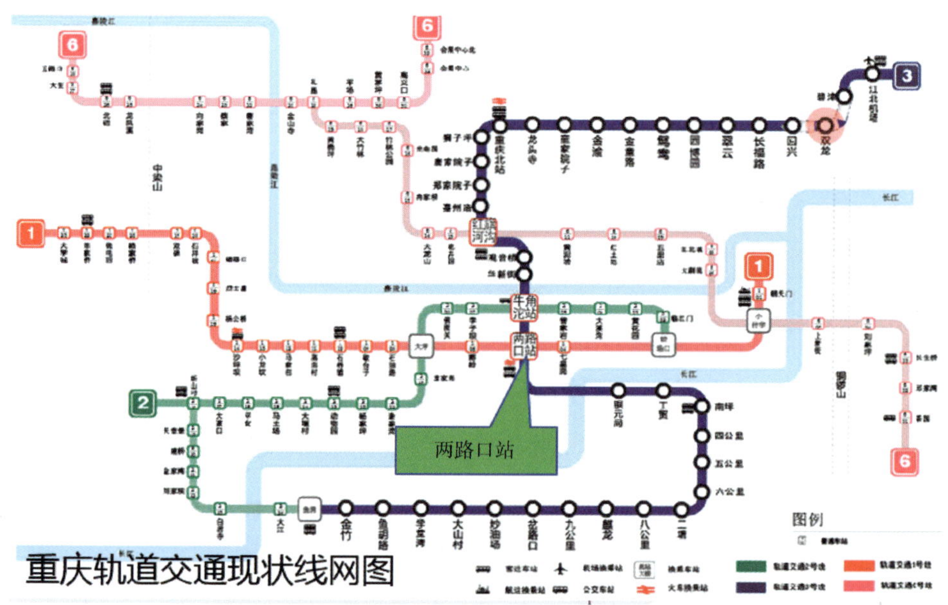

图Ⅲ—4—4 两路口车站在既有线网中的位置关系

两路口车站为地下三层（局部四层）的明挖车站，车站共设置 7 个出入口（其中 6 号出入口预留）。地下三层为三号线站台层，设置两组与站厅的楼扶梯，一组与一号线换乘的通道；地下二层为一号线站台层和三号线的设备夹层，一号线站台设置两组楼扶梯与站厅相连；地下一层为一号线与三号线共用的站厅；夹层为转换厅。

通过研究既有两路口车站的空间关系和客流拥堵点，结合两路口片区的改造设计要求，并对地下空间进行综合梳理、利用，提出在既有三号线车站的西侧，新增一个三号线站台，通过新增的三号线站台，实现站台客流的分流，降低车站的客流密度和拥挤度；通过新增三号线到一号线的换乘通道，解决换乘点的拥堵问题，通过新增的站厅和与重庆中心的地下接口，增加了进出站的设施、设备，从新组织了地下空间，提供了一个系统的、高效的换乘车站改造的设计方案。

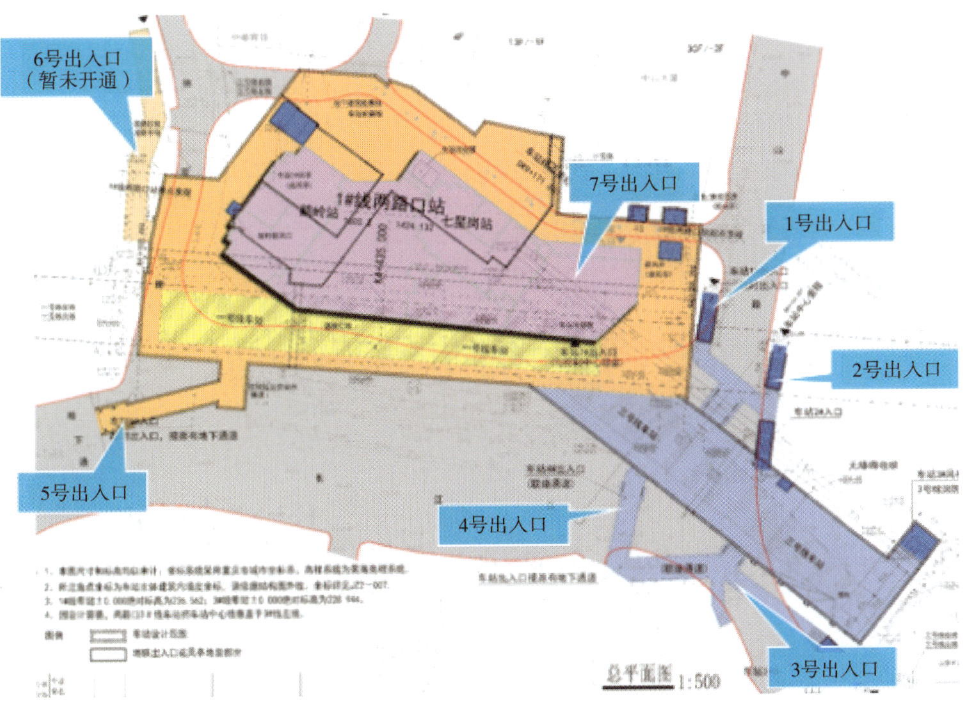

图Ⅲ—4—5　既有两路口站总平面图

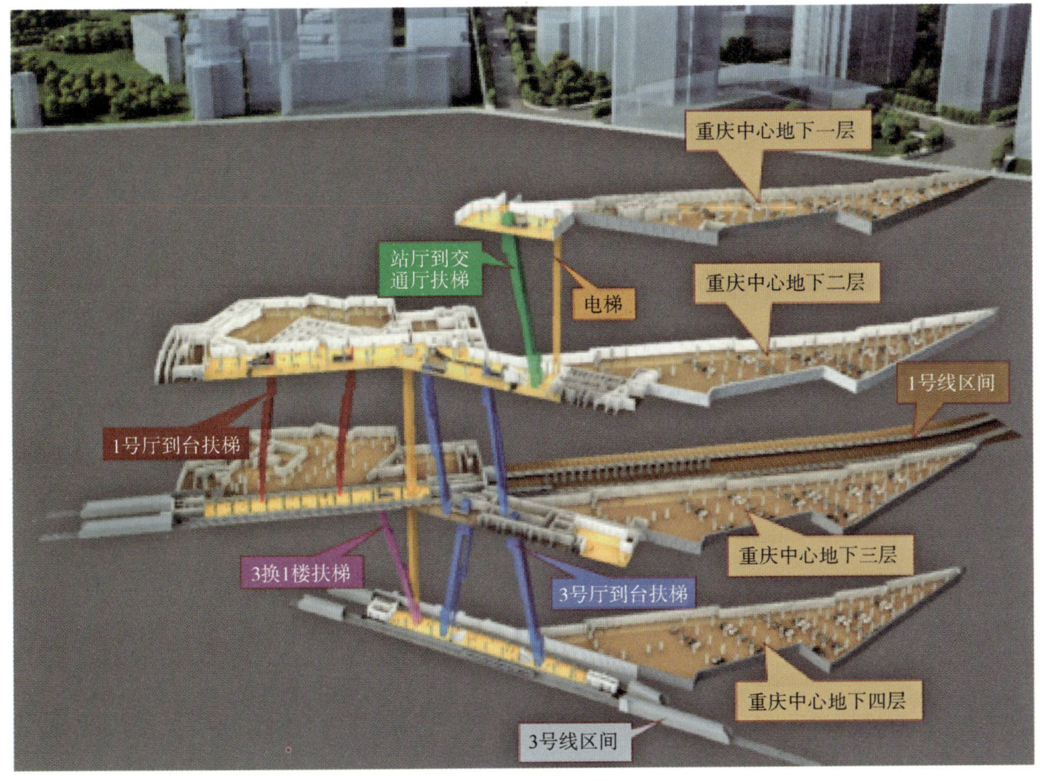

图Ⅲ—4—6　既有三号线空间关系图

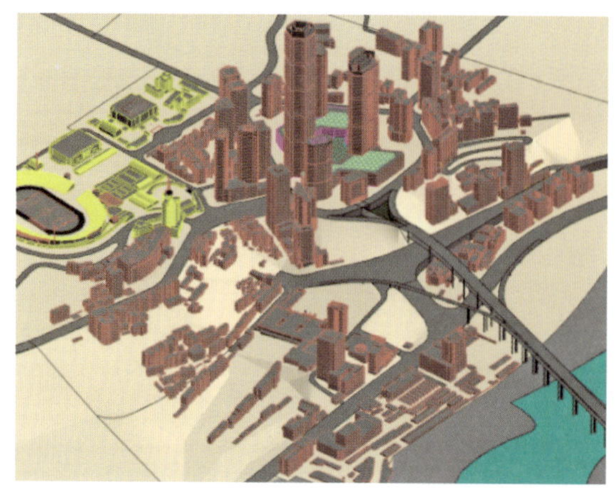

图Ⅲ—4—7 两路口车站在城市空间的 BIM 模型

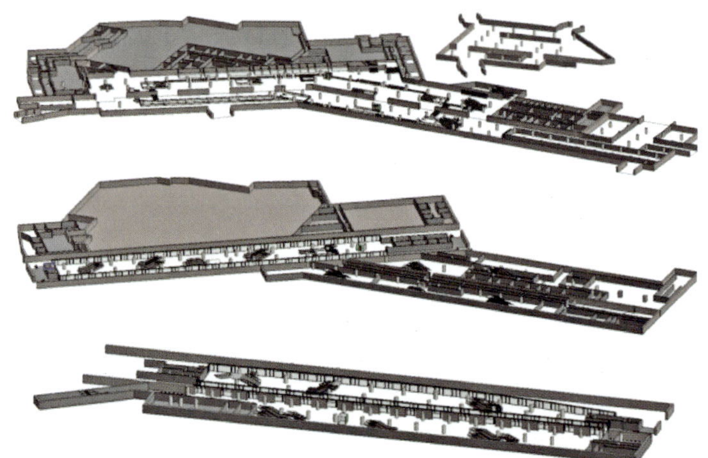

图Ⅲ—4—8 改造后两路口车站改造 BIM 模型

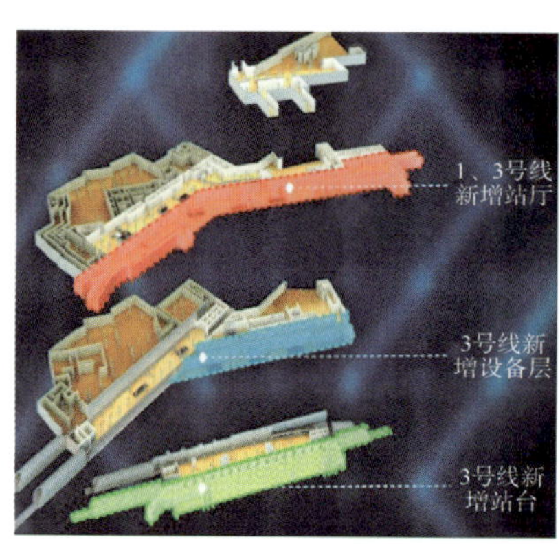

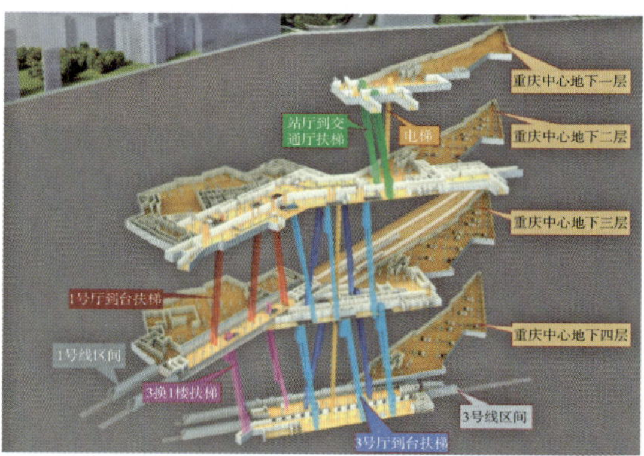

图Ⅲ—4—9 改造后两路口车站的空间模型分析图

4.2 BIM 应用

BIM 实施范围:两路口车站改造项目 BIM 实施范围为工可阶段的可行性、合理性的论证设计，包含建筑、结构、工筹、设备专业的协同设计。

BIM实施目标：通过引入BIM设计，实现改造方案可行性论证的模拟仿真，通过数据、图标、模拟的形式，佐证改造前后的效果，为改造的必要性和可行性提供数据支撑；同时，通过建立的三维模型进行可视化汇报，让业主理解复杂的空间关系；以及同模型进行仿真模拟（客流密度模拟、疏散模拟、施工工序模拟），佐证设计的合理性。

重难点分析：两路口改造项目的重难点主要体现在前期的方案合理性论证、施工期间对运营的影响、施工期间对两路口环道地面交通的影响、改造后的效果分析（是否达到了改造的目的）以及业主对换乘方案的理解，对改造措施、风险点、工期、造价的控制要求。

(1)可视化设计。多专业、全过程基于模型进行可视化设计和三维漫游。对于工程师，提高了沟通、配合的效率；对于业主，便于业主直观了解复杂的空间关系和方案。为方案评审、决策工作等提供更直观的方案展示途径。

(2)建立了专业的BIM族数据库。轨道交通与其他民用建筑有一定的区别，其专业较多，特种构件较多，不能直接借用一般民建项目的族文件。通过建立的BIM族数据库，能提高建模的效率，同时为今后类似的项目提供可通用的族文件。

(3)基于建立的BIM数据模型，进行模拟分析。模型的建立，一方面提供可视化的设计和表达，还可以通过模型，进行客流模拟、疏散模拟、施工模拟、交通模拟、改造期间客流模拟，为方案合理性提供数据支撑，佐证设计，为决策提供更直观的数据，强化了信息的传导。通过建立的模型文件，建筑、结构、设备专业对自己建立的模型文件进行维护，“确保信息唯一传递”，避免各专业图纸的不一致，同时为后续的设计深化提供数据模型，在不同阶段，对“唯一的”模型文件进行传递、维护、管理。

(4)复杂节点的分析模拟。结构设计中，对改造中风险点进行性能化设计，将Midas结构模型计算结果返回Revit模型中，指导和优化节点设计。

4.3 软件和协同

采用ProjectWise平台进行各专业协同设计；采用Revit建立基础的建筑、结构、设备模型；将模型文件导入到Fuzor中，进行仿真、漫游；采用Anylogic、Massmotion完成疏散模拟、客流仿真模拟。

表Ⅲ—4—1 主要软件配置

应用类型	软　件
协同平台	ProjectWise
建筑建模	AutodeskRevitArchitecture
结构建模	AutodeskRevitStructure
设备建模	AutodeskRevitMEP 鸿业 BIMSPACE
模拟分析	Pathfinder Anylogic Massmotion
效果展示	Fuzor Lumion 3Dmax

4.4　BIM 成果

表Ⅲ—4—2　主要成果文件及格式

文件内容	文件格式
各专业设计模型	*.rvt
仿真漫游、可视化	*.exe(fuzor)
效果图、漫游动画	*.jpg, *.avi

(1)模型展示

采用 Revit 建立两路口车站的空间信息模型,便于理解二维设计中不能表达的空间关系,便于在方案设计中多角度、多方位的展示模型,了解方案受控因素,研究方案。

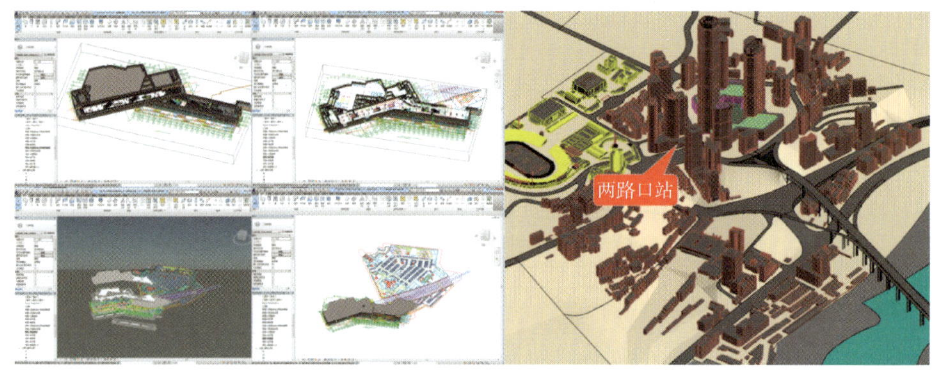

图Ⅲ—4—10　两路口模型及环境模型展示

(2)轨道交通专用族文件的制作

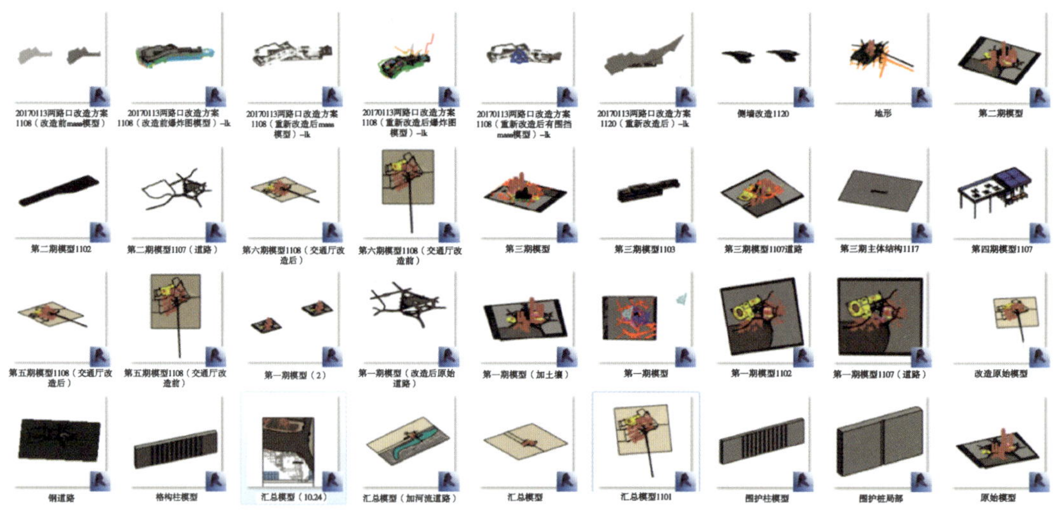

图Ⅲ—4—11　轨道交通专用族文件示意

轨道交通专业性强,专业多,族文件复杂且不能在一般民建中通用,通过建立的族文件,实现了各专业的快速建模,后期仿真模拟的分期展示,为后续项目提供设计文件素材。

（3）分析模拟

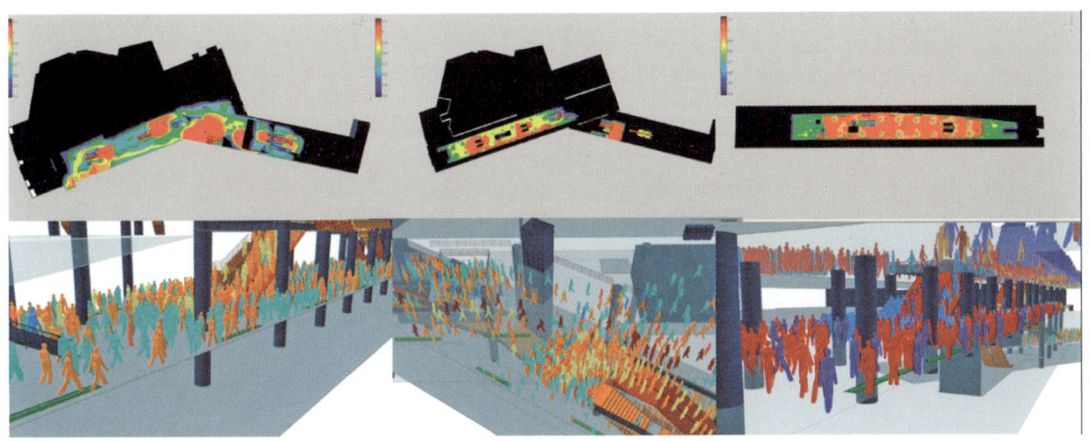

图Ⅲ—4—12　改造前两路口站客流模拟

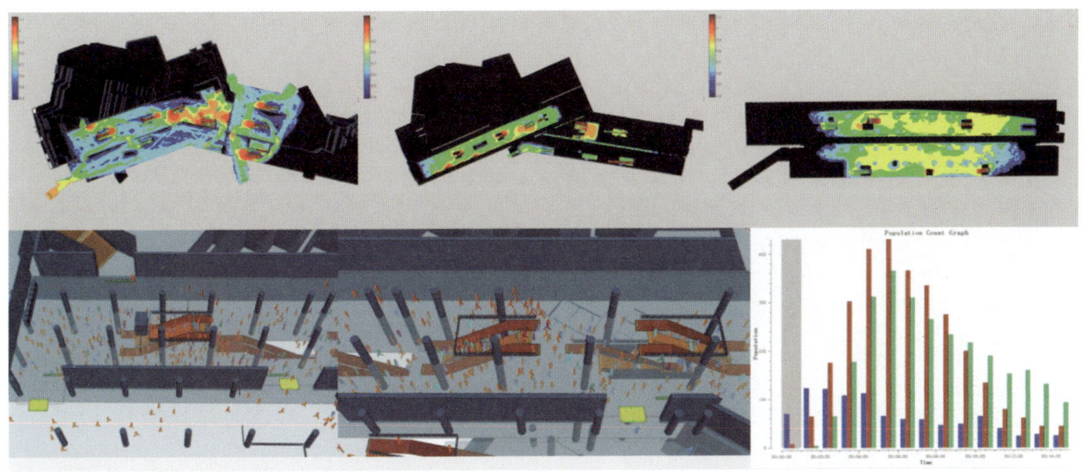

图Ⅲ—4—13　改造后两路口站客流模拟

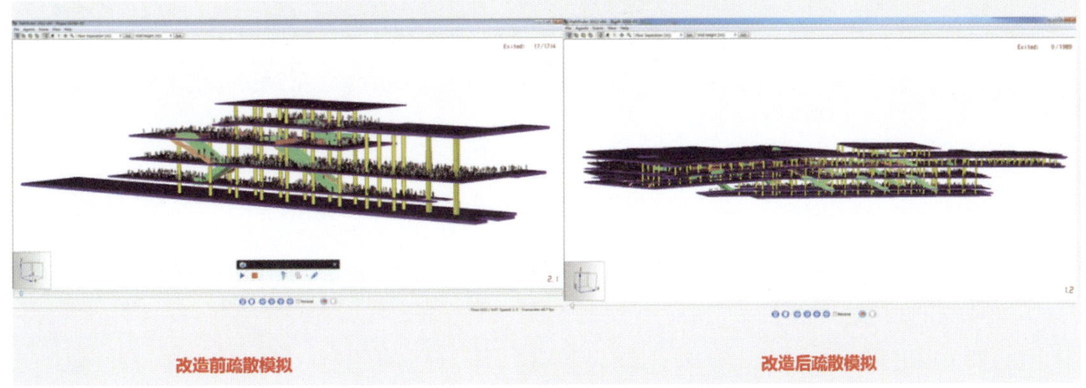

图Ⅲ—4—14　改造前后客流疏散模拟

图Ⅲ—4—15 改造过程及地面交通疏解模拟

改造项目中，现状问题的分析研究，是其重点研究内容之一。如何为业主提供一份准确、直观的分析报告，是设计团队必须回答的问题。通过对 BIM 模型的运用，找出客流拥堵的主要原因，通过设计优化，将设计成果体现在改造后的设计文件中，同时，通过改造过程的动态模拟，直观的体现改造过程的影响和存在的问题，为业主的决策提供依据。

(4)可视化文件

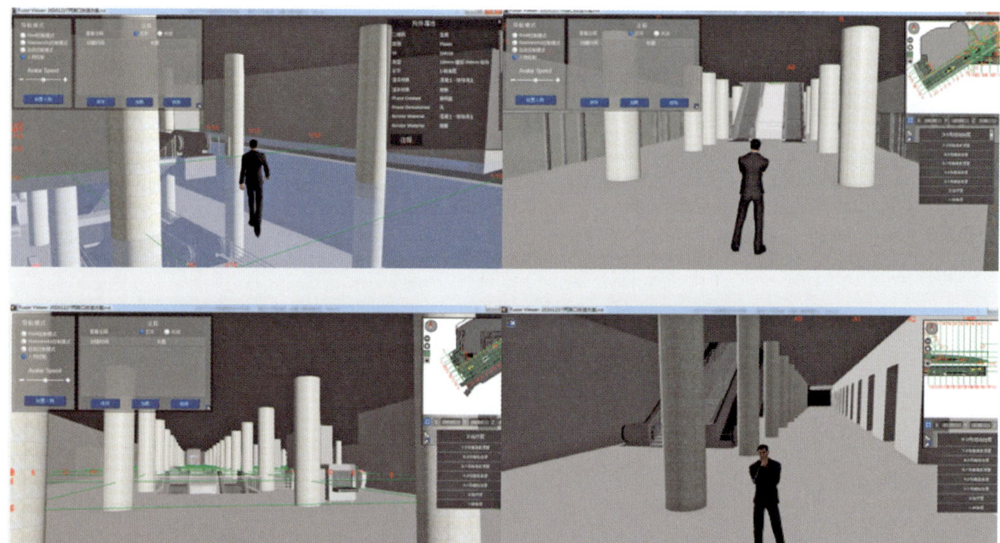

图Ⅲ—4—16 模型文件可视化展示

在方案汇报中，对于平面中不能表达的空间关系，通过导入 Fuzor 软件中，展现建筑的空间尺度，帮助业主建立空间关系，同时，可以通过现场的沟通，及时修改方案，在汇报中，与业主一同推敲方案，为每次的方案深化提供依据和方向，从而提高设计的效率。

5　北京市轨道交通平谷线高架区间工程

5.1　项目简介

北京市轨道交通平谷线线路全长 76 km，其中地下线 7 公里，地面及高架线 69 km。全线设置 14 座车站，其中地下站 2 座，其余为地面和高架站。河北境内约 22.3 km，设置车站 3 座。线路设一段一场，燕郊东站设车辆段，终点设平谷停车场。本线车辆速度为 160 km/h，采用 AC25 kV 带回流线的直接供电方式。

设计 07 标长 14 公里，全部为高架区间，主要采用 U 型梁。

5.2　BIM 应用

本项目 BIM 设计实施阶段包括：总体设计阶段、初步设计阶段和施工图设计阶段。利用三维实景和 BIM 模型，进行景观分析、风险源排查；结合管线模型，进行专业间碰撞检查；结构构造建模，实现快速出图，并提升图纸修改效率；结构配筋，进行图纸和工程量输出，并进行三维设计交底。

(1)三维实景应用

区间桥梁利用三维实景模型进行桥梁布跨设计的同时还能进行沿线实时三维漫游，实时展现桥梁建成后效果，体现桥梁建设对沿线环境的影响。此外还能快速、准确的统计沿线拆迁、管线改移工程量和土的挖方量，轻松完成工筹设计，使得桥梁设计更加经济、合理。

图Ⅲ—5—1　桥梁与周边环境关系示意图

（2）设计交底

施工图完成后，可针对需要注意部位、各部件相对关系等问题进行三维设计交底，用实景模型更加直观、准确地表达设计意图、要点，有效地指导施工。

图Ⅲ—5—2 桥梁涉及拆迁部分示意

（3）碰撞检查

在模型中定义规则进行不同构件、不同部位的碰撞检查，实现设计零缺陷。建立三维地下管线模型，与桥梁桩基进行碰撞检查，优化桥梁布置基础。

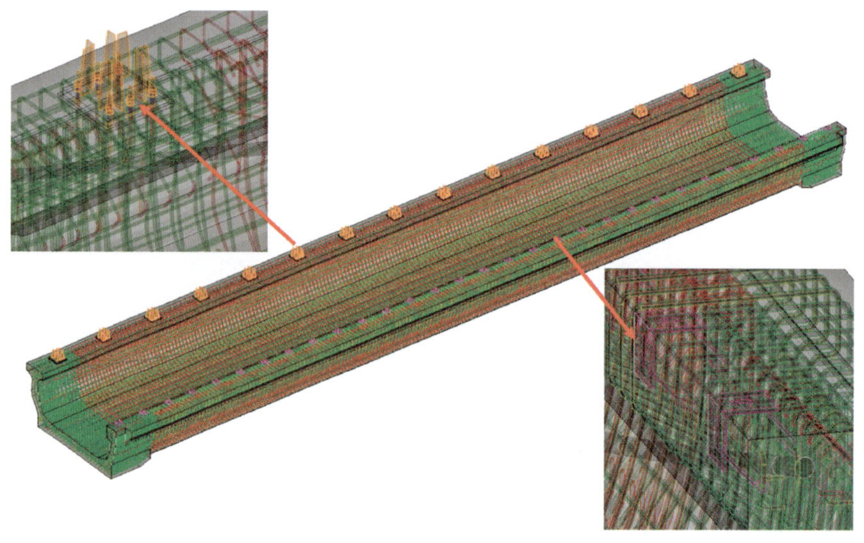

图Ⅲ—5—3 声屏障和疏散平台预埋件图

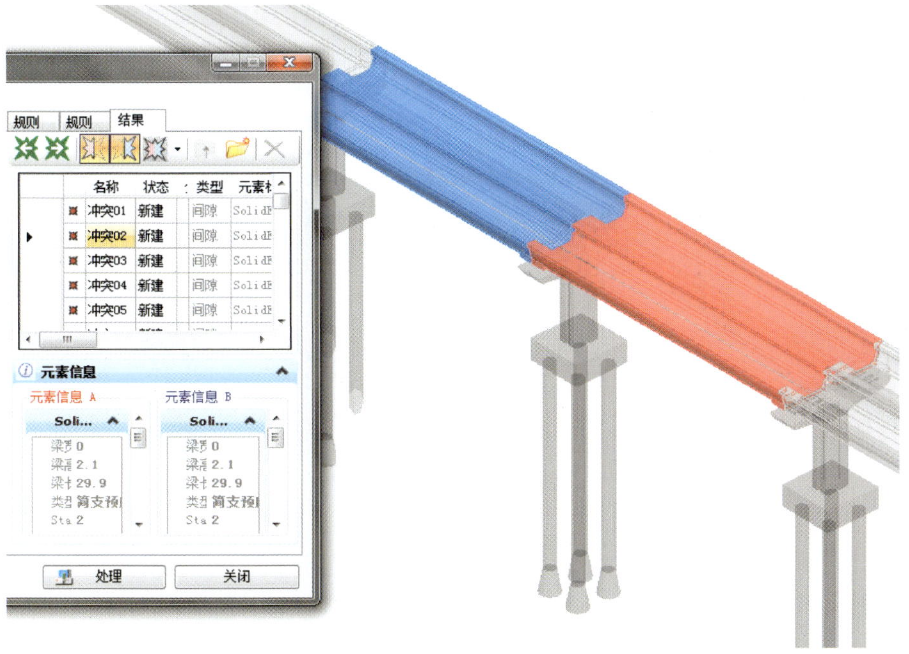

图Ⅲ—5—4　曲线处梁布置检查

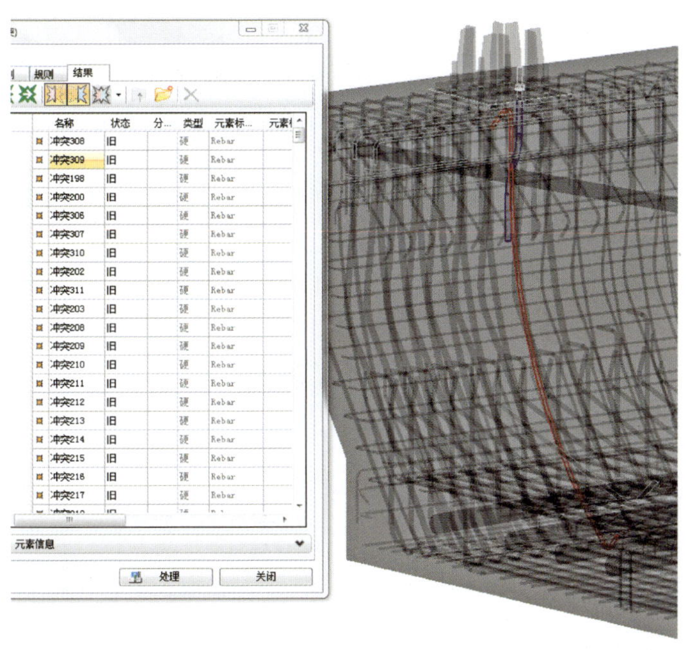

图Ⅲ—5—5　主梁钢筋与设备预埋件检查

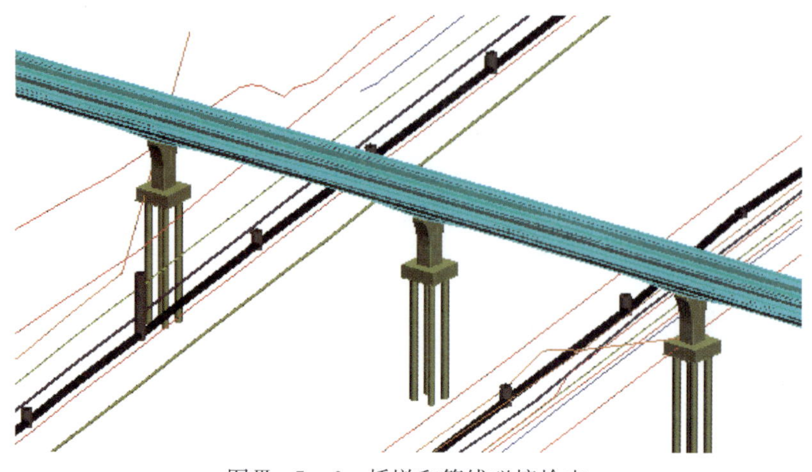

图Ⅲ—5—6 桥墩和管线碰撞检查

(4)景观分析

利用三维实景模型直接生成建成桥梁后的效果图,实时分析景观效果。

图Ⅲ—5—7 三维实景模型+桥梁模型

图Ⅲ—5—8 利用实景+模型进行景观分析

(5)桥面系制定

在桥梁结构上组装各设备构件，展示桥面布置效果，检查行车限界，优化桥面系设计。

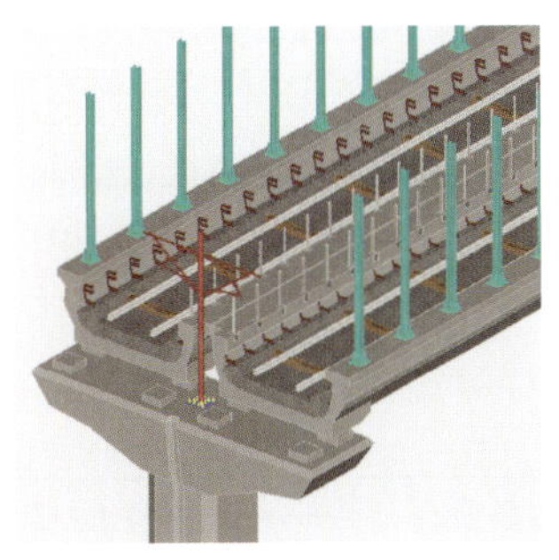
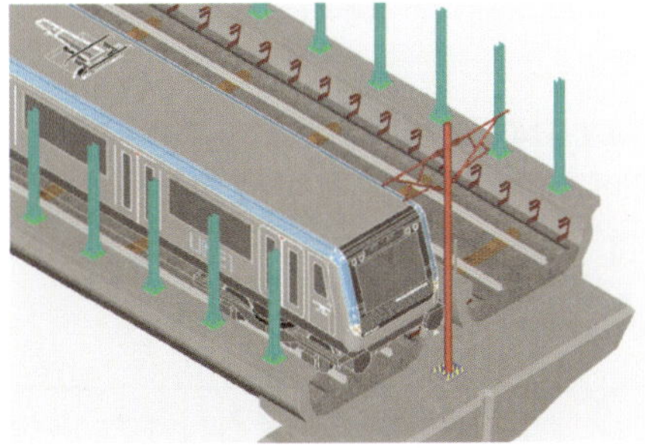

图Ⅲ—5—9 桥面限界检查

(6)风险源评估

结合场地实景对区间桥梁模型进行设计、施工及运营阶段的风险源进行全面评估。

图Ⅲ—5—10 近距离建筑

图Ⅲ—5—11 上跨高速匝道

5.3 软件和协同

(1)软件

本项目 BIM 应用涉及两个平台、9 种软件,实现了 Bentley 和 Autodesk 双平台 BIM 应用,其中包含自助开发的轨道交通桥梁总图辅助设计程序。

(2)BIM 协同

桥梁 BIM 设计流程

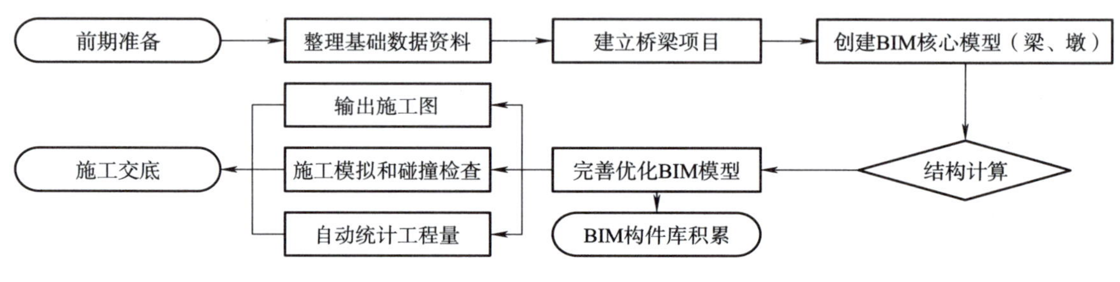

图Ⅲ—5—12 桥梁 BIM 正向设计流程图

(3)BIM 模板文件定制

进行 BIM 正向设计时,需根据项目配置情况制定统一的设计模板,以实现 BIM 设计工作的标准化。主要包含:

①建模软件的工作空间、种子文件;

②二维图纸制图模板,含图框、标注样式和打印样式等;

③钢筋数量表模板。

5.4 BIM 成果

本项目 BIM 设计成果见表Ⅲ—5—1。

表Ⅲ—5—1 主要成果分类及内容

分 类	内 容	备 注
标准	《城市轨道交通工程 BIM 技术设计应用标准》桥梁章节	.doc
模型	包括场地、总图、结构外型和结构钢筋等模型	.dwg
图纸	包括总图、上下部构造图、上下部钢筋图和附属构造图等图纸	.dwg
族库	摆阔箱梁、U 梁、锚具、桩基、承台、桥墩和附属等族	

1. 模型成果

(1)场地模型

使用 Bentley 系列土木行业软件 PowerCivil 提取二维地形图控制点形成三维场地模型,在场地模型基础上创建三维桥梁模型,能够比较准确确定桥墩高度、承台埋深和挖方量计算。

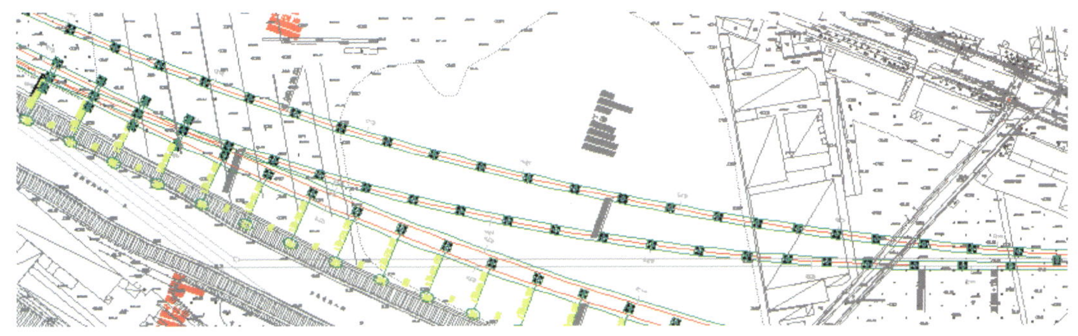

图Ⅲ—5—13 99场地CAD平面图

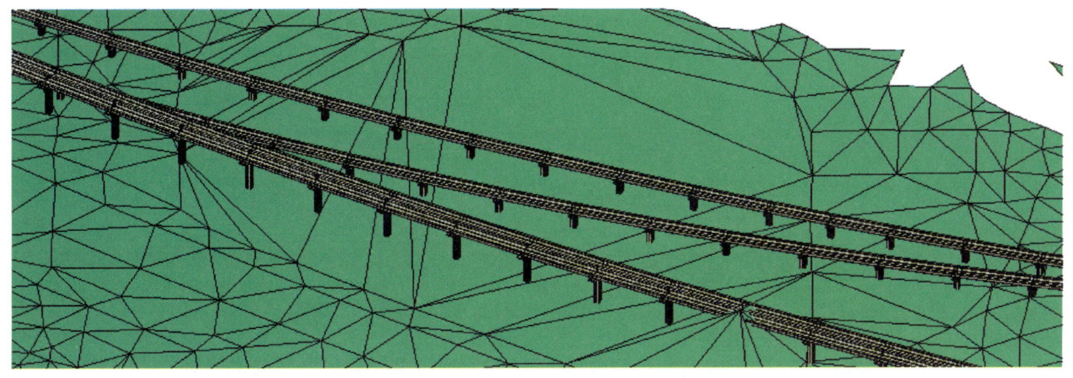

图Ⅲ—5—14 100三维地形模型

(2)实景建模

通过无人机航拍摄影获得建设范围内的地形、构筑物、管线等信息,通过GPS等校准后,获得区间桥址处三维实景信息模型,利用软件形成高精度三维场地地形模型,在此模型上能够非常准确确定桥梁平面位置、桥下净空、承台埋深和挖方量计算。

图Ⅲ—5—15 实景模型结合桥梁模型

(3)总图模型

总图是区间桥梁结构及与周边环境关系的全面体现,涉及内容多,对信息的集成、共享要求高。BIM技术的使用能够实现面向三维模型和三维周边环境的实时处理,解决设计问题。

在三维线路的基础上按照桥梁方案进行桥梁布跨,通过调用参数化构件库,实现快速、批量地进行结构模型组装、定位,完成桥梁方案布置。

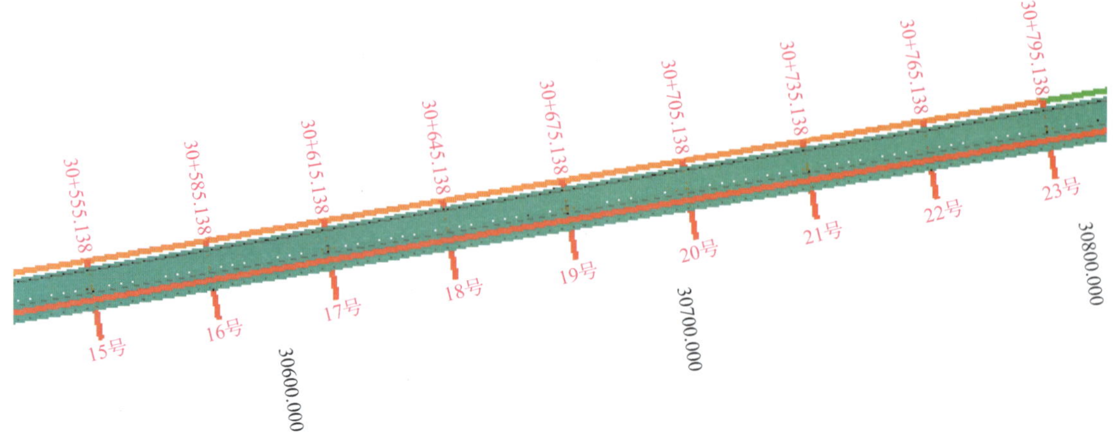

图Ⅲ—5—16 桥梁布跨

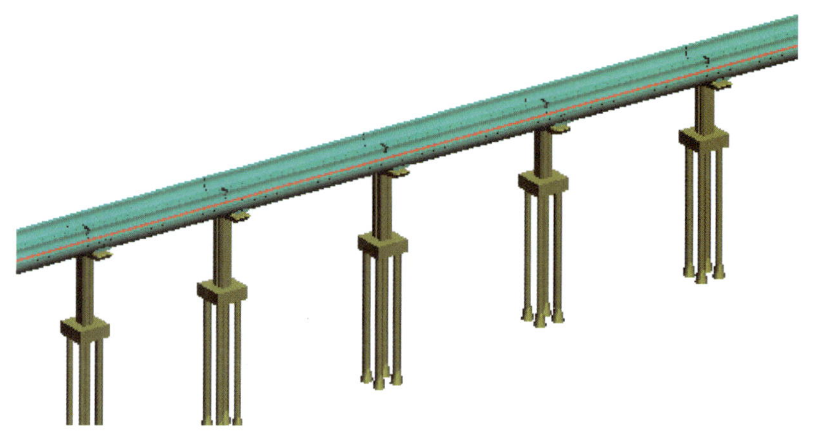

图Ⅲ—5—17 三维桥梁模型

(4)构造模型

使用 Bentley MicroStation 建立桥梁结构外形模型，实现三维展示、工程量统计和剖面出图。

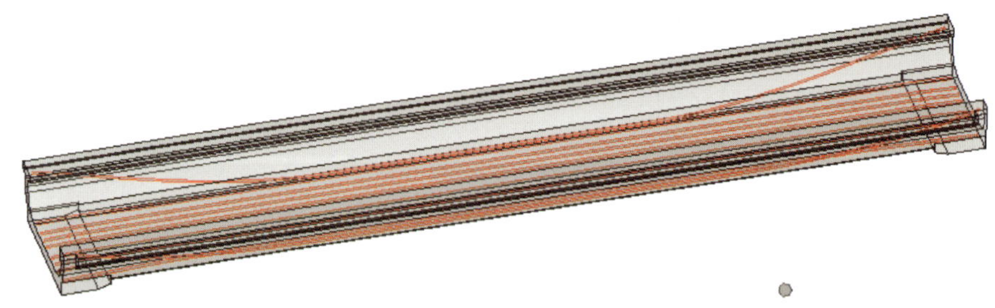

图Ⅲ—5—18 简支 U 梁三维模型(含预应力孔道)

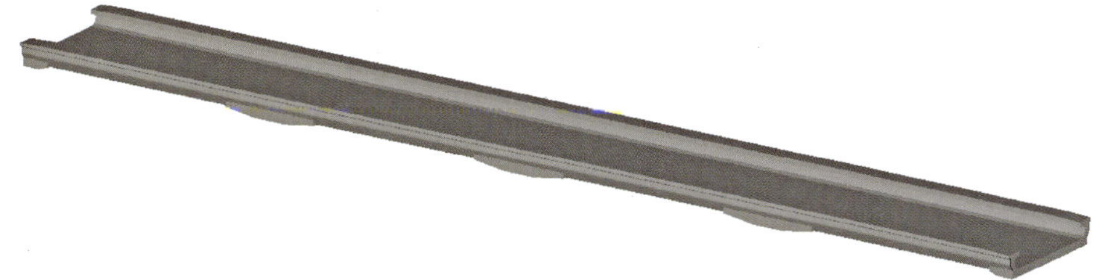

图Ⅲ—5—19 连续 U 梁模型

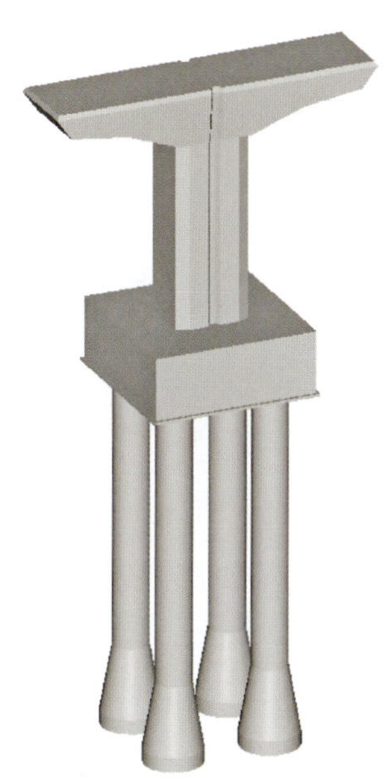

图Ⅲ—5—20 桥梁下部结构模型

(5)钢筋模型

使用 Bentley ProStructure 建立标准 U 梁钢筋模型实现三维展示、碰撞检查和工程量统计。

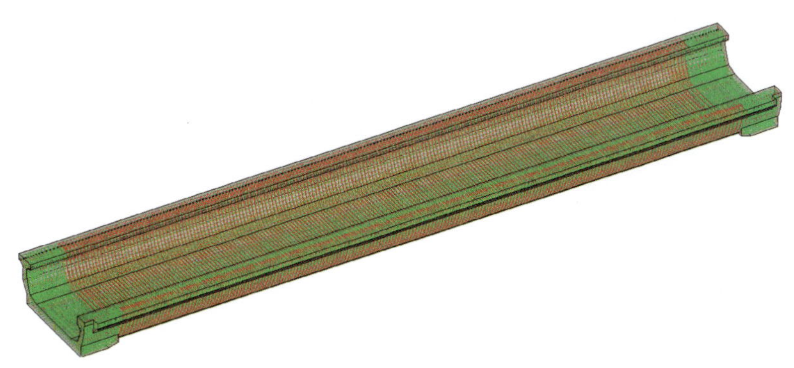

图Ⅲ—5—21 U 梁钢筋 BIM 模型

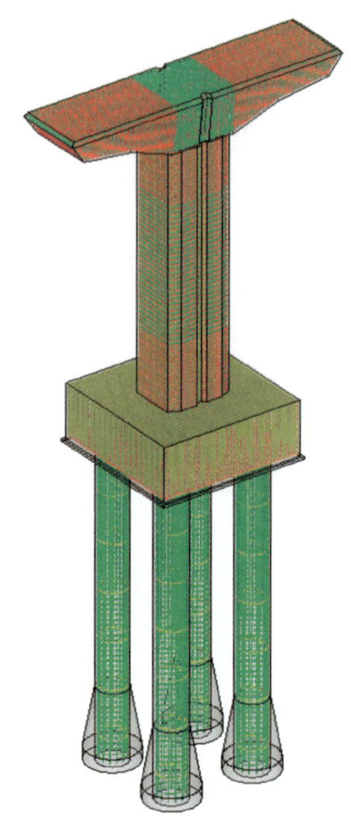

图Ⅲ—5—22　下部结构钢筋图

2. 图纸成果

(1)总图

在三维实景信息模型上创建三维桥梁模型并完成布跨后，形成桥梁参数表，输入《轨道交通桥梁总图辅助设计程序》实现 CAD 中二维出图。

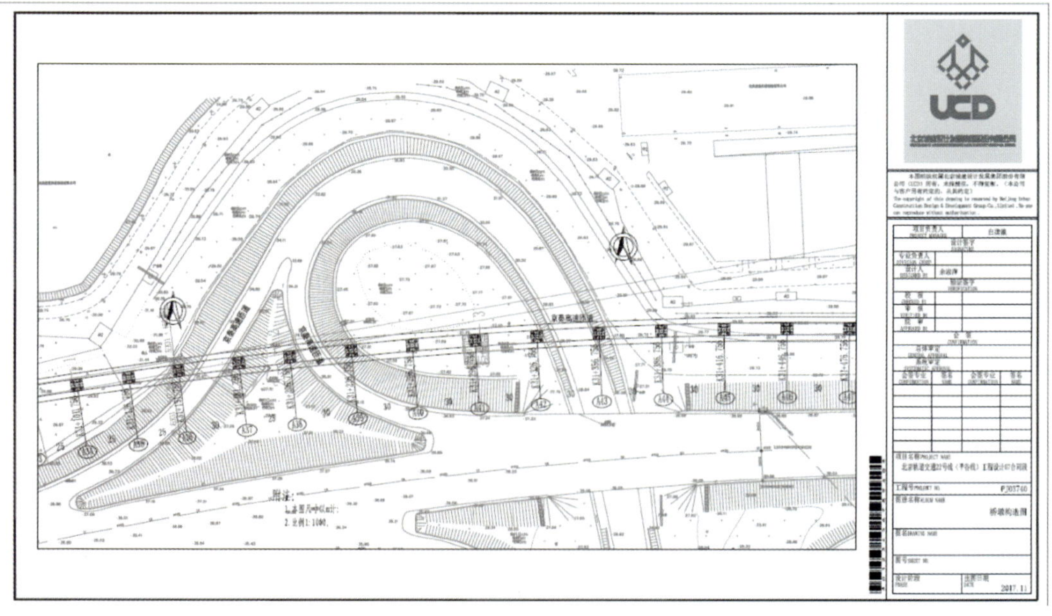

图Ⅲ—5—23　二维总图

(2)上部构造图

上部桥梁建模完成后，通过剖切相应部位、标注、加载项目图框创建二维图纸。且该图纸随着模型的改变实时更新，提高了设计者的工作效率。

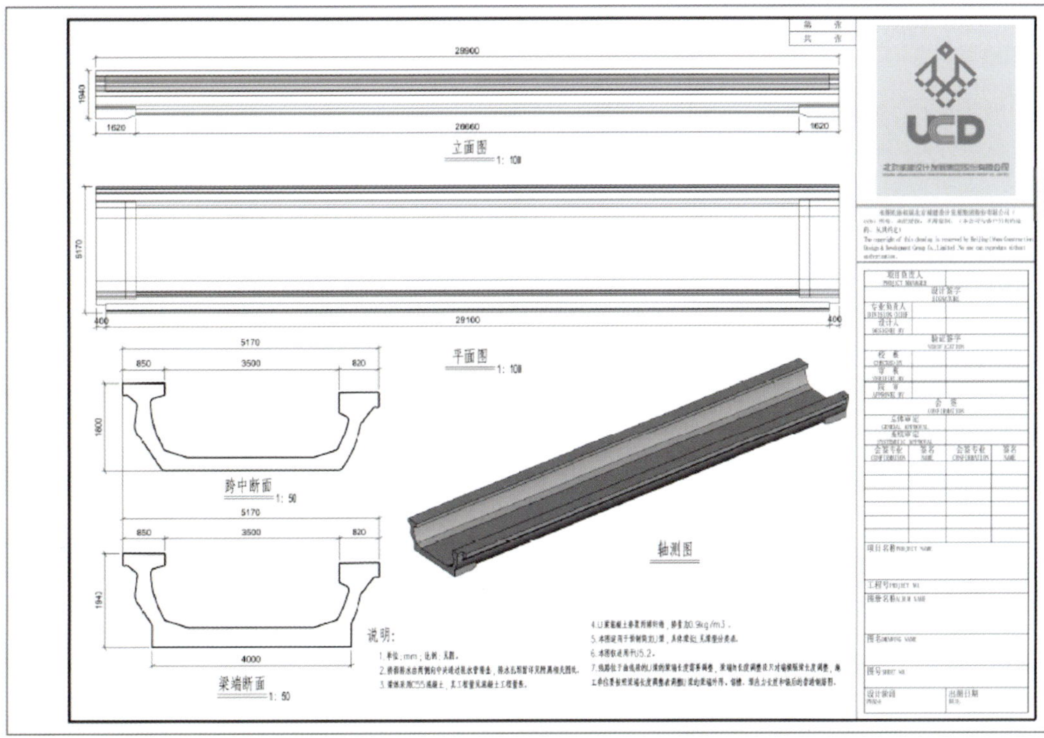

图Ⅲ—5—24　U梁构造二维图纸

(3)下部构造图

建立盖梁、桥墩、承台和桩基构造模型，实现三维和二维出图。

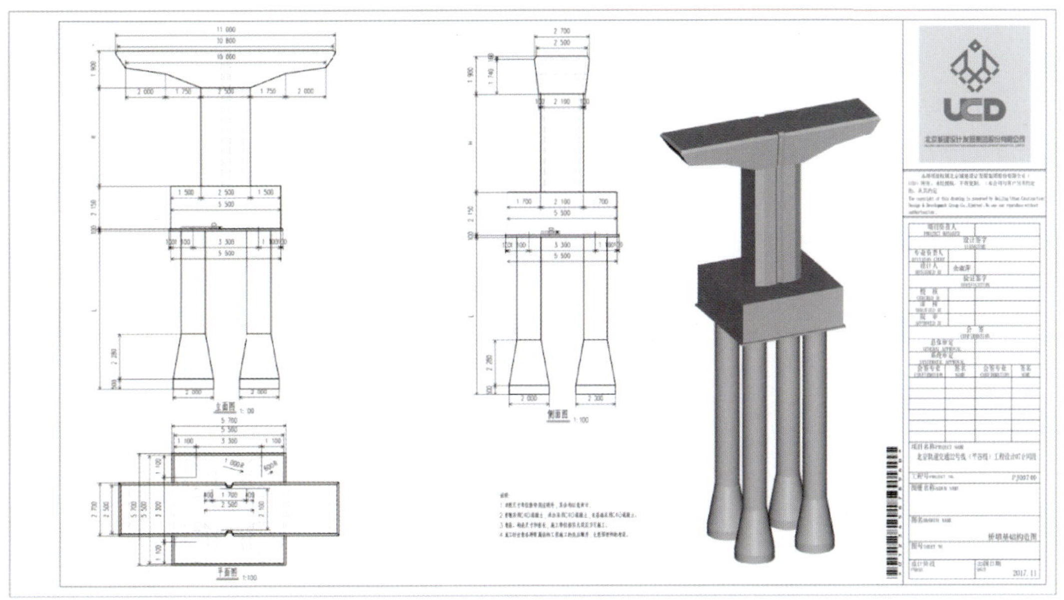

图Ⅲ—5—25　T型桥墩构造二维图纸

(4)上部钢筋图

钢筋模型布置完成后，软件可对钢筋零件进行编号、提取钢筋大样、对钢筋规格、数量进行统计。通过剖切创建不同部位的二维图纸，并随着三维钢筋模型的修改二维图纸实时更新，提高了设计者的工作效率。

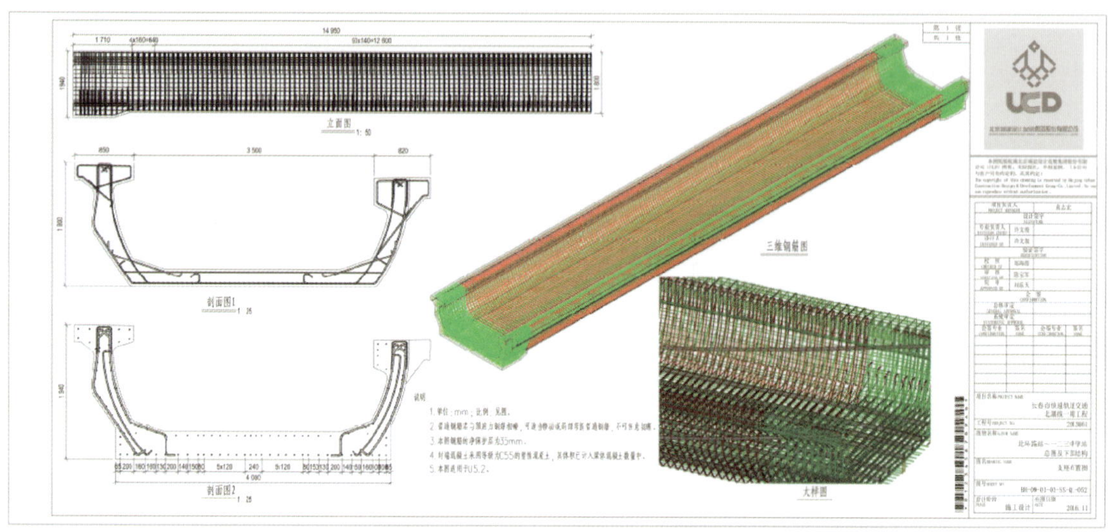

图Ⅲ—5—26　U 梁钢筋二维图纸

表Ⅲ—5—2　表钢筋材料表

钢筋编号	根　　数	直径(mm)	单根长(mm)	重量(kg)
N1	22	22	5545.0	480.67
N2	22	22	3775.0	327.23
N3	2	22	2555.0	20.13
N4	2	22	2345.0	18.48
N5	2	22	2325.0	18.32
N6	2	22	2080.0	16.39
N7	22	22	1345.0	88.18
N8	22	22	1345.0	88.18
N9	10	16	30055.0	270.59
N10	3	16	29155.0	78.74
N11	32	16	7425.0	213.91
N12	2	16	7410.0	23.42
N13	2	16	7355.0	13.24
N14	2	16	7300.0	13.14
N15	189	16	7295.0	2,178.43
N16	22	16	4780.0	94.68
N17	189	16	4780.0	1,427.40

(5)下部钢筋图

建立盖梁、桥墩、承台和桩基钢筋模型,并剖切、标注、打印创建二维图纸。

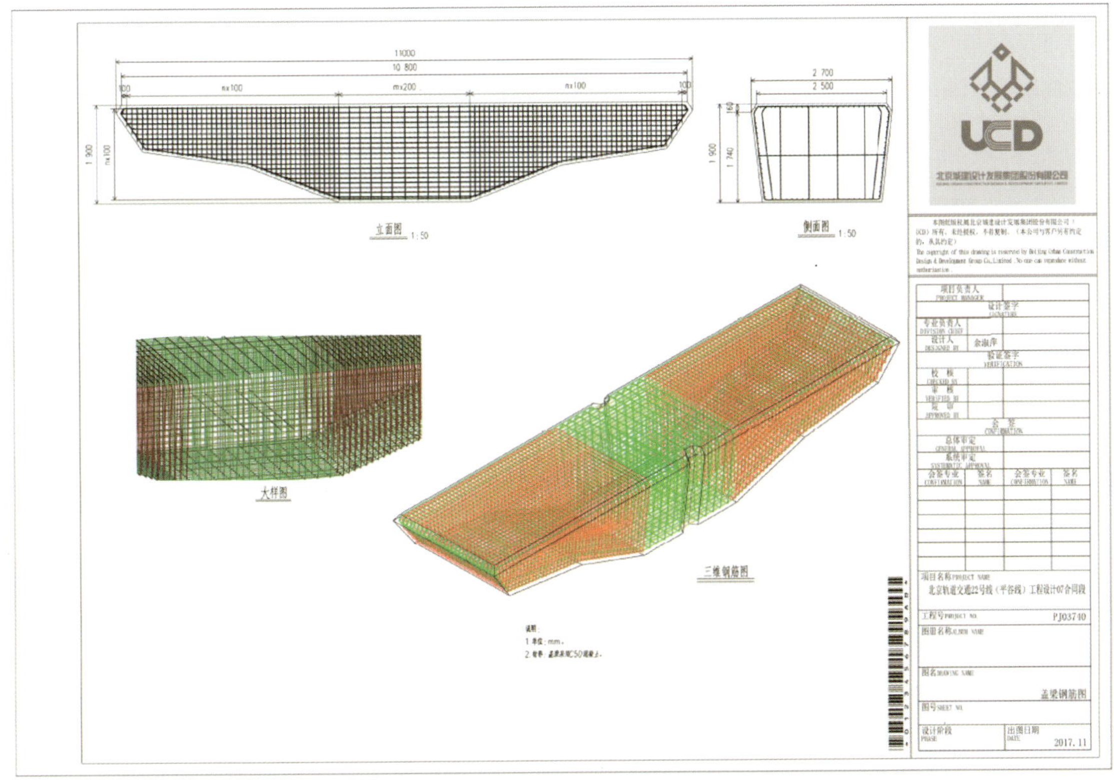

图Ⅲ—5—27 盖梁钢筋图

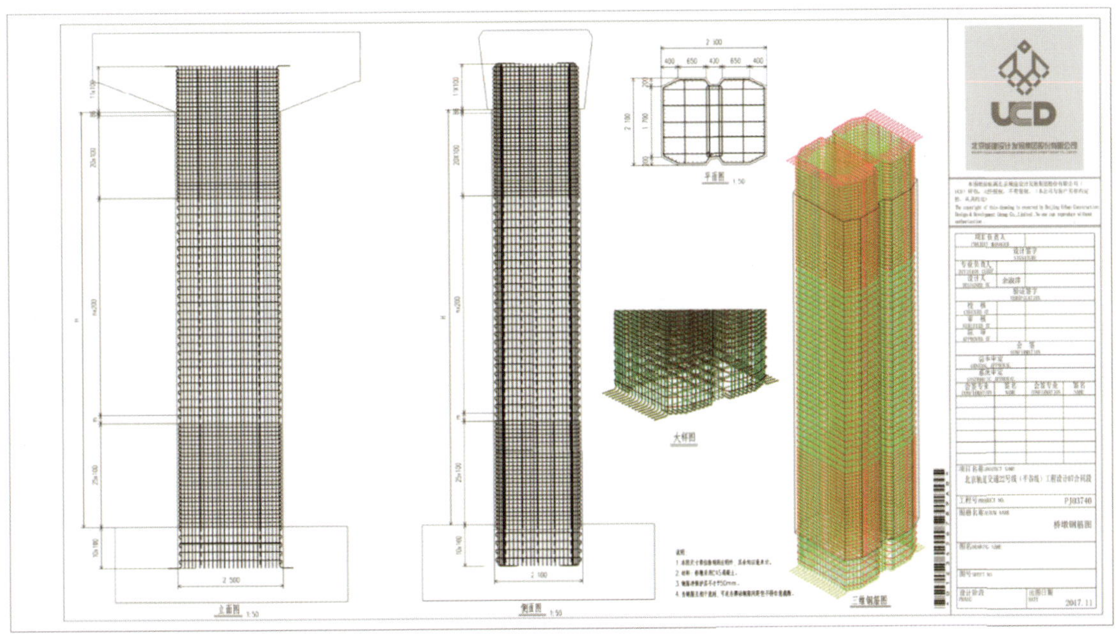

图Ⅲ—5—28 桥墩钢筋图

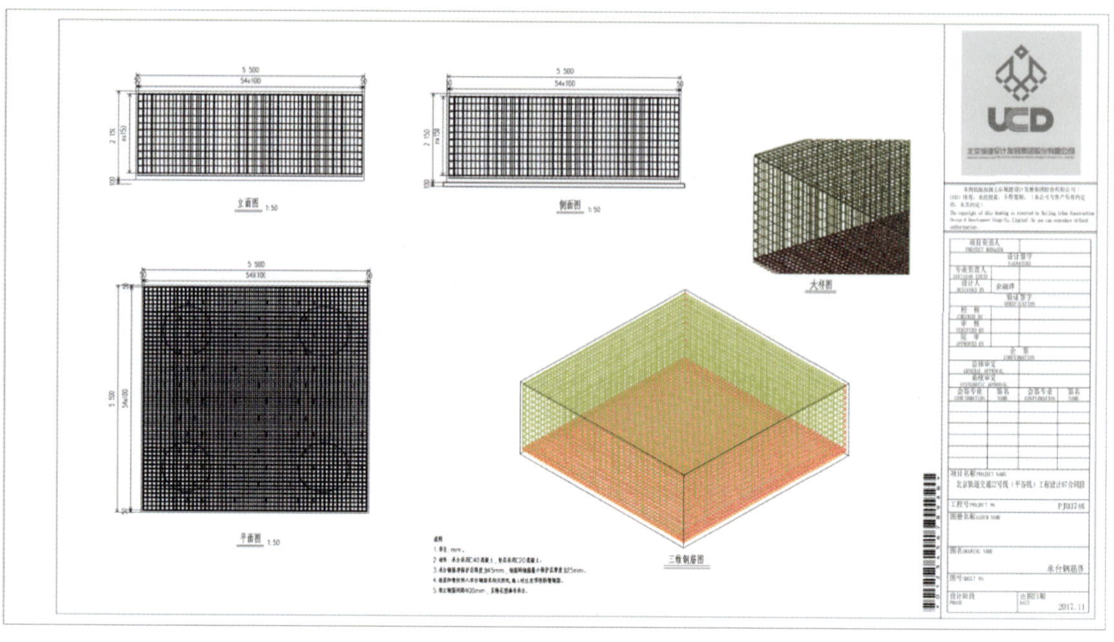

图Ⅲ—5—29 115 承台钢筋图

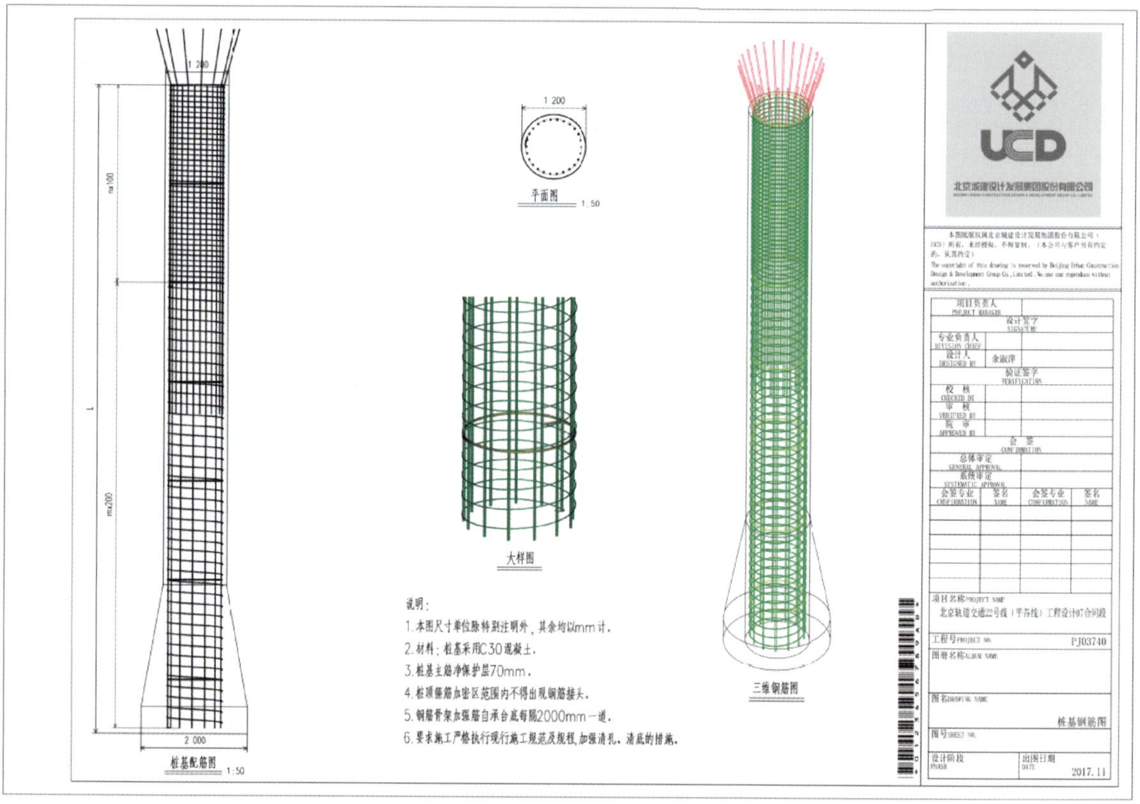

1 200

平面图 1:50

大样图

三维钢筋图

2 000

桩基配筋图 1:50

说明：

1. 本图尺寸单位除特别注明外，其余均以mm计。
2. 材料：桩基采用C30混凝土。
3. 桩基主筋净保护层70mm。
4. 桩顶箍筋加密区范围内不得出现钢筋接头。
5. 钢筋骨架加强箍自承台底每隔2000mm一道。
6. 要求施工严格执行现行施工规范及规程，加强清孔、清底的措施。

UCD
北京城建设计发展集团股份有限公司

项目名称 北京轨道交通22号线（平谷线）工程设计07合同段

工程号 PJ03740

图名 桩基钢筋图

设计阶段 出图日期 2017.11

图Ⅲ—5—30 桩基钢筋图

(6)附属构造图

使用 Bentley ProStructure 对钢板打孔、加螺栓并组合型钢等建立预埋件钢结构模型，并创建二维图纸。

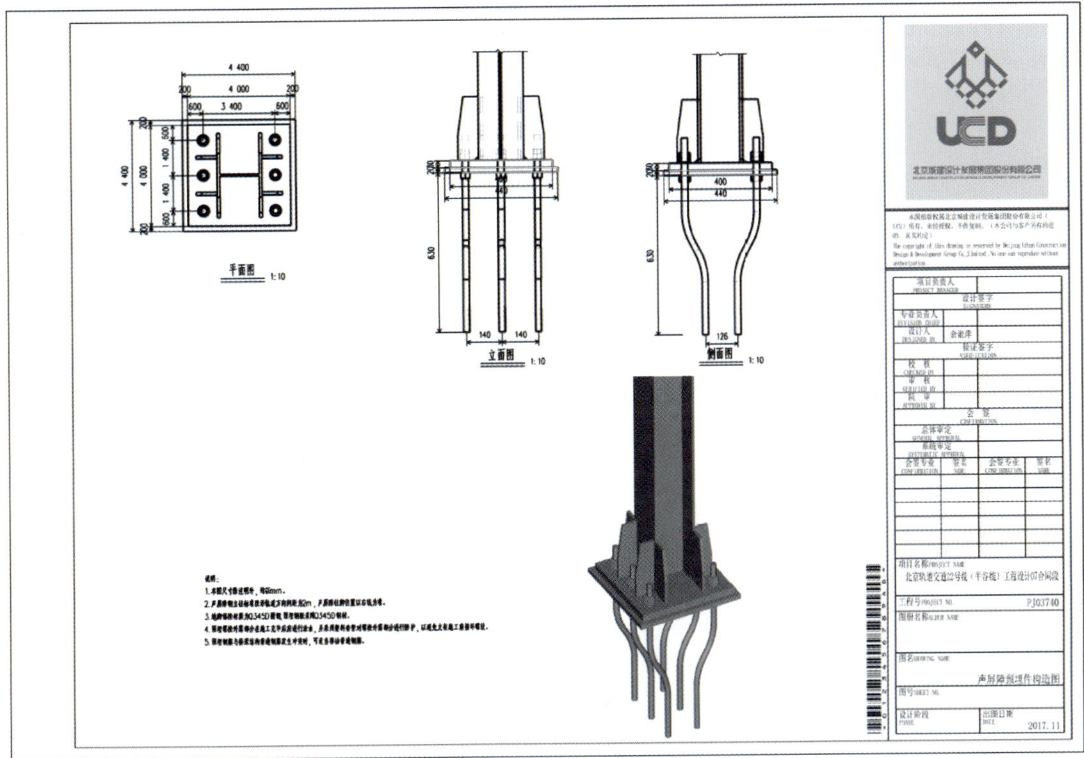

图Ⅲ—5—31 声屏障预埋件构造图

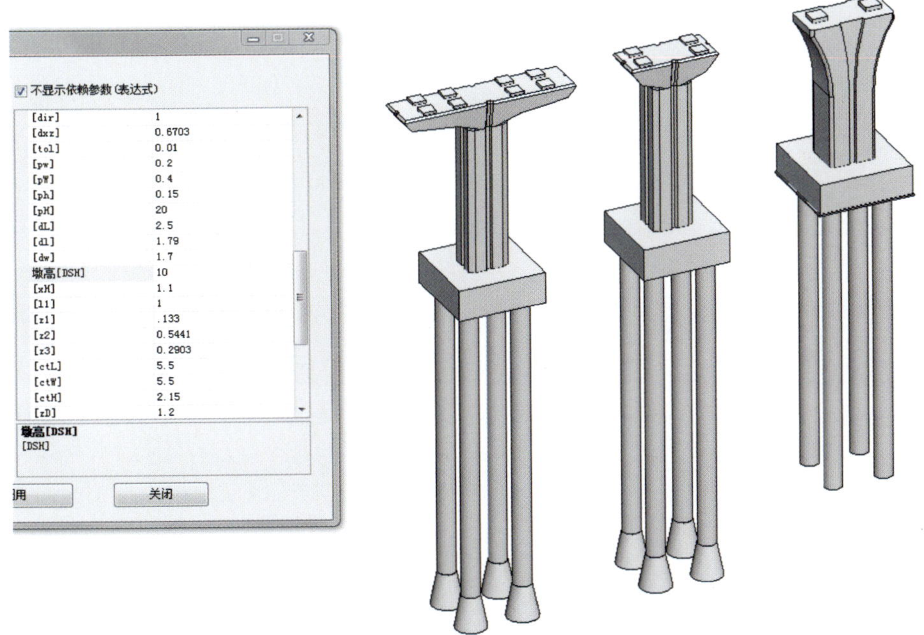

图Ⅲ—5—32 参数化桥墩库

3. 族库成果

基于 Bentley MicroStation 平台面向三维设计进行二次开发，通过语言解释器编写 PCL 语言，实现结构体的三维参数化。

以本项目为依托，扩展建立桥梁专业的参数化梁、墩等构件库。

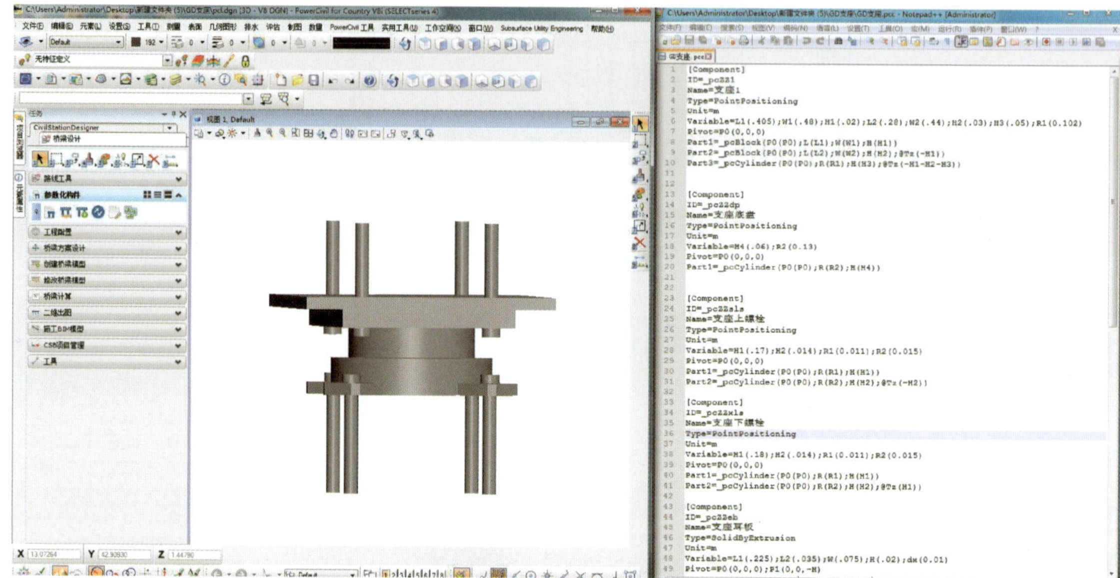

图Ⅲ—5—33 支座库文族库

6　高崎停车场工程

应用点评：通过该项目的实践，探索了轨道交通车辆基地工程的 BIM 协同设计方法、模型建模规则等。对于轨道交通车辆基地工程中 BIM 应用的关键环节、需要分析的内容及数据交互格式进行了深入探索，确定了目前技术条件下基于 BIM 技术的模型分析及成果转化的方法和步骤，为 BIM 技术在车辆基地的应用奠定了基础。

6.1　项目简介

高崎停车场位于湖里区殿前和高崎火车站之间，成功大道东侧、高崎火车站西侧、原高殿水库所在地块内。高崎停车场由运用库、综合维修中心、综合楼、线网总库、材料棚、工程车库、洗车库、污水处理站等组成。总用地：184456.31m²，停车场总建筑面积：137574m²。

项目主要存在以下难点：参与专业多，协调难度大；管线复杂，难以避免碰撞；管线进出户接口多，外线往往与单体内部管线不是同一个设计人，接口位置容易出现偏差。

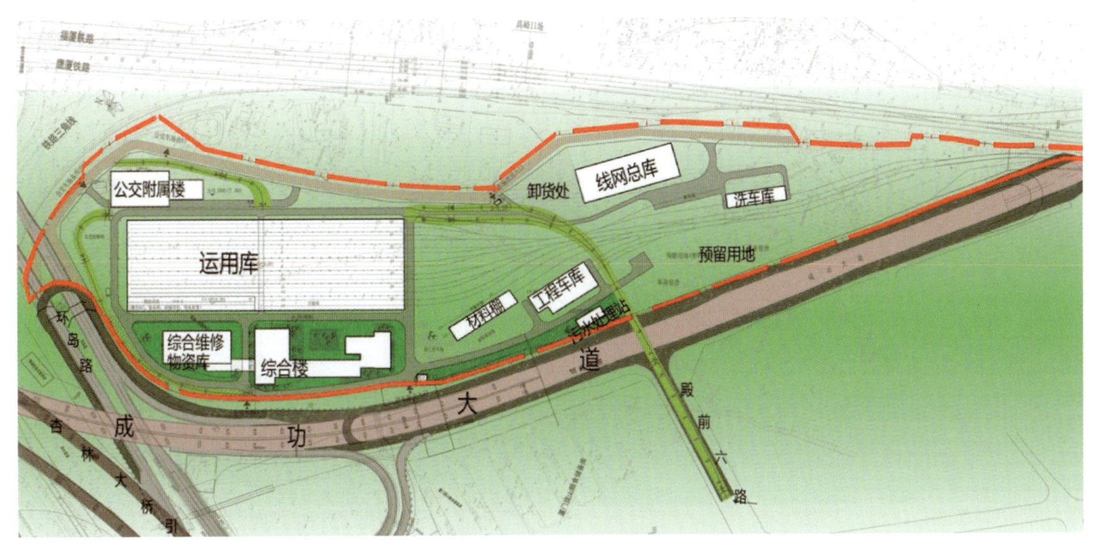

图Ⅲ—6—1　120 高崎停车场总图

6.2　BIM 应用

直观体现现状地形模型，完成总平面方案比选，进行场地建设条件分析，对用地规划条件、用地现状及周围条件、地质条件等进行全方位分析。

BIM 模型搭建。利用 BIM 软件准确、高效地搭建模型，使设计单位、施工单位等参与方更加直观地理解设计意图。同时，在设计阶段创建中心文件集，使各专业协同设计。

管线综合。利用已经搭建完成的模型和碰撞检查软件，对建筑与结构、设备专业管线之间进行各种错漏碰缺的检查，并导出碰撞检查报告，基于模型检测的碰撞报告数据，详细直观了解具体的碰撞问题。根据碰撞检查报告，提出设计优化建议，根据优化建议对模型进行修改，在提高设计质量的同时，避免在后期返工、工期延误等情况。

工程量计算。通过模型生成各相关材料量数据。在招投标阶段、初步设计、施工图设计分别进行基于 BIM 进行工程量估算、概算、预算。

三维模型展示。制作动画，对整个地块整体环境、建筑外形及建筑内部分别进行可视化展示，使人更直观地了解整个项目。

6.3　软件和协同

BIM 技术的实施是一个系统工程，其实施必须制定详细的流程。车辆基地 BIM 实施流程如图。

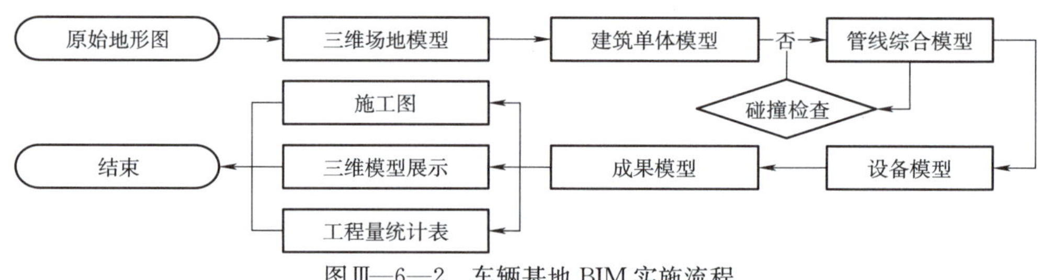

图Ⅲ—6—2　车辆基地 BIM 实施流程

本项目根据需要采用不同的软件。见表Ⅲ—6—1。

表Ⅲ—6—1　主要软件配置

应用类型	软　　件
建筑单体	Autodesk Revit
场地及室外管线	AECOsim Building Designer
模型整合和展示	Autodesk Navisworks

6.4　BIM 成果

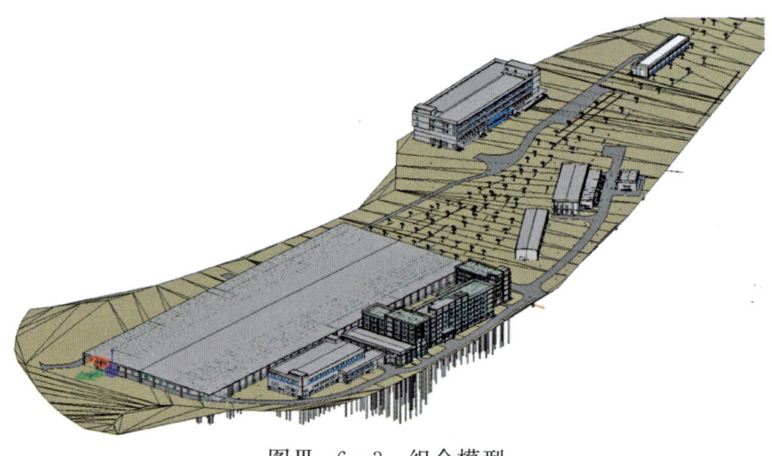

图Ⅲ—6—3　组合模型

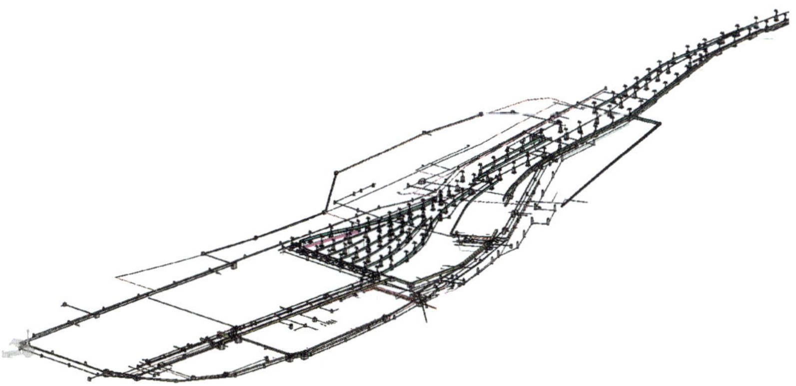

图Ⅲ—6—4 室外管线综合

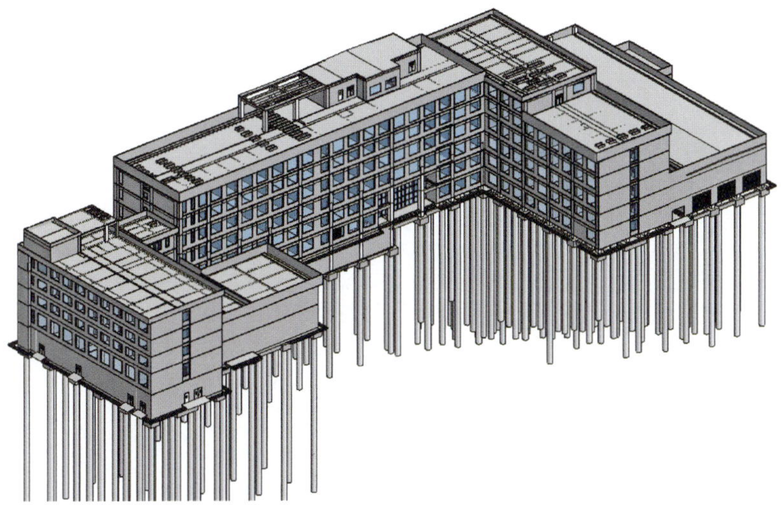

图Ⅲ—6—5 综合楼模型

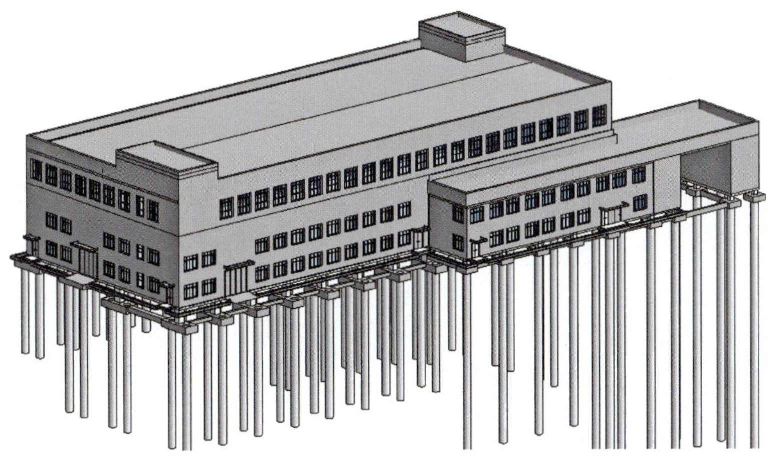

图Ⅲ—6—6 物资总库模型

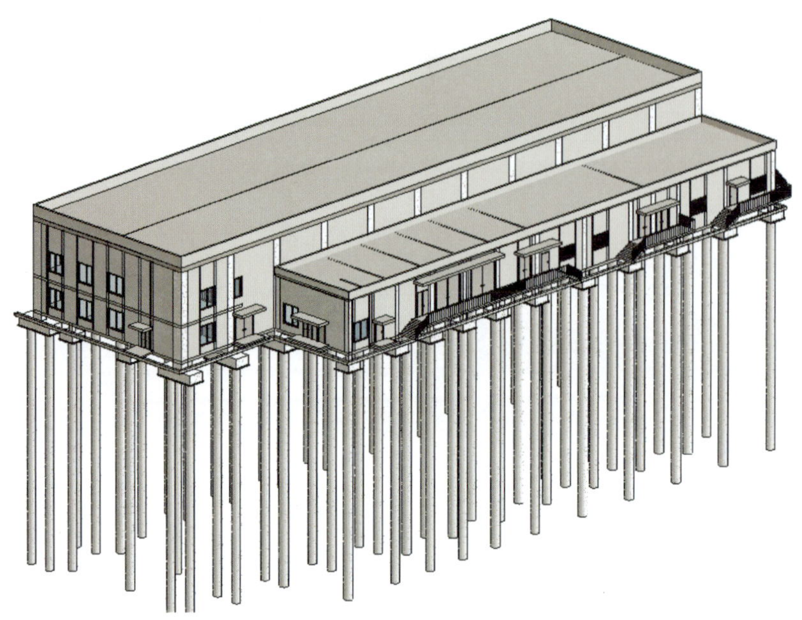

图Ⅲ—6—7 工程车库及变电所模型

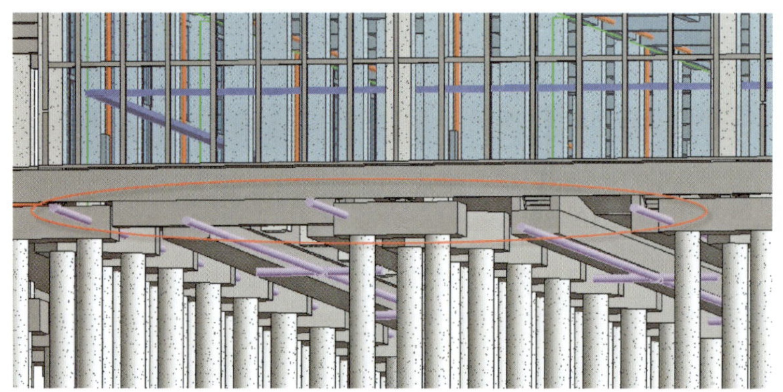

图Ⅲ—6—8 水管撞承台问题示意

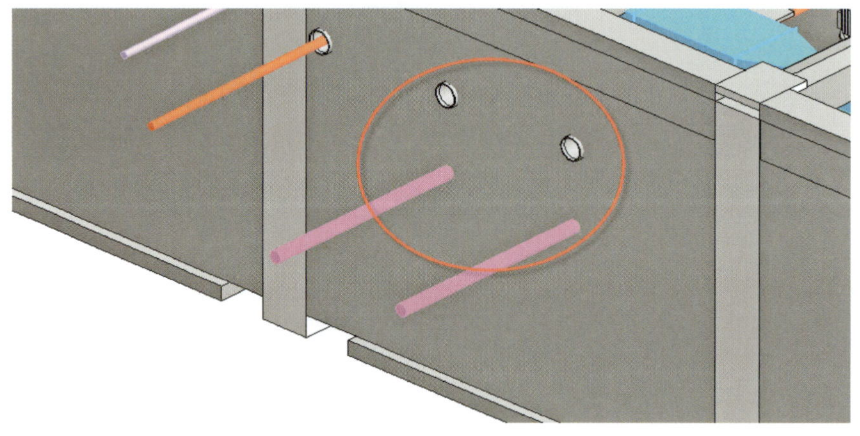

图Ⅲ—6—9 套管预留与管道不一致问题示意

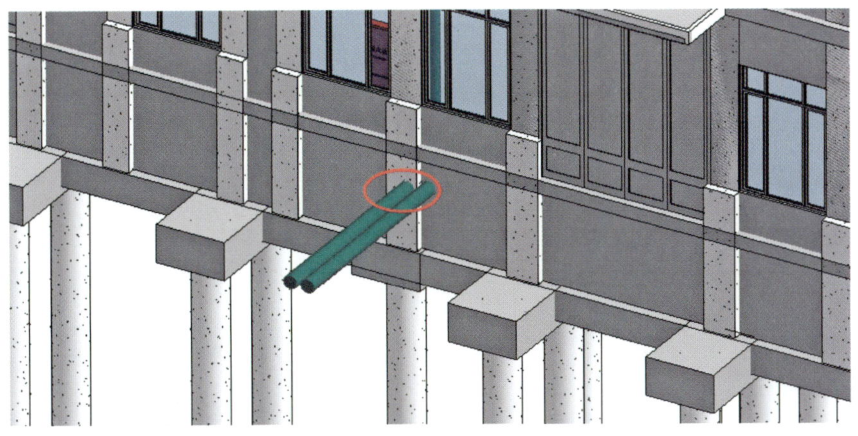

图Ⅲ—6—10 雨水管穿柱问题示意

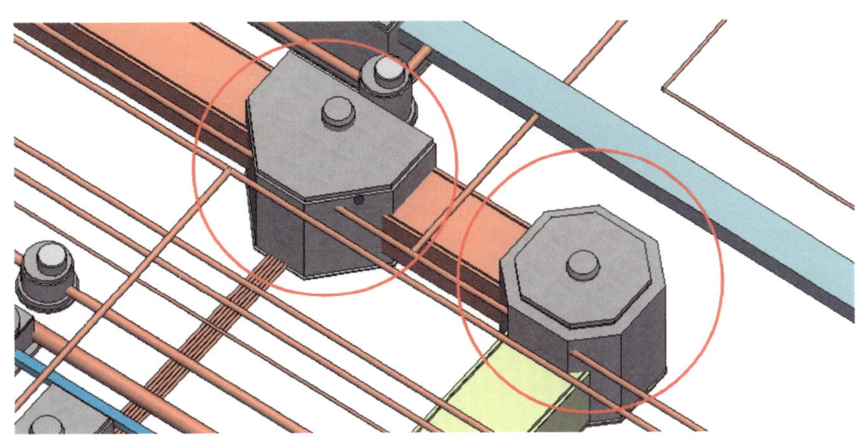

图Ⅲ—6—11 管线穿井问题示意

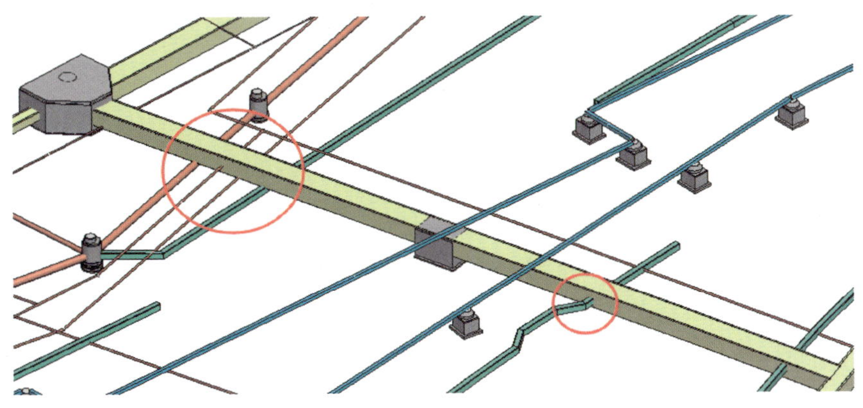

图Ⅲ—6—12 管线与电缆隧道冲突问题示意

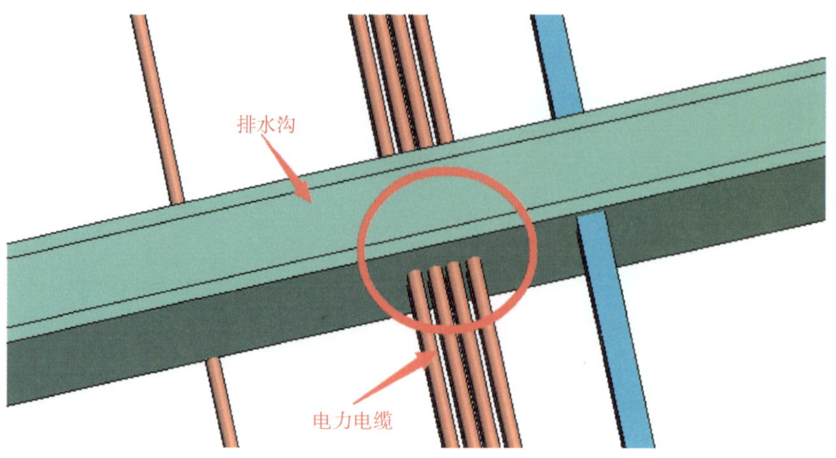

图Ⅲ—6—13　电缆与排水沟冲突问题示意

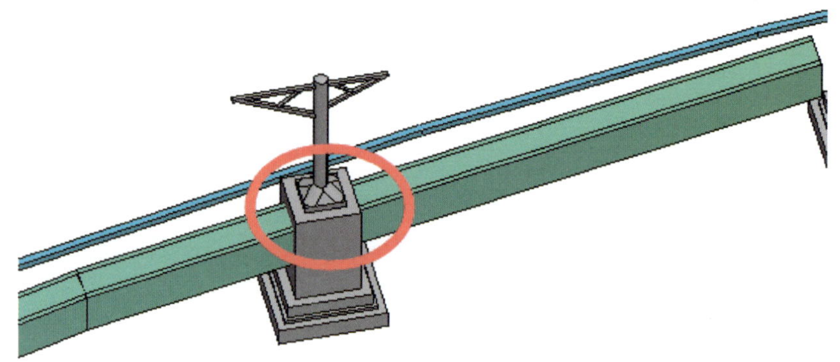

图Ⅲ—6—14　排水沟与接触网基础冲突问题示意

7 天津市轨道交通 B1 线 BIM 平台

7.1 项目介绍

1. 线路概况

天津市轨道交通 B1 线是天津市滨海新区城区南北方向的骨干线，是沿核心区客流主流向布设的放射线路。B1 线北起黄港车辆段，南至中部新城。全线均位于滨海新区，大部分位于滨海核心区以内。线路连接欣嘉园、津秦客专滨海枢纽站、海洋高新区、塘沽老城区、于家堡枢纽站、中心商务区、中部新城等主要片区，并处于滨海新区南北经济发展带上。线路主要沿欣嘉园南路、海德路、云山道、河北西路、河北路、上海道、于家堡及南部新城规划主干道敷设。在滨海新区轨道交通线网中，B1 线与 B2-B5、B7、M9、Z1、Z2、Z4 等多条线路存在交叉换乘关系，通过两两相交在城区核心区域形成了稳定的线网构架，在城市综合交通和轨道交通路网中的地位十分重要。B1 线一期工程(黄港车辆段至于家堡站段)北起黄港车辆段南至于家堡站，全长约 22.5km，设 15 座车站，全为地下站，在黄港欣嘉园东侧设置黄港车辆段。设主变电站两座，分别与 Z2 线共用海平路站主变，与 B7 线共用塘沽站主变。

2. 建设内容包括：

(1)BIM 软件系统开发

结合本项目 BIM 技术应用的总体规划，调研、梳理 BIM 技术应用软件平台的需求，分析各模块间的联系与数据接口，分别对软件系统进行功能设计、框架设计、数据库设计等软件系统设计工作，并完成各软件系统功能模块的代码编制工作，实现各软件系统功能。

(2)BIM 软件系统维护

搭建、维护和优化系统的运行环境，对系统服务器、数据库及相关软件进行日常的维护和系统的备份迁移等。

(3)数据服务与数据库建设

创建本标段工作范围内的基础 BIM 模型，包括但不限于以下内容：

全线地上环境模型：地上建构筑物、植物、道路、市政设施等；

全线三维工程地质和水文地质模型：各土层地质模型、地下水位线等。

数据库建设：建立滨海新区轨道交通 B1 线一期工程数据库系统，将相关文件、数据和模型进行统一管理、分类存储、信息关联等。

3. 建设成果

该系统综合利用 BIM-GIS 引擎、云计算、无人机航空测量、倾斜摄影、三维激光扫描、勘测 BIM 化等新型技术，将城市基础地理信息、地勘资料、设计 BIM 模型、施工过程及运维专题信息汇集，建设涵盖地上、地下、静态、动态、过程、结果、空间、属性、实时和专题各类数据信息的“地铁大数据”。

系统基于统一的界面设计、数据接口和标准，集成了文档管理系统、智慧工地系统、安全风险监控系统以及天津滨投 BIM 管理平台等，打通了多系统之间的数据与功能接口，消除各系统之间的信息孤岛，实现信息的互联互通，完善了工程信息汇聚渠道，保障了管理者、项目管理、设计、施工等各参与方在一个信息平台下进行信息交互和数据共享。

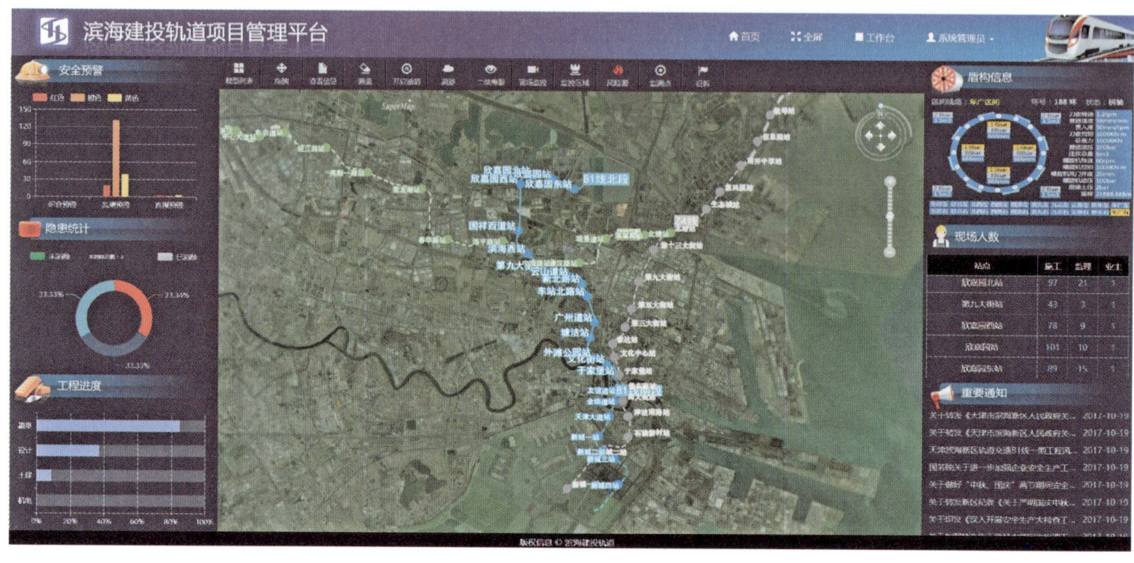

图Ⅲ—7—1　轨道交通项目管理平台主界面

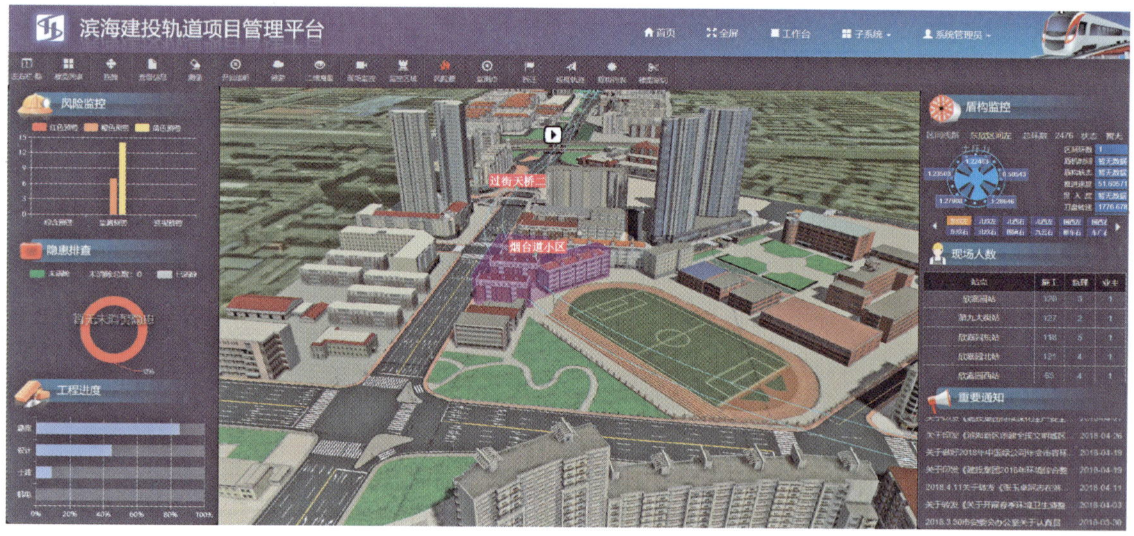

图Ⅲ—7—2　BIM 运维平台

7.2　系统总体设计

轨道交通 BIM 软件平台选用基于 WEB 的 B/S 架构，可支持业界流行的浏览器（浏览器内核不低于 Ineternet Explorer10.0 版本），满足和市场上浏览器同步升级的要求。系统提供桌面端、大屏端、移动端三种终端形式，充分满足用户需求及业务需要。

系统的架构如下图所示：

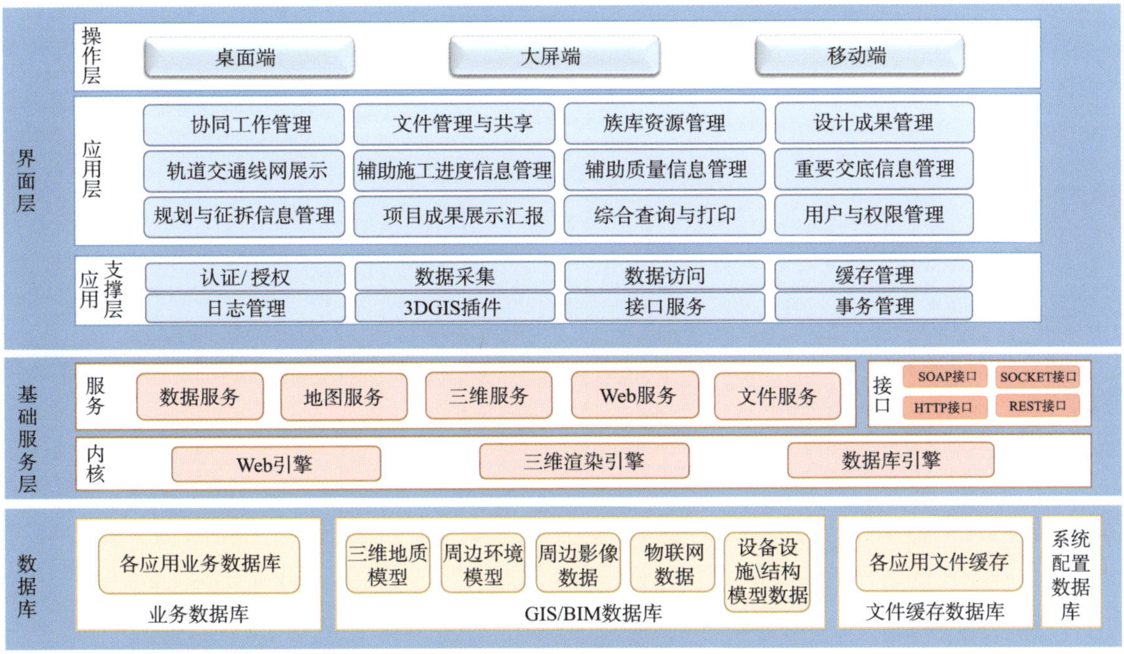

界面层
操作层
桌面端
大屏端
移动端
应用层
协同工作管理
文件管理与共享
族库资源管理
设计成果管理
轨道交通线网展示
辅助施工进度信息管理
辅助质量信息管理
重要交底信息管理
规划与征拆信息管理
项目成果展示汇报
综合查询与打印
用户与权限管理
应用支撑层
认证/授权
数据采集
数据访问
缓存管理
日志管理
3DGIS插件
接口服务
事务管理
基础服务层
服务
数据服务
地图服务
三维服务
Web服务
文件服务
接口
SOAP接口
SOCKET接口
HTTP接口
REST接口
内核
Web引擎
三维渲染引擎
数据库引擎
数据库
各应用业务数据库
业务数据库
三维地质模型
周边环境模型
周边影像数据
物联网数据
设备设施\结构模型数据
GIS/BIM数据库
各应用文件缓存
文件缓存数据库
系统配置数据库

图Ⅲ—7—3　系统架构图

该架构方案设计原理包括：

1. 分层架构思想：将解决方案的组件分隔到不同的层中。每一层中的组件应保持内聚性，并且应大致在同一抽象级别。每一层都应与它下面的各层保持松散耦合。

2. 面向服务架构设计思想：面向服务的体系结构，是一个组件模型，它将应用程序的不同功能单元(称为服务)通过这些服务之间定义良好的接口和契约联系起来。

3. 领域驱动设计思想：领域驱动设计基于面向对象分析与设计技术，对技术架构进行了分层规划，同时对每个类进行了策略和类型的划分。领域模型是领域驱动的核心。采用领域驱动的设计思想，业务逻辑不再集中在几个大型的类上，而是由大量相对小的领域对象(类)组成，每个类为相对完整的独立体，并与现实领域的业务对象映射。领域模型就是由这样许多的细粒度的类组成。

采用多层(N-Layer)逻辑架构的实现方式对于降低系统开发的复杂度是非常必要的，并在设计、开发、测试、部署及维护等各个环节为应用系统带来高可用性，高延展性等正面效应。操作层通过用户界面向用户展示必要的数据信息，同时接受用户的反馈；应用层是功能性的逻辑应用，包含 BIM 软件系统的各个功能逻辑；应用支持层是各个模块对系统的功能支持；基础服务层为系统的数据存取等需求提供服务，它可以是系统本身的持久化机制，也可以是外部系统提供的数据访问接口等；同时利用不同层面(数据、功能、集成)的系统解决方案，在保护原有信息系统投入的基础上，使系统可以适应业务需求的不断变化。

7.3 BIM 平台主要功能

本软件系统各功能模块的应用能实现对业务的流程化管理，主要功能包括以下内容。

1. 前期报批管理

系统前期报批管理功能实现了将天津市轨道交通建设管理的内在要求和轨道交通建设实施的特点融于轨道交通建设管理系统中，业务覆盖了工程建设前期有关的各项工作，涵盖了前期工作流程、资料归档、以及参与各设计单位与项目的管理人员，将现代先进项目管理思想、合同条款、项目管理办法融入并体现到具体的项目建设管理体制中，系统实现多条建设线路项目的统一管理，构建起了轨道交通建设项目管理指标体系、通过管理、监控与协调，对各级管理者的科学决策起到了信息化支撑的作用。

流程管理的信息化系统包括项目流程设置、项目流程办理、项目流程监控等模块，以项目建设全生命周期流程为主线，辅以业务子流程、招标子流程、责任处理流程等。将系统的所有功能通过流程来驱动，真正实现了流程驱动业务的工作模式，通过嵌入工作流，预警等机制，实现日常业务工作的智能提醒。该系统可以将日常的业务集成在业务流程中，系统会根据事先设置的业务流程提醒用户办理具体的业务，避免由于事务太多造成工作疏漏和遗忘。通过日常大量资料和数据的积累，最终形成宝贵的项目资料库，有效地建立了项目的基础资料库，同时可以大大减少由于人员调动带来的项目管理风险。

系统主要功能包括：

(1)业务具体办理，领导及承办人员对办理情况进行监控，对报审单进行审批。

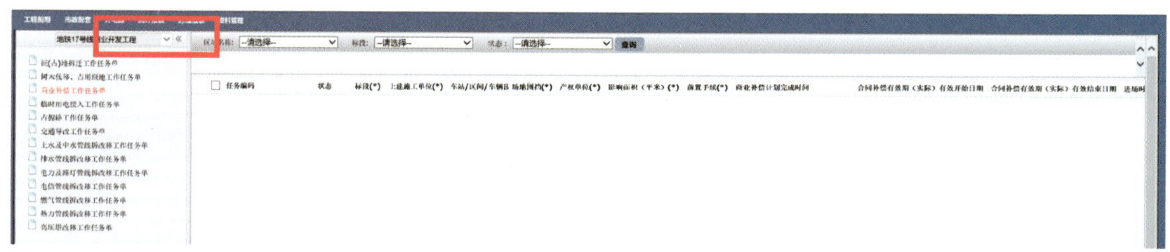

图Ⅲ—7—4　系统功能界面图

(2)可以按项目、阶段对流程进行办理。

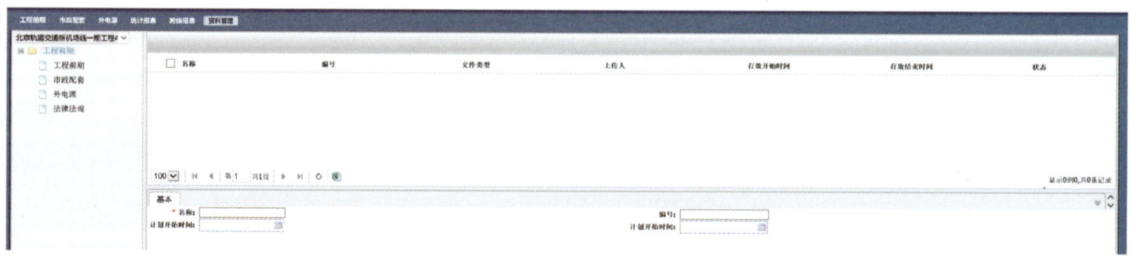

图Ⅲ—7—5　系统功能界面图

(3)可以实现工作流审批,用户只需在线修改、审批,方便易用。

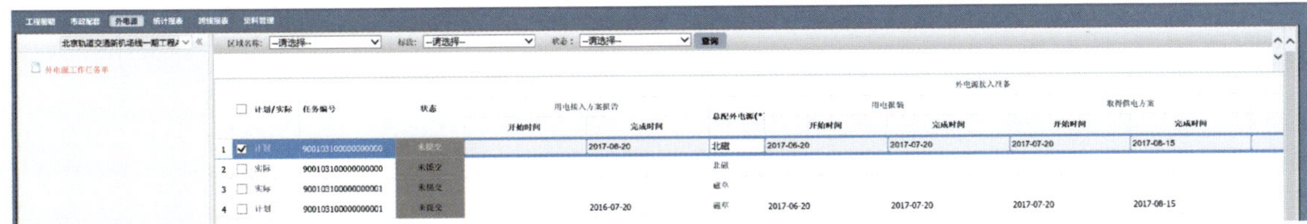

图Ⅲ—7—6　系统功能界面图

(4)每个环节都可以知道需要收集那些要件(之前环节已经办理),要办理那些要件。

(5)可以查看整个项目的办理情况,每个环节的要件情况。

图Ⅲ—7—7　项目办理进度

(6)智能分析在现有要件条件下哪些环节具有报审或完成的条件。

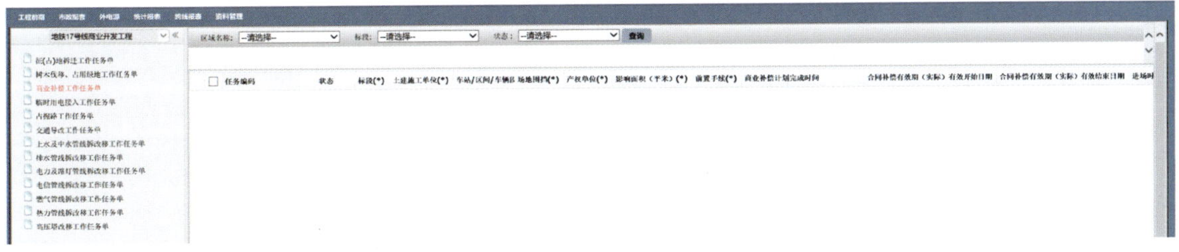

图Ⅲ—7—8　系统功能界面图

(7)可以进行任务分配,指定办理人员,实现协同作业。

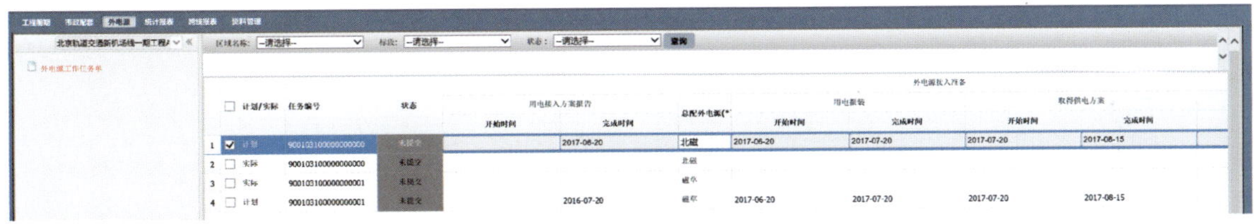

图Ⅲ—7—9　系统功能界面图

(8)可以按部门、人员、阶段等对项目工作流程进行监控和查询。

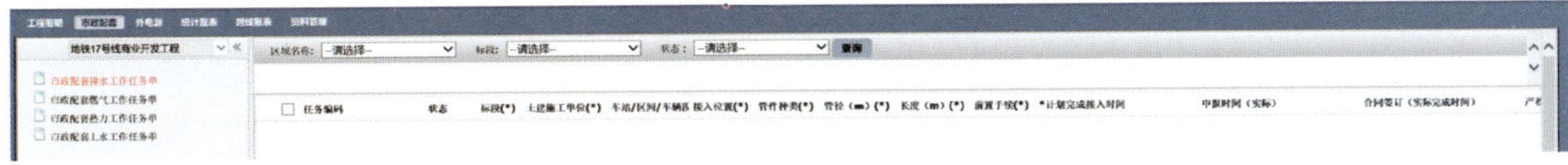

图Ⅲ—7—10　筛选查询

(9)形成项目基础资料库,可以按照项目或环节实现数据资料查询。

图Ⅲ—7—11 系统功能界面图

2. 设计成果管理

设计成果管理系统应包含图纸目录及进度信息管理、设计进度自动预警、统计分析、发放图纸、变更查询等功能。

通过系统对项目人员图纸制作过程进行监控,用户按照项目工作的要求执行任务。项目工作完成后,管理者通过系统检查用户提交的设计方案是否满足项目规定的要求。

功能包括:

(1)图纸目录及进度信息管理功能模块

按照设计总体的篇册划分设计系统目录,统一填报和管理设计图纸目录及进度信息,使设计成果能够快速的收集、分类以及传递。

图Ⅲ—7—12 设计资料管理

(2)设计进度自动预警功能模块

系统对设计进度管控方面发挥自动预警功能,即在即将达到设计控制节点时系统应进行自动预警,并警示有关责任单位。

图Ⅲ—7—13　设计进度管理功能

(3)统计分析功能模块

对于各个设计院众多的图纸进度信息，系统应具备实时统计功能，便于业主实现有效的过程管理以及全面考核。

(4)发放图纸功能模块

在图纸的发放环节，系统应做到统一管理，针对各个图纸实现有源头、有去向以及有责任人的控制。

(5)变更查询功能模块

设计成果管理系统应对各项设计变更做到统一管理，针对不同变更做到实时可查，使变更责任更加明确清晰。

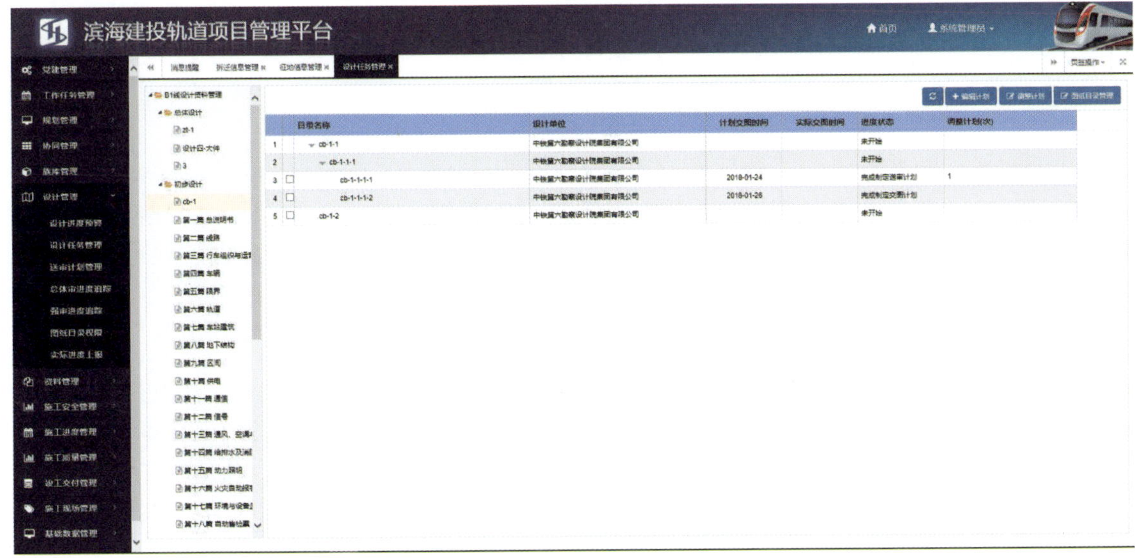

图Ⅲ—7—14　设计任务管理功能

(6)工可设计成果管理系统模块

在工可阶段进行设计图纸的控制管理,具体包含工可图纸管理、目录模块、进度预警、发放台账、工可设计统计分析等子模块。

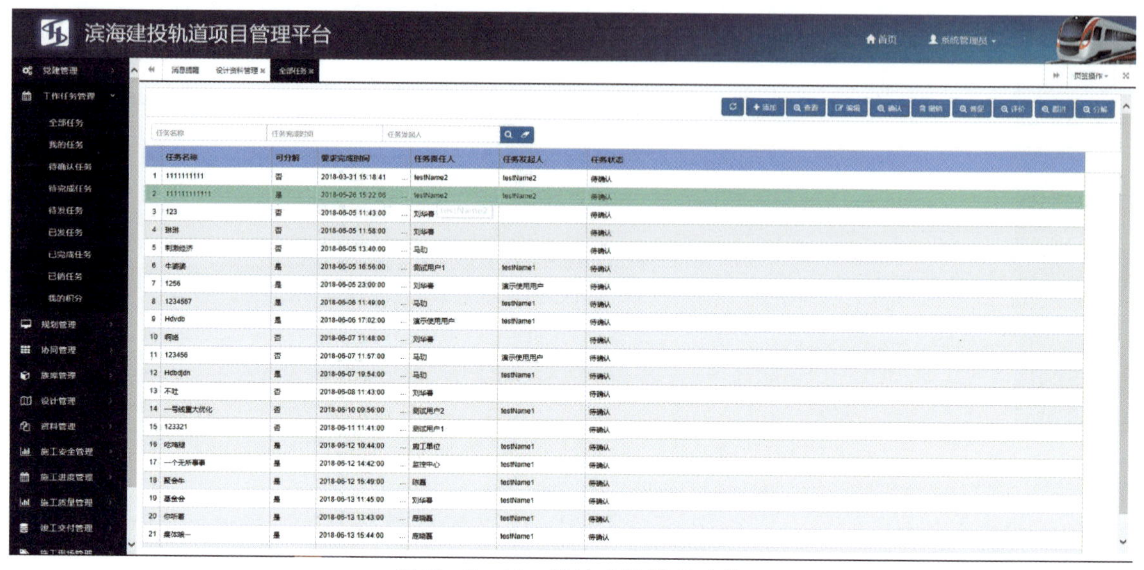

图Ⅲ—7—15 设计成果管理功能

(7)初步设计以及招标图设计管理功能模块

流程同工可设计较为相似,用于初步设计以及招标图设计环节对设计图纸的合理管控。

(8)施工图设计管理功能模块

具体涵盖目录模块、进度预警、图纸管理发放台账、设计统计分析、变更管理等子模块。

3. 变更管理

变更管理系统实现了变更流转、审核、编制、执行、关闭的全过程监控、提高了工作效率,优化了人力、时间成本,简化了工作流程。在设计 JAVA 功能模块的基础上,结合生产制造技术变更的管理流程与方法,将变更管理系统至顶向下整体分为设计变更流程系统、工艺变更管理系统、作业执行管理系统、质量监测系统、后台管理系统。

(1)设计变更管理系统

主要对设计的变更流转闭环管理,包括对变更发布、流转、审核,并且对设计变更进行分类、项目定位、流转提醒等。该模块保障设计变更在工程技术部门流转的全过程监控,通过对时间交叉对比,辅助定位流转节点,防止设计变更遗漏、错批,同时所有历史问题可以回退追溯;所有人员可以试试查询项目发生的变更,变更内容,工艺人员反馈情况。

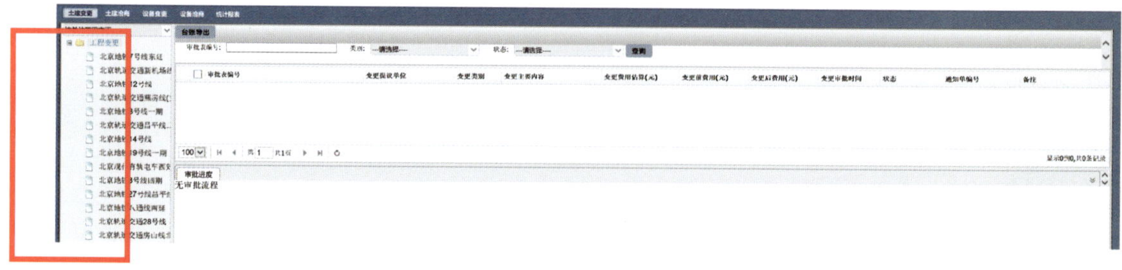

图Ⅲ—7—16 设计变更管理

(2)工艺变更管理功能模块

工艺变更是指将设计变更转化为现场人员作业的指导文件。工艺变更管理:包括现场作业文件转化、审核、归档。工艺变更转化模块是系统的核心功能模块,用于管控艺变更转化的全过程,该系统分为五个模块:物料变更模块、文件变更模块、变更内容模块、变更工艺模块、文件变更模块、变更内容模块、变更工艺模块。

图Ⅲ—7—17 工艺变更管理

(3)作业执行管理功能模块

工艺变更归档后,作业人员收到工艺变更的返工作业文件,作业人员完成返工后,填报返工执行情况。

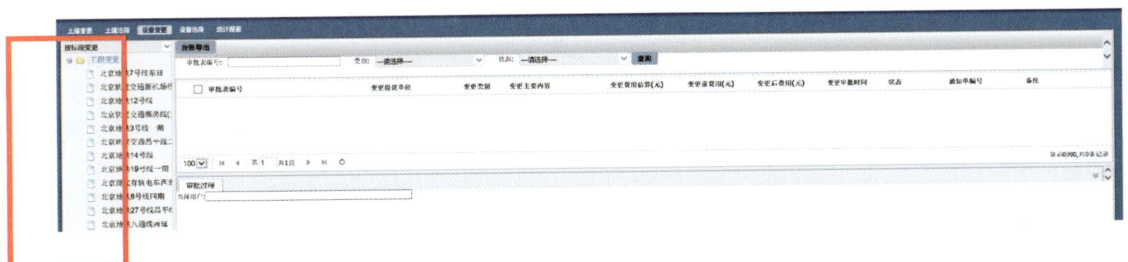

图Ⅲ—7—18 作业执行管理

(4)后台管理功能模块

后台管理功能模块负责对人员、班组、部门等信息维护、管理员可以设置和分配角色、权限,调整项目信息等。

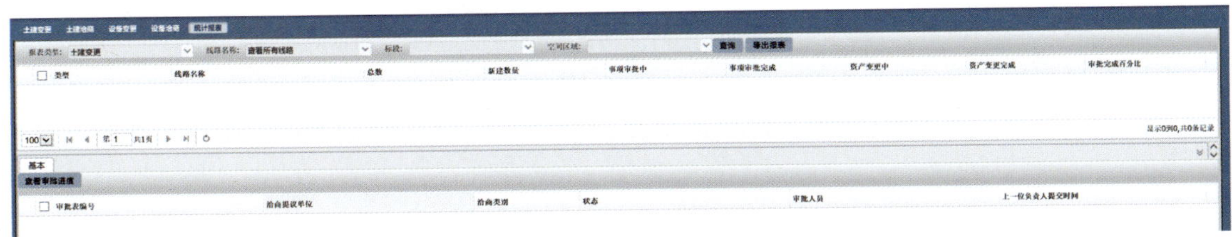

图Ⅲ—7—19 后台管理

4. 征拆管理

开发城市线路周边用地规划信息、建构筑物的征拆信息等城市规划信息管理功能,实现对不同地块的快速划分、对建构筑物征拆信息的录入和分类查询等,辅助进行站线位的比选分析、地铁上盖项目的商业规划分析等。

(1)线路周边城市规划信息管理功能模块

规划信息存储功能。快速完成城市体系规划、总规、专项规划、分区规划、控规、修规、城市设计等规划资料的存档和管理，以电子化手段保存所有文档，易于调阅和统计。

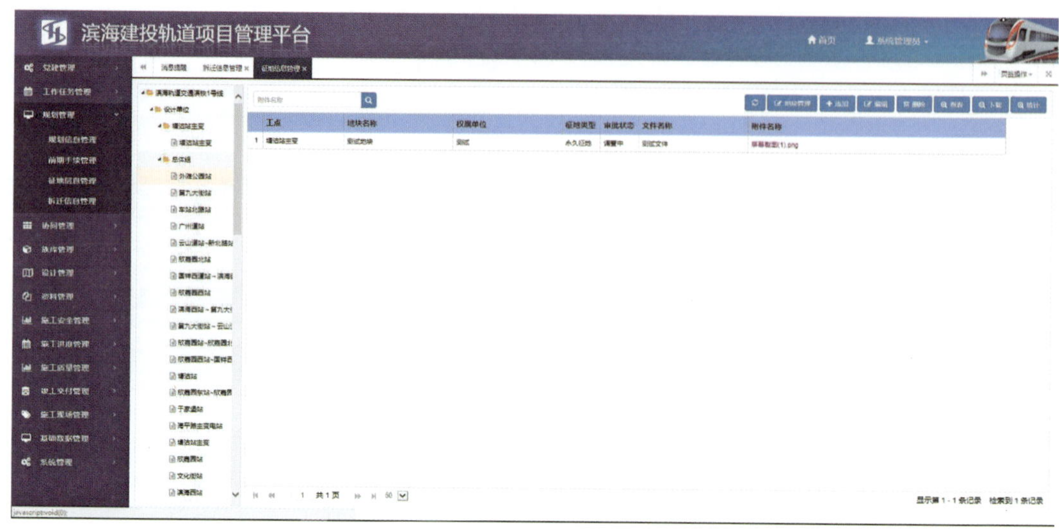

图Ⅲ—7—20 征拆信息管理

集成调图功能。主要实现将多源、多格式的地形、影像、国土数据、规划成果数据、规划红线项目数据在同一个平台下的进行叠加展示。

规划信息查询功能。系统可按照项目坐标位置查询现状图形，包括各比例尺地形图、遥感影像图等，为项目审批提供现实依据。

现状与规划信息对比功能。城市规划色块图与 GIS 影像相结合，对比线路周边现状与规划情况，辅助线站位优化及地铁上盖项目规划。

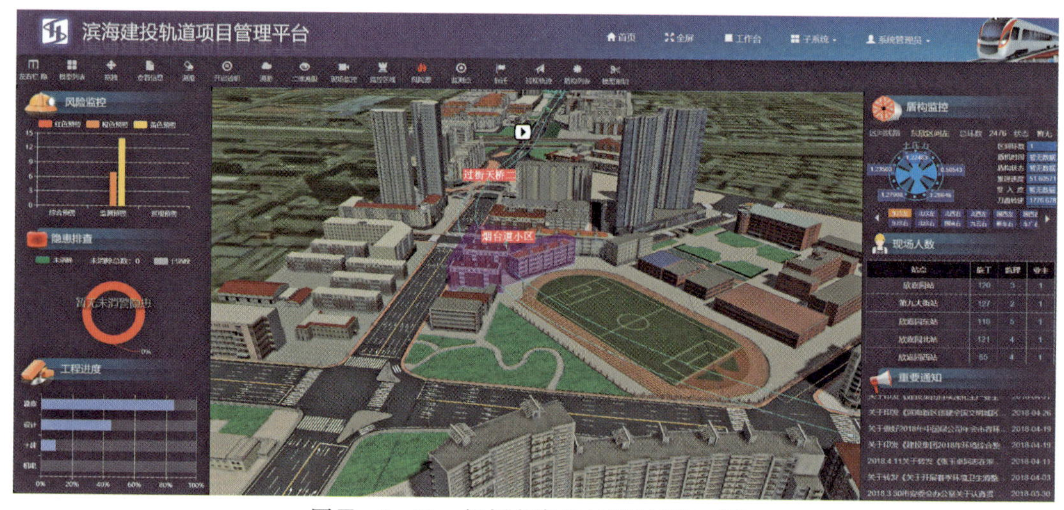

图Ⅲ—7—21 规划方案叠加核对(统一图)

(2)线路周边建构筑物征拆信息管理

征拆资料的录入功能。录入征拆项目结构形式及使用属性、征拆审计审批状态，项目补偿资金情况等信息。

征拆信息查询与统计功能。用户查询信息包括：待拆建构筑物结构形式、待拆建构筑物风险等级、拆迁审批情况等信息。

图Ⅲ—7—22 征拆信息查询

5. 进度管理

天津城市轨道交通项目地理位置比较分散、线路长、面积大，系统平台的应用为该项目远程采集数据提供了一个很好的平台辅助工具，保证了工程现场施工数据能及时、准确的反馈到项目管理部门，使项目管理数据与现场施工数据相一致，为项目进度的分析、调整、决策提供了依据。通过工程进度页面用户可以了解到工程基本状况和进度情况，已经施工进度与风险工程的相关性，方便用户从总体上进行项目工期控制和风险工程的管理。

(1)形象进度展示

基于 BIM 软件系统，在大屏幕段对全线形象进度进行展示，在页面段对单个站点的形象进度进行展示。

(2)进度计划上报

当施工方案确定后，建立施工 BIM 模型并加载到软件系统种。根据现场进度管理进度节点情况，将施工模型分为若干单元，在此功能模块中，点击模型单元，在模型单元上标记计划开始时间和计划完成时间，如下图所示。

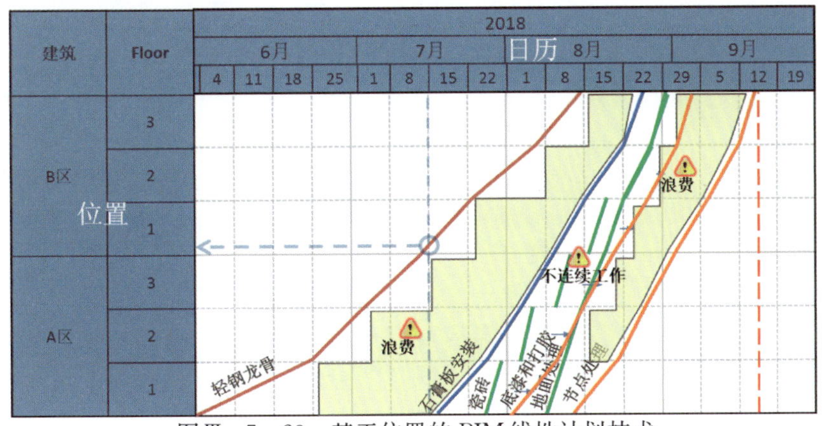

图Ⅲ—7—23 基于位置的 BIM 线性计划技术

(3)实际进度跟踪

通过物联网、手机端等形式对现场施工的实际进度进行自动化采集，对于盾构区间、明挖车站、暗挖联络通道、车辆段与控制中心采取不同的实际进度采集和跟踪形式，采集精度精确到每一根桩、每一环管片、每一层楼板等，在 BIM 软件系统上实时展现当前的实际施工进度、每天的工作完成量等工作进度统计；

(4)计划与实际进度对比

通过对模型的颜色和显隐方式区分实际进度和计划进度，实时展现项目计划进度与实际进度的模型对比；

(5)区间工程进度管理

显示左、右线盾构隧道的平面位置、穿越的重要风险源、周边地理信息、隧道总的管片环数；

在隧道平面图上显示目前盾构的所在工作位置和正在掘进的环号；

显示目前盾构的工作状态；

点击推进完成的某一环，可以对该环进行数据分析；点击当前推进环可以跳转到刀盘实时数据；地图缩放和测距。

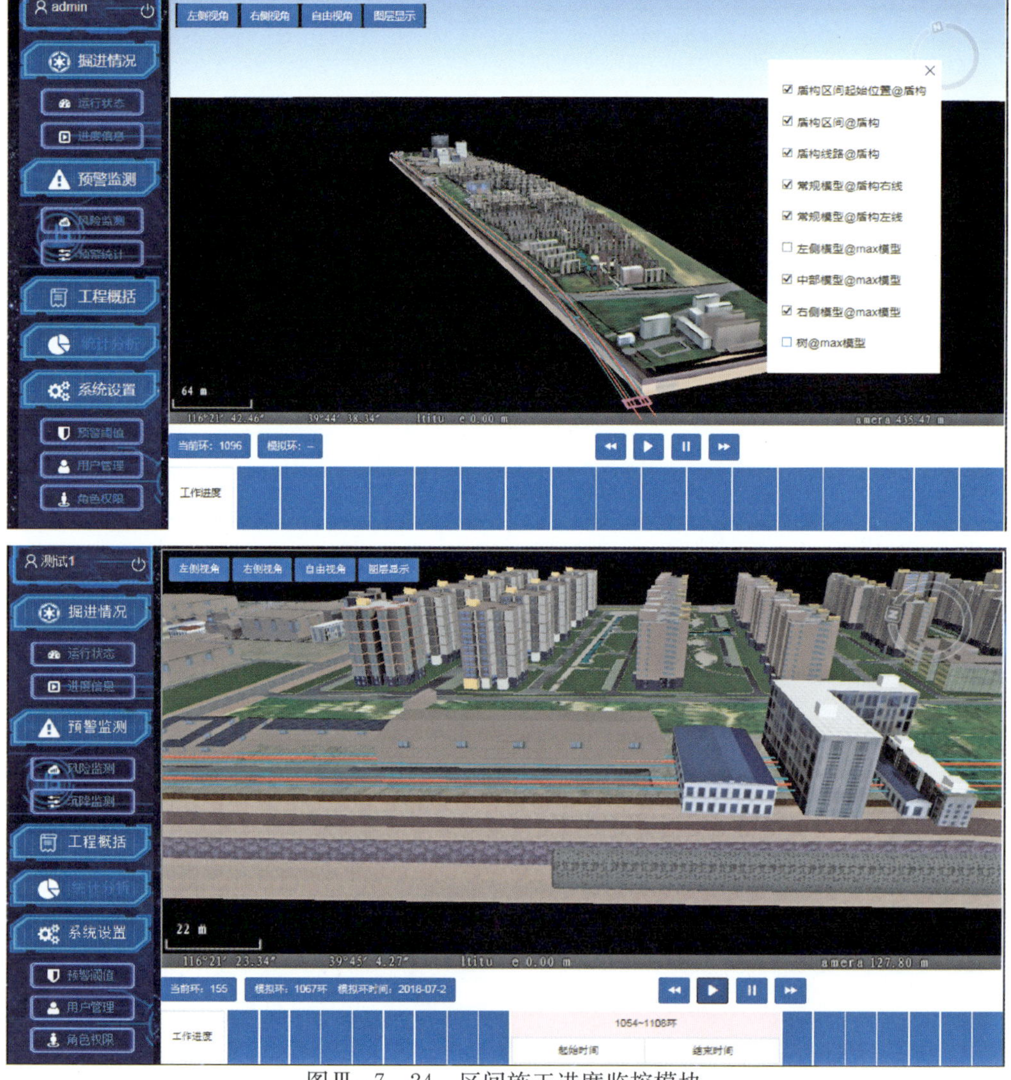

图Ⅲ—7—24 区间施工进度监控模块

(6)形象进度对比

通过对车站和区间、车辆段、控制中心施工现场情况进行抓拍，将项目的整个施工情况进行视频快放，并与 BIM 模型的虚拟施工进度对比。辅助施工单位和招标方对进度进行把控，实现对项目进度的合理控制与优化。

系统平台的使用使项目参与各方之间的协同工作、项目全生命周期内各阶段的交叉协同得到了加强，也为项目参与方特别是那些原先游离于传统工程项目管理体系之外的材料设备供应商、分包商等提供了一条与业主、设计、总承包商协调与沟通的途径。通过进度管理系统实施进度的更新与修改，不仅可以使业主了解项目内各条线路的总工期计划、各承包商提交的进度计划、工程实际进展完成情况等内容，宏观把握工程建设全局，做到对工程进度进行预控；还可以使各用户通过该平台掌握本工程的进展情况，了解与自己相关的工程的实际进展，随时掌握工程进度；施工班组组长可通过该平台了解各自的工作计划，指导现场施工，或根据施工现场的实际情况，提出修改意见并调整计划。

6. 质量管理

工程部每季度至少组织一次对参与本项目建设的监理单位、施工单位的工程质量管理和实体质量的检查与考核，检查、考核情况报轨道交通建设质量管理委员会办公室备案。建设单位代表在日常工作中随时对监理单位、施工单位的工程质量实行监督和抽查。轨道交通建设质量管理委员会和项目管理处组织的质量定期检查需有检查计划，对检查目的、范围、内容、方法以及评定标准等进行明确规定，并写出检查总结报告。在质量检查中发现的质量问题和质量隐患，开具现场质量检查记录单，凡要求限期整改的项目要立即组织整改，在复查中发现未按要求整改或整改仍不达标的单位公司将进行处罚。

正确地进行工程项目质量的评定和验收，是保证工程质量的重要手段。质量检查部门必须根据合同和设计图纸的要求，严格执行国家颁发的有关城市轨道交通工程项目质量检验评定标准和验收标准，进行城市轨道交通工程项目质量评定和办理竣工验收交接手续。城市轨道交通工程项目质量评定和验收程序按分项工程、分部工程、单位工程依次进行。工程项目质量等级均分为："合格"和"不合格"两级，凡不合格项目均不予验收。

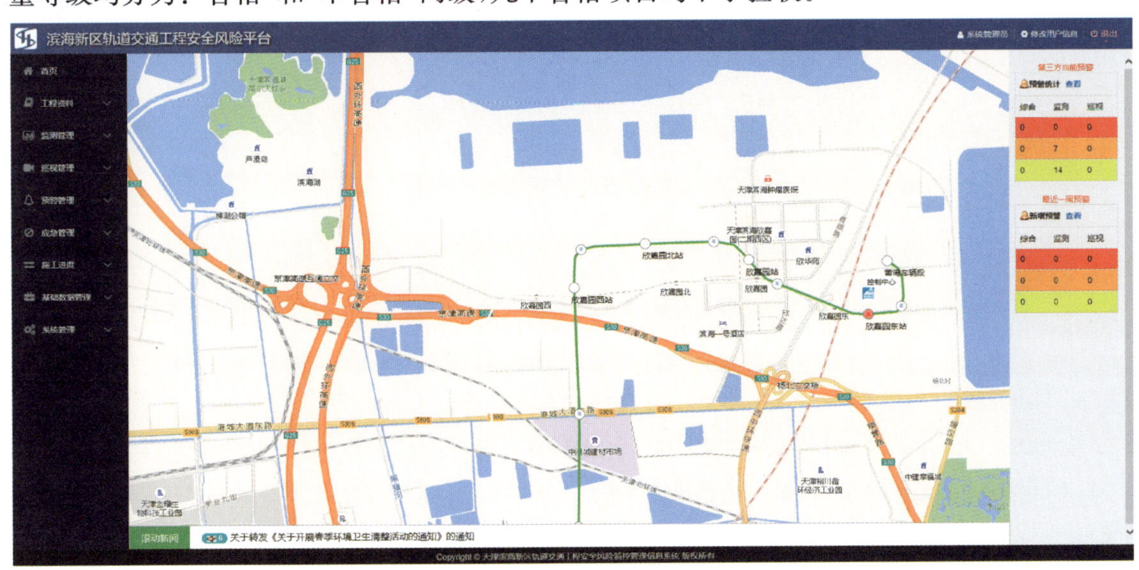

图Ⅲ—7—25 质量管理

（1）质量信息管理

信息系统具有城市轨道交通工程建设单位及各参建单位对工程质量信息上传和下达的功能。各单位根据承担的任务，建立相应的工程质量信息管理制度，指定专人负责质量信息的收集、分析、整理和传递工作，保证质量信息的及时性、准确性、完整性和追溯性。

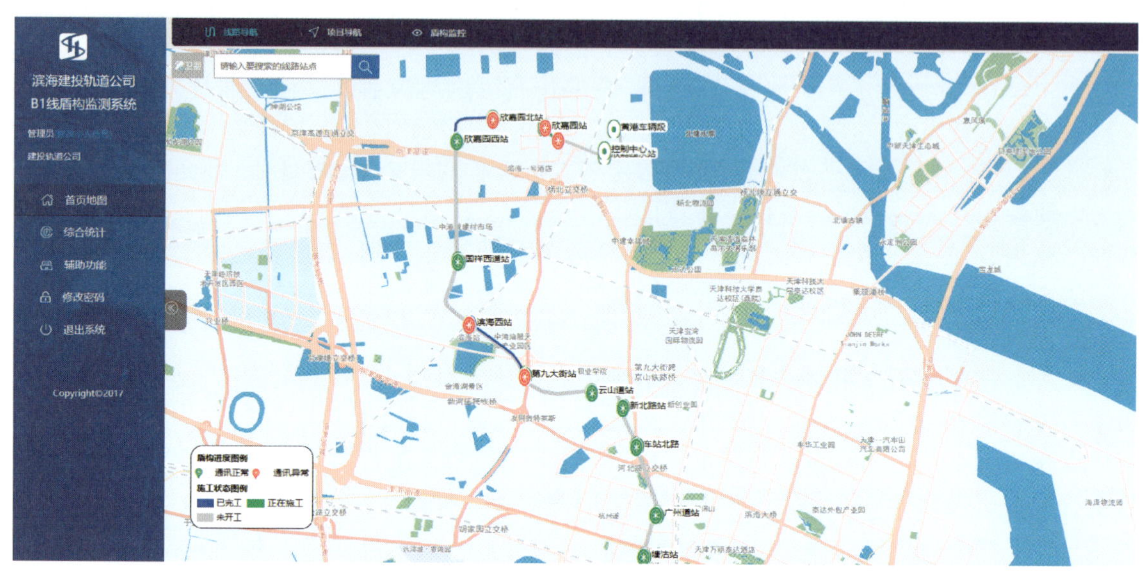

图Ⅲ—7—26　隐患排查地图

功能导航　消息中心　隐患条目管理

新增　修改　删除　查询　刷新　过滤　启用　导入导出

	编码	隐患标题	隐患分类	隐患内容	隐患级别	整改时限（天）	违约记分	违约罚款	创建人	创建时间	最后修改人	最后修改时间	启用状态
1	01010001	管理机构	安全组织体系	未按规定设置安...	严重违章	3.00				2017-07-28 16:...			已启用
2	01010002	管理机构	安全组织体系	专职安全员证书...	违章	1.00				2017-07-28 16:...			已启用
3	01010003	管理机构	安全组织体系	专职安全员证书...	问题	1.00				2017-07-28 16:...			已启用
4	01010004	管理机构	安全组织体系	专职安全员证书...	问题	1.00				2017-07-28 16:...			已启用
5	01010005	管理机构	安全组织体系	管理制度不建全	问题	1.00				2017-07-28 16:...			已启用
6	01010006	值班记录	安全组织体系	项目部月度值班...	违章	1.00				2017-07-28 16:...			已启用
7	01010007	值班记录	安全组织体系	项目经理每月80...	违章	1.00				2017-07-28 16:...			已启用
8	01010008	值班记录	安全组织体系	项目经理周一检...	严重违章	3.00				2017-07-28 16:...			已启用
9	01010009	值班记录	安全组织体系	节假日项目主要...	严重违章	3.00				2017-07-28 16:...			已启用
10	01020001	安全管理目标	安全目标管理	未制定项目安全...	违章	1.00				2017-07-28 16:...			已启用
11	01020002	安全管理目标	安全目标管理	管理目标未分解	违章	1.00				2017-07-28 16:...			已启用
12	01020003	总包与分包	安全目标管理	未及时签订安全...	严重违章	3.00				2017-07-28 16:...			已启用
13	01020004	总包与分包	安全目标管理	安全生产管理协...	违章	1.00				2017-07-28 16:...			已启用
14	01020005	总包与分包	安全目标管理	安全生产管理协...	违章	1.00				2017-07-28 16:...			已启用
15	01020006	总包与分包	安全目标管理	未将安全管理协...	问题	1.00				2017-07-28 16:...			已启用
16	01020007	总包与分包	安全目标管理	分包单位未按规...	严重违章	3.00				2017-07-28 16:...			已启用
17	01020008	总包与分包	安全目标管理	安全生产许可证...	违章	1.00				2017-07-28 16:...			已启用
18	01020009	总包与分包	安全目标管理	安全生产许可证...	问题	1.00				2017-07-28 16:...			已启用
19	01020010	总包与分包	安全目标管理	专职安全员证书...	问题	1.00				2017-07-28 16:...			已启用
20	01020011	总包与分包	安全目标管理	分包承揽工程与...	严重违章	3.00				2017-07-28 16:...			已启用

图Ⅲ—7—27　质量信息条目库

（2）质量检查与验收

信息系统可以上传、设置、保存质量检查与验收的相关信息，包括工点设计资料、质量检查计划、检查总结报告、质量检验标准和验收标准等。

功能导航 消息中心 隐患分类管理

新增 修改 删除 查询 刷新 过滤 启用

	分类编码	分类名称	隐患类型	创建人	创建时间	最后修改人	最后修改时间	启用状态
1	0101	安全组织体系	安全管理		2017-07-27 20:...			已启用
2	0102	安全目标管理	安全管理		2017-07-27 20:...			已启用
3	0103	安全生产责任制	安全管理		2017-07-27 20:...			已启用
4	0104	危险源控制	安全管理		2017-07-27 20:...			已启用
5	0105	施工组织设计、...	安全管理		2017-07-27 20:...			已启用
6	0106	安全技术交底	安全管理		2017-07-27 20:...			已启用
7	0107	安全教育班前安...	安全管理		2017-07-27 20:...			已启用
8	0108	安全资金	安全管理		2017-07-27 20:...			已启用
9	0109	特种作业持证上...	安全管理		2017-07-27 20:...			已启用
10	0110	安全防护用品	安全管理		2017-07-27 20:...			已启用
11	0111	安全标志	安全管理		2017-07-27 20:...			已启用
12	0112	安全检查验收	安全管理		2017-07-27 20:...			已启用
13	0113	生产安全事故应...	安全管理		2017-07-27 20:...			已启用
14	0114	安全生产奖罚及...	安全管理		2017-07-27 20:...			已启用
15	0201	施工方案	基坑工程		2017-07-27 20:...			已启用
16	0202	降排水	基坑工程		2017-07-27 20:...			已启用
17	0203	土方开挖	基坑工程		2017-07-27 20:...			已启用
18	0204	支护结构	基坑工程		2017-07-27 20:...			已启用
19	0205	荷载	基坑工程		2017-07-27 20:...			已启用
20	0206	安全防护	基坑工程		2017-07-27 20:...			已启用
21	0207	监测管理	基坑工程		2017-07-27 20:...			已启用
22	0208	支撑拆除	基坑工程		2017-07-27 20:...		2017-07-28 11:...	已启用

图Ⅲ—7—28 质量分类管理

功能导航 消息中心 隐患首页地图

系统首页 隐患地图 隐患列表 通讯录

项目名称 排查人 施工单位 2014-5-21 - 2014-6- 待整改 搜索

隐患条目	隐患分类	隐患类型	隐患等级	隐患所属	隐患状态	项目名称	排查时间	最后整改时间
管理机构	安全组织体系	安全管理	违章	项目部	已消除	（22#住宅楼）（7#住宅楼等9项（顺义区仁和镇SY00-0005-6007、6005地块R2二类居住用地项目））	2017-07-28 21:58:12	2017-07-28 21:58:12
基坑	降排水	基坑工程	一级重大隐患	二级公司	已消除	（22#住宅楼）（7#住宅楼等9项（顺义区仁和镇SY00-0005-6007、6005地块R2	2017-07-28 22:20:24	2017-07-31 22:20:24

图Ⅲ—7—29 质量验收信息

功能导航 消息中心 隐患首页地图

系统首页 隐患地图 隐患列表 通讯录

姓名	电话	角色	项目
业务员04		隐患_集团_集团安全业务人员	（22#住宅楼）（7#住宅楼等9项）
耿书旺	13120097060	隐患_公司_公司安全负责人	（22#住宅楼）（7#住宅楼等9项）
薛国强	13911894475	隐患_项目_项目生产负责人_仁和镇	（22#住宅楼）（7#住宅楼等9项）
王杰	15010212504/1区	隐患_项目_项目临电_仁和镇	（22#住宅楼）（7#住宅楼等9项）
戚涛	13601185862	隐患_公司_公司领导	（22#住宅楼）（7#住宅楼等9项）
高浩	13901014061	隐患_公司_公司领导	（22#住宅楼）（7#住宅楼等9项）

图Ⅲ—7—30 隐患地图—项目通讯录

（3）质量巡查管理

建立完善的质量巡查管理制度，将充分发挥施工单位、现场监理、第三方咨询、业主单位的现场管理作用；利用手机端、PAD 端等移动端设备，对现场质量隐患、质量问题进行拍照、描述、上传，并将信息与模型位置对应关联；将质量整改、返工等信息发送给对应的管理人，系统将自动提醒其整改期限；整改完毕后拍照、描述、上传，并提醒问题发起人审核，最终实现整个质量问题的闭环管理。

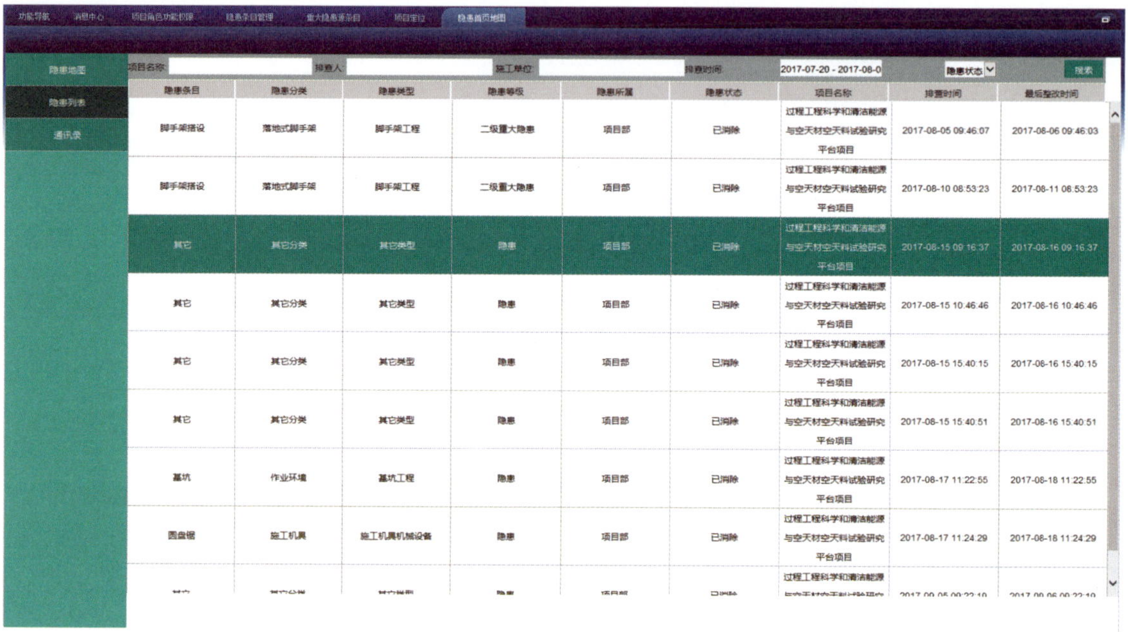

功能导航
消息中心
项目角色功能权限
隐患条目管理
重大隐患源条目
项目定位
隐患首页地图
隐患地图
隐患列表
通讯录
项目名称
排查人
施工单位
排查时间
2017-07-20 - 2017-08-0
隐患状态
搜索
隐患条目 | 隐患分类 | 隐患类型 | 隐患等级 | 隐患所属 | 隐患状态 | 项目名称 | 排查时间 | 最后整改时间
脚手架搭设 | 落地式脚手架 | 脚手架工程 | 二级重大隐患 | 项目部 | 已消除 | 过程工程科学和清洁能源与空天材空天料试验研究平台项目 | 2017-08-05 09:46:07 | 2017-08-06 09:46:03
脚手架搭设 | 落地式脚手架 | 脚手架工程 | 二级重大隐患 | 项目部 | 已消除 | 过程工程科学和清洁能源与空天材空天料试验研究平台项目 | 2017-08-10 08:53:23 | 2017-08-11 08:53:23
其它 | 其它分类 | 其它类型 | 隐患 | 项目部 | 已消除 | 过程工程科学和清洁能源与空天材空天料试验研究平台项目 | 2017-08-15 09:16:37 | 2017-08-16 09:16:37
其它 | 其它分类 | 其它类型 | 隐患 | 项目部 | 已消除 | 过程工程科学和清洁能源与空天材空天料试验研究平台项目 | 2017-08-15 10:46:46 | 2017-08-16 10:46:46
其它 | 其它分类 | 其它类型 | 隐患 | 项目部 | 已消除 | 过程工程科学和清洁能源与空天材空天料试验研究平台项目 | 2017-08-15 15:40:15 | 2017-08-16 15:40:15
其它 | 其它分类 | 其它类型 | 隐患 | 项目部 | 已消除 | 过程工程科学和清洁能源与空天材空天料试验研究平台项目 | 2017-08-15 15:40:51 | 2017-08-16 15:40:51
基坑 | 作业环境 | 基坑工程 | 隐患 | 项目部 | 已消除 | 过程工程科学和清洁能源与空天材空天料试验研究平台项目 | 2017-08-17 11:22:55 | 2017-08-18 11:22:55
圆盘锯 | 施工机具 | 施工机具机械设备 | 隐患 | 项目部 | 已消除 | 过程工程科学和清洁能源与空天材空天料试验研究平台项目 | 2017-08-17 11:24:29 | 2017-08-18 11:24:29

图Ⅲ—7—31　质量巡查管理示意图

（4）辅助质量验收

依据施工验收规范要求，将质量验收采集分为两类：主要采集、次要采集，主要采集为重要节点（如隐蔽工程），必须进行质量验收采集，次要采集一般验收项目，可选择采集；分类开发验收信息采集的手机端和页面端，在现场通过手机端直接调取相关联的 BIM 模型，将质量验收的结果、问题的整改、相关资料等与模型关联，实现现场的辅助质量验收管理。

7. 安全管理

（1）安全风险管理功能模块

安全风险管理安全风险管理是工程施工的不同阶段结合当前的施工工法、工序进行风险分析与识别，形成不同阶段的安全评估，并提出各参与方相应的措施建议。安全风险管理功能包括：

①风险清单管理

从 4 号线静态风险评估报告中提取各标段工点的风险源清单，风险源信息包括：编号、名称、风险源分类、风险等级、里程、影响时间、管控时间、风险源描述、处置措施。系统用户能上报、更新风险源信息，能在地图上显示风险源，能对风险源安全状态进行评估。

姓名	电话	角色	项目
韩建成		隐患_公司_公司领导	C8-10学院楼等3项
韩建成	13501115002	隐患_公司_公司领导	C8-10学院楼等3项
彭展	13910719104	隐患_公司_公司安全负责人	C8-10学院楼等3项
高长山	13581905372	隐患_公司_公司安全业务人员	C8-10学院楼等3项
侯哲志	13321127932	隐患_公司_公司安全业务人员	C8-10学院楼等3项
李超	13466327263	隐患_公司_公司安全业务人员	C8-10学院楼等3项
黄磊	13910178804	隐患_公司_公司安全业务人员	C8-10学院楼等3项
刘运光	13801020810	隐患_公司_公司安全业务人员	C8-10学院楼等3项
王宏臣	15910247246	隐患_公司_公司安全业务人员	C8-10学院楼等3项
周志强	13611223872	隐患_项目_项目经理_财经大学	C8-10学院楼等3项
段鹏飞	13261191962	隐患_项目_项目安全负责人_财经大学	C8-10学院楼等3项
付德兴	13811526410	隐患_项目_项目生产负责人_财经大学	C8-10学院楼等3项
刘伟华	18210385369	隐患_项目_项目安全员_财经大学	C8-10学院楼等3项
刘宝国	13501234374	隐患_项目_项目整改责任人_财经大学	C8-10学院楼等3项
张嘉龙	15801350005	隐患_项目_项目整改责任人_财经大学	C8-10学院楼等3项
周政	15811116307	隐患_项目_项目整改责任人_财经大学	C8-10学院楼等3项

图Ⅲ—7—32 辅助质量验收管理示意图

②安全风险评估

施工单位、监理单位、第三方监测、安全风险管理单位从组织机构、方案、措施落实等方面进行自评或评价安全评估的内容包括：评估时间、安全状态、评估结论、综合评估意见、建议措施等。

③专家管理

查阅安全风险评估专家信息，包括：专家姓名、工作单位、擅长专业、技术职称、工作地点、联系方式、应急到达时间等信息。

④关键验收管理

与 BIM 云平台进行集成获得风险源信息，关键工序条件验收，危险性较大分部分项工程评审、专项方案评审审批流程管理。

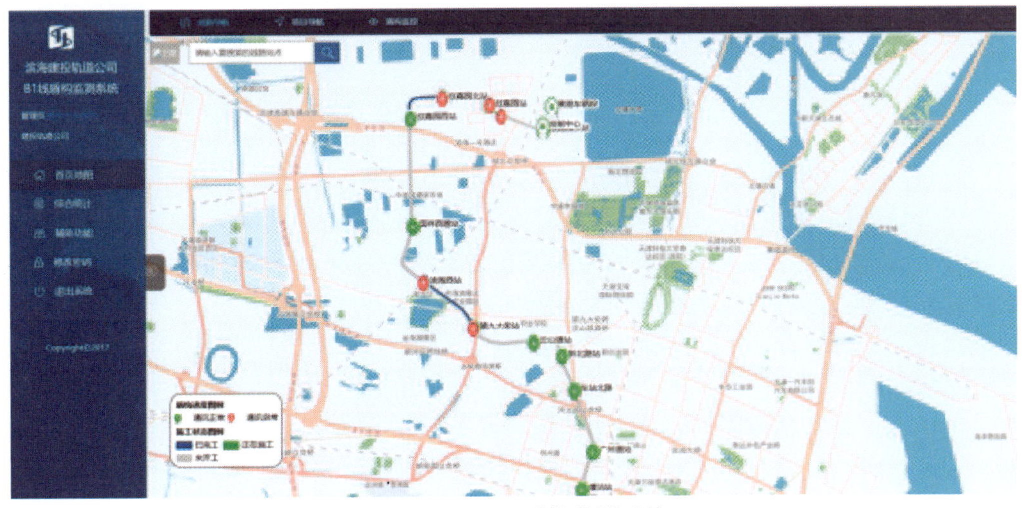

图Ⅲ—7—33 盾构监测系统

(2)预警管理

系统的预警事件类型为测点预警、巡视预警、综合预警:

监测预警:监测数据按变形量与变形速率双控指标进行预警报警,可阶段性调整控制指标。对施工中的各项风险源实现预警,包括位置偏差预警、设备状态预警、沉降监测预警、风险源预警等内容,同时可以对施工方自行监测数据和第三方监测数据进行汇总分析。具体子功能分为风险监测和预警统计。风险监测功能提供施工区域的二维 CAD 工程及监测点布置图,根据监测点的批量导入功能导入监测点的位置和每天的监测信息,获取监测点的数据监测曲线。预警统计功能是对盾构施工过程中监测点的预警信息和机器本身的参数预警进行统计,并以列表的形式展示,方便查询。

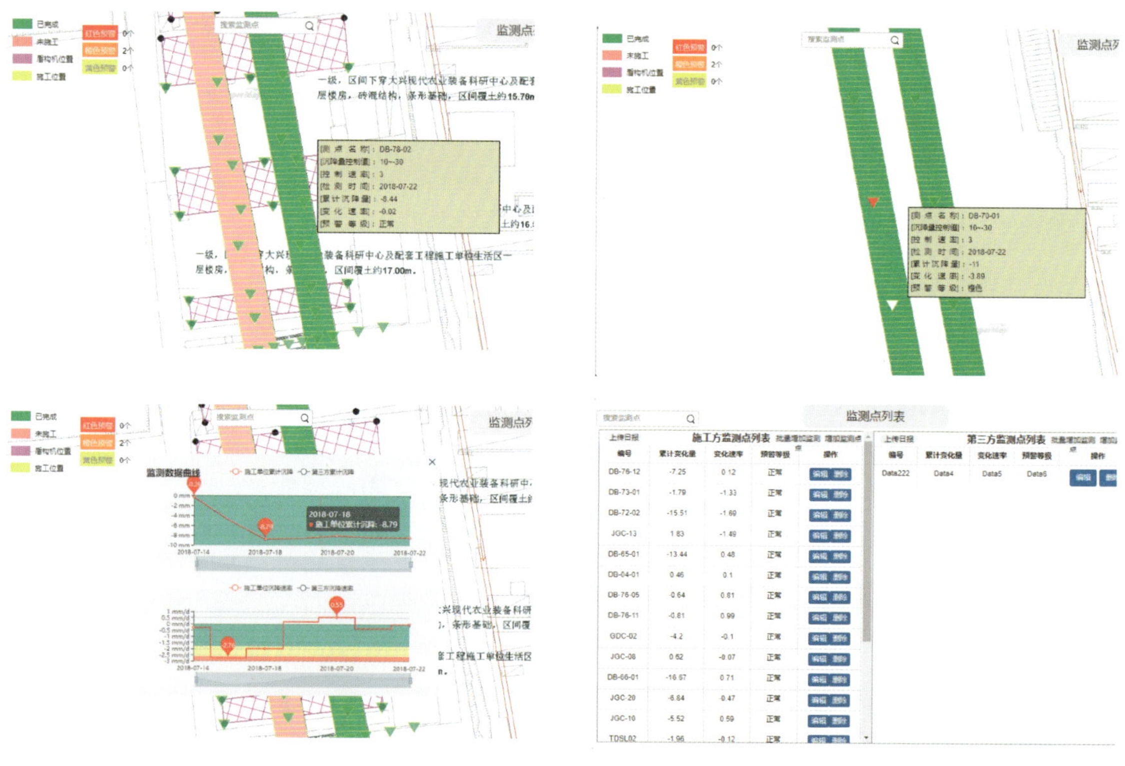

图Ⅲ—7—34 施工监测预警系统预警监测管理

巡视预警:根据现场巡视,一旦出现异常,经核实或会议讨论确定为预警事件。

综合预警:综合监测数据、巡视、视频监控图像以及其他信息,判定工点的预警状态。

统计分析功能对盾构施工过程中的全部数据进行各种条件下的查找、统计和分析,并给出相应的可视化图形。以时间段的形式对盾构施工过程中的材料消耗、功效、推进环数和里程等参数数据进行统计和查询,并以报表的形式输出。

系统能够实现独立对监测预警、巡视预警、视频监控预警进行单因素预警或通过综合分析进行多因素预警。综合预警能记录预警原因分析、各单位处置措施、消警会议、会议纪要及消警过程。

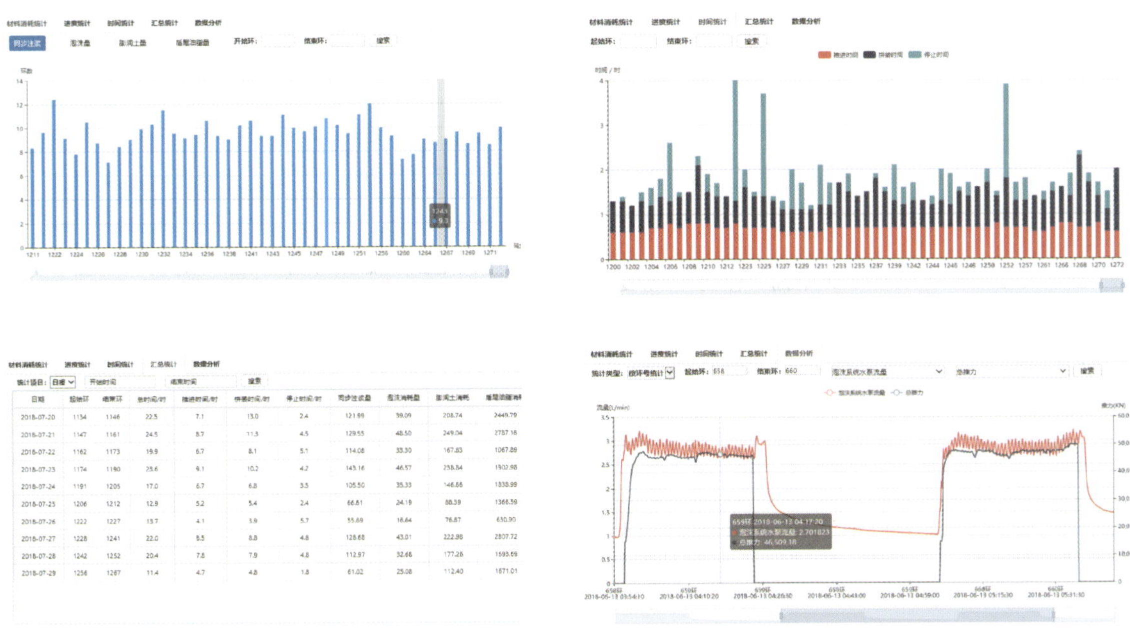

图Ⅲ—7—35　施工监测预警系统预警监测管理

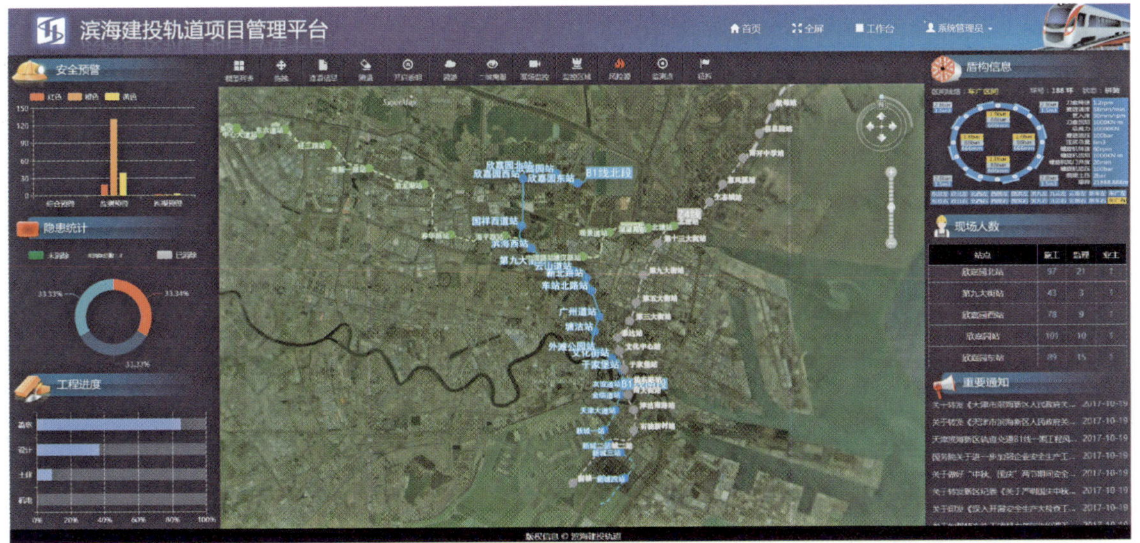

图Ⅲ—7—36　监测点分布

(3)监测管理

具体功能包括:监测数据录入格式的规范化、人工监测数据录入与有效性验证、监测数据统计分析、时态曲线与断面分布曲线分析、对比分析与关联分析、监测数据预测分析、监测数据报表打印、测点分布 GIS 图展示等功能。

(4)应急管理

预警状态确认后转入应急抢险阶段。因此系统应保存了应急救援组织机构信息、应急队伍信息、应急物资信息和应急专家信息，并根据事故简报自动生成救援简报。同时在救援过程中应能迅速调用事故点实时和历史监测信息、图纸信息和现场音视频信息。

图Ⅲ—7—37 监测管理

图Ⅲ—7—38 施工现场监控

7.4　应用成效

1. 对设计质量和进度管理能力的全面提高

通过本系统满足对各设计、施工单位的协同工作，对设计成果统一管理、设计进度统一报送、设计图纸与模型的对比审阅、多种形式的三维检查等手段，提高方案审核能力，提高检查的准确性，达到在设计阶段提高总体设计质量的目的，提升业主方对设计质量和进度的整体把控能力。

2. 强化业主方对建造过程的信息化监管力度

以 BIM-GIS 数据库为基础，以三维形象进度为主线，将安全风险监控、隐患排查、质量检查、处理信息和必要的辅助成本管理的形象工程量统计信息纳入到三维 BIM 软件系统中，以达到加强业主对施工阶段的监管能力。此外，通过系统的应用，协助业主培养锻炼信息化管理人员，促进现代化信息管理骨干力量的成长。

3. 为地铁智慧运维管理提供数据准备

搜集规划、设计及施工期间的各类空间数据、业务数据，根据 BIM 平台的运行要求，通过现代数据处理技术（三维激光扫描、倾斜摄影、BIM 建模等），建立满足设计、施工期间 BIM 软件平台所需的数字地铁数据库。根据地铁土建竣工、机电竣工等成果及前期周边环境建模成果，同时继承相关建设期有效数据，依据地铁各种设备的“静态”和“动态”特点，建立地铁竣工综合空间信息数据库及相应三维空间数据引擎，为地铁智慧运维管理提供数据准备。

Ⅳ　城市轨道交通工程信息模型标准实例

1 总　　则

1.0.1　为落实公司发展规划，促进城市轨道交通行业信息模型技术的应用，加快城市轨道交通行业信息模型的推广速度，提升行业信息化水平，提高信息化率，提高工程信息应用质量，制定本标准。

1.0.2　本标准适用于城市轨道交通工程项目的 BIM 创建、使用和管理。

1.0.3　本标准适用于城市轨道交通工程设计阶段（工程可行性研究、总体设计、初步设计、施工图设计、招标图设计）生命周期内的应用，适用轨道交通项目类型包括轨道交通地下车站、地下区间、高架车站、地下空间、高架区间及其轨道交通桥梁、车辆基地及其机关构筑物等。

1.0.4　轨道交通模型的设计，除符合本标准外，尚应符合国家及行业现行相关标准的规定。

2 术　　语

2.0.1 城市轨道交通工程信息模型(Rail Transit Engineering Information Model)

城市轨道交通工程信息模型,是指城市轨道交通工程全生命周期或部分阶段的几何信息及非几何信息的数字化模型。城市轨道交通工程信息模型以数据对象的形式组织和表现建筑及其组成部分,并具备数据共享、传递和协同的功能。

2.0.2 工程设计阶段(Engineering Design Phase)

工程设计阶段,是指城市轨道交通工程设计过程中所涉及到的各设计阶段,主要包括工程可行性研究、总体设计、初步设计、施工图设计、招标图设计阶段。

2.0.3 模型元素(Model Element)

模型元素,是指城市轨道交通工程信息模型中构建出各工程组件、构件等的基础单元,一般可以将模型元素理解为模型中的构件,是模型的基本组成单元。模型元素信息包括几何信息和非几何信息。

2.0.4 模型信息粒度(Level of Details(LOD))

在不同的模型粒度下,建筑信息模型所包括的几何信息和非几何信息单元大小和完备程度。

2.0.5 模型建模精度(Information Granularity)

在不同的模型精细度下,城市轨道交通工程信息模型几何信息的全面性、细致程度及准确性指标。模型精度采用两种方式来衡量,一是反映对象真实几何外形、内部构造及空间定位的精确程度;二是采用简化或符号化方式表达其设计含义的准确性。

2.0.6 碰撞检查(Collision Detection)

碰撞检查,是指检查城市轨道交通工程信息模型中各元素之间、以及各元素与周边环境之间是否满足空间相互关系的过程。

2.0.7 构件库(Family Library)

指在 BIM 实施过程中开发、积累并经过加工处理,形成可重复利用的构件的集合。

2.0.8 交付物(Deliverables)

基于信息模型的可供交付的设计成果,包括但不限于各专业信息模型(原始模型或经产权保护处理后的模型)、基于信息模型形成的各类视图、分析表格、说明文档、辅助多媒体等。

2.0.9 空间定位(Spatial Localization)

城市轨道交通工程模型的空间定位,应包括城市轨道交通工程所处的地理环境整体定位和构筑物自身的构件定位。

2.0.10 模型交付物(BIM Delivery Package)

应用 BIM 技术所产生且为合同规定交付的模型及与之对应的非几何信息。

3 基本规定

3.1 文件命名规定

3.1.1 文件命名

(1) BIM设计交付物的电子文件名与交付物内容应一致。同一工程内,应使用统一的格式,并保持唯一且不变。

(2) BIM设计交付物相同格式的文件应使用统一的版本。

(3) BIM应用模型电子文件名宜按下列方式编制:

电子文件名=【项目代码】—【设计阶段】—【单体代码】—【机构代码】—【专业代码】—【区域代码】—〖主组码〗—〖次组码〗.RVT

注:【 】内容为必选项,〖〗内容为可选项。

(4) BIM视图成果电子文件名宜按下列方式编制:

电子文件名=【项目代码】—【设计阶段】—【单体代码】—【机构代码】—【专业代码】—【区域代码】—〖主组码〗—〖次组码〗—【视图序号】—〖设计版本代码〗.PDF

注:【 】内容为必选项,〖〗内容为可选项。

(5) 电子文件名中的代码采用汉语拼音缩写和阿拉伯数字编写,特殊专有名词可采用西文缩写。

(6) 项目代码使用集团统一编制唯一代码。

(7) 设计阶段代码:

表3.1.1 设计阶段代码表

可行性研究	总体设计阶段	初步设计阶段	招标设计阶段	施工设计阶段
KY	ZS	CS	ZB	SS

(8) 电子文件名中的单体代码宜采用车站编码号编写,具体参照施工图设计文件编制统一规定中车站列表执行。

(9) 电子文件名中的机构代码采用各参建单位的缩写,例如,UCD代表北京城建设计发展集团股份有限公司。

(10) 电子文件名中的专业代码按表3.1.1专业代码表编写。

(11) 电子文件名中的区域代码按对应楼层或区域的汉语拼音缩写字母编写,符合表5.1—2区域代码表的规定。

(12) 电子文件名中的主组码由系统代码组成,可用于详细说明系统属性,例如:J(生产生活给水系统)、X(消防给水系统)、(W)污水排水系统、(TF)通风系统等。

(13) 电子文件名中的次组码由字母组成,可用于进一步区分文件的用途,例如:TZ(提资)、HQ(会签)、SH(审核)等。

(14) 电子文件名中的设计版本代码采用大写英文字母顺序编写,例如:A、B、C 等。

例:思源站主体建模型

【项目代码】—〖设计阶段〗—【单体代码】—【专业代码】—【区域代码】—〖主组码〗—〖次组码〗. rvt

CQ6ZⅡ-SS-CZ105-JZ-ZT. rvt

代号表示为重庆六号线支线二期—施工图设计—思源站(第五座车站)—建筑—主体工程模型

3.1.2　文件组织

(1) BIM 应用模型与视图成果的电子文件目录应分别采用分级管理。

(2) 电子文件一级目录应为项目编号+名称,如“YTM1-I-CS 烟台轨道交通 1 号线”;二级目录应为车站编号+单体名称,如“YTM1-I-CS-101 古现站”;三级目录以下按文件类型划分,应包含但不局限于下列目录:“各个专业模型文件、图纸资料、成果文件、过程文件、单体文档等”。

3.1.3　专业代码和区域代码

专业代码和区域代码应符合本规范的统一规定,按照要求进行文件的编码编号,详细编码表详见附录 1、附录 2。

3.2　模型深度统一要求

3.2.1　设计阶段

城市轨道交通工程信息模型设计主要包括工程可行性研究、总体设计、初步设计、施工图设计、施工招标设计五个阶段。

3.2.2　模型信息粒度(LOD)

城市轨道交通工程信息模型粒度应由基本信息系统、属性信息系统、场地地理信息及室内、外工程系统、围护结构信息系统、其他构件信息系统、设施设备信息系统钢结构系统信息系统、幕墙系统信息系统、景观系统信息系统、内装修系统信息系统、标识系统信息系统。

城市轨道交通工程设计信息模型信息粒度分为五个等级,应符合表 3.2.2 的规定。

表 3.2.2　信息粒度表

粒度等级	英文名	简称	备　注
100 级信息粒度	Level of Detail100	LOD100	等同于工可阶段或总体设计阶段,此阶段的模型通常为表现建筑整体类型分析的建筑体量,分析包括体积,建筑朝向,每平方造价等等
200 级信息粒度	Level of Detail200	LOD200	等同于初步设计阶段,此阶段的模型包含普遍性系统包括大致的数量,大小,形状,位置以及方向。LOD 200 模型通常用于系统分析以及一般性表现目的

续上表

粒度等级	英文名	简称	备注
300 级信息粒度	Level of Detail300	LOD300	等同于传统的施工招标图和施工图设计阶段。此模型已经能很好地用于成本估算以及施工协调包括碰撞检查，施工进度计划以及可视化。LOD 300 模型应当包括业主在 BIM 提交标准里规定的构件属性和参数等信息
400 级信息粒度	Level of Detail400	LOD400	此阶段的模型被认为可以用于模型单元的加工和安装，多用于施工阶段的 BIM 运用。此模型更多的被专门的承包商和制造商用于加工和制造项目的构件包括水电暖系统
500 级信息粒度	Level of Detail500	LOD500	最终阶段的模型表现的项目竣工的情形，多用地竣工阶段。模型将作为中心数据库整合到建筑运营和维护系统中去。LOD 500 模型将包含业主 BIM 提交说明里制定的完整的构件属性

3.2.3 模型建模精度

城市轨道交通工程设计信息模型建模精度，应由场地及室内、外工程系统、围护系统、其他构件系统、设施设备系统、装饰装修系统组成。

表 3.2.3 建模精度表

精度等级	英文名	简称	备注
1 级建模精度	Grade 1	G1	满足二维化或者符号化识别需求的建模精度。对应可研设计和总体设计阶段。
2 级建模精度	Grade 2	G2	满足空间占位、主要颜色等粗略识别需求的建模精度。对应初步设计、施工图设计阶段。
3 级建模精度	Grade 3	G3	满足建造安装流程、采购等精细识别需求的建模精度。对应施工过程阶段。
4 级建模精度	Grade 4	G4	满足高精度渲染展示、产品管理、制造加工准备等高精度识别需求的建模精度。对应运营使用阶段。

4 模 型 创 建

4.1 模型分类

城市轨道交通工程可按工程类型、部位(区域)、专业、系统等分解模型创建工作，提高工作效率。可参照下列原则分解模型创建工作：

(1) 整体模型按工程类型分为车站(高架/地下/地面车站)、区间(高架/地下/地面)、车辆段/场、控制中心、培训中心、办公、宿舍等工程类型；

(2) 车站模型按专业、楼层分解；

(3) 区间模型按专业、里程分解；

(4) 车辆段和停车场宜按专业、功能分区分解；

(5) 控制中心、办公楼等大型单体建筑物宜按专业、楼层分解。

4.2 模型定位要求

城市轨道交通工程建设各阶段 BIM 模型应按照统一的规则和要求创建，当按工程部位、专业等分别创建时，各模型应协调一致，并能够集成应用。模型创建应采用统一的坐标系和度量单位。地质模型宜全线统一创建，按工程部位、标段划分等进行拆分并提供给相关单位使用。

4.2.1 坐标系统

项目测量点、基点、起始点，由勘测单位统一提供，作为项目设计的原始基点，所有专业的模型拆分和组合，均以此点为依据，便于统一设计标注。单位:米，使用绝对标高。

测量点设置:默认原点。

坐标原点:车站均以中心里程～中心里程和线路右线交点延伸到站台层高度的点为原点；单位:毫米；使用绝对标高，以中心里程上的标高为楼层标高，楼层命名包含相对标高。在建模前，应确定全线统一的项目基点启动位置，任意模型距离项目基点启动位置不超过 15 km。

车站及区间项目基点设置：

(1) 项目初始建模时，可将项目基点移动至本站定位位置。

(2) 基于项目基点，统一创建轴网及标高文件作为各专业开展设计的基础文件。

(3) 除标高单位为米外，其他尺寸单位为毫米。

(4) 项目初始建模时，设置项目基点坐标点(x,y,z)为(0,0,0)，以绝对标高的零点作为模型建模高程参考点。

车辆段项目总图项目基点，作为项目设计的原始基点，所有专业的模型拆分和组合，均以此点为依据，便于统一设计标注。单位：米，使用绝对标高。

车辆段单体项目基点：单体建筑均以单体左下角 1 轴和 A 轴交点为单体项目基点；单位：米；应用绝对标高，并以楼层装修完成面标高为楼层标高，楼层标高为相对标高。

车辆段项目基点设置：

(1)项目启动时，由项目负责人根据项目情况确定一个相对固定点，作为场段项目基点，并以此基点创建全专业公共模板。

(2)基于公共模板，单体建筑均以左下角 1 轴和 A 轴交点为单体项目基点，统一创建轴网及标高文件作为各专业开展设计的基础文件。

(3)除标高单位为米外，其他尺寸单位为毫米。

4.2.2 标高系统

项目工程采用当地坐标系和国家规定的坐标系和高程体系，以米为单位。

车辆段场地应使用绝对标高。

建筑单体应采用相对标高，以室内首层装修完成面为±0.000 标高。楼层标高应采用一套标高体系定义，标高数值应以 m 为单位，层高数值 mm 为单位。楼层命名应包含相对标高。

4.2.3 项目单位

总图模型以米为单位，精确到小数点后两位；

线路里程以米为单位，精确到小数点后两位；

专业模型以毫米为单位，精确到小数点后三位。

4.2.4 模型范围

线路工程以 10 公里左右为模型设置范围(或结合项目实际情况)。

车站工程以单个车站起点里程到重点里程为模型设置范围。

区间工程以两站之间的工程为模型设置范围。

车辆段、场模型范围包含以场地边界(用地红线、高程、正北)为界限、包含场地红线内的地形表面、场地地坪、场地道路、建筑主体、广场、停车场、运动场地、无障碍设施、排水沟、挡土墙、护坡、植被、小品等。同时包含红线至规划道路或现状地形地貌之间的模型。

沿线模型设置范围应包含主要的规划、建设范围的模型(如站点周边 2 km 范围)，主要控制性因素与线路、区间、建筑的范围；线路、区间、建筑到地面的范围。

4.3 模型填色要求

4.3.1 土建专业模型色谱

土建专业模型依据系统族类型的不同，进行不同颜色填充区分，模型表面、界面、空间体量颜色应统一。在平面视图、剖面视图、三维视图着色模型显示样式时方便以颜色直观的辨别出系统族类型。土建专业模型色彩填充要求详见附录 3 土建专业模型色彩填充表。

4.3.2 设备专业模型色谱

暖通专业在三维视图及设计平台中的风管、管道及其附件颜色遵循附录4设备专业模型色谱表，在出图视图中按出图要求进行图名颜色设置。

给排水专业管道颜色遵循附录4设备专业模型色谱表，给排水设备、管道附件等需要同管道连接的构件，模型颜色会自动保持同管道系统颜色一致。电控箱等同管道系统不连接的构件，可调成同所属系统颜色一致。

4.4 模型组织原则

4.4.1 模型拆分

城市轨道交通工程是一项多专业复杂的综合性工程，为实现BIM整体协同管理、二维出图及施工、运营管理的需要，应对BIM模型的进行有效拆分，以实现BIM软件的二维出图、提高设计效率及最终业主全生命期管理的目标。

模型拆分可分为单体拆分，专业拆分、区域拆分、系统拆分。

(1)按单体拆分：

车站主体、车站附属、区间；车辆段的综合楼、运用库、联合检修库、洗车库、污水处理站、不落轮镟库、食堂、司机公寓、门卫等单体。

(2)按专业拆分：

除建筑、结构专业单独拆分外，其余专业拆分时均包含本专业模型及土建模型。

(3)按区域拆分

建筑、结构可按楼层进行拆分；若建筑有变形缝，宜以变形缝为界限，按区域划分。

拆分的原则：按照建筑物的功能进行一次拆分，按照建筑结构的专业属性将的图元进行二次拆分。

表4.4.1—1 土建区域拆分体系

区 域	建 筑	结 构
主体(ZT)	√	√
出入口(CRK)	√	√
风道(FD)	√	√
区间(QJ)		√

表4.4.1—2 土建构件拆分原则

	建筑专业	结构专业
基础信息	轴网、建筑标高	轴网、结构标高
构造部件的基本尺寸、位置	建筑空间、非承重墙、构造柱、楼地面面层、房间、房间名称、门窗(幕墙)、楼梯面层、扶手、栏杆、台阶、挡烟垂壁、坡道等	承重墙、梁、板、柱、楼梯、区间

续上表

	建筑专业	结构专业
二次洞口、预埋构件、设备基础、排水沟等	二次洞口定位、预埋构件定位、设备基础定位、排水沟篦子	二次洞口定位、预埋构件定位、设备基础定位、排水沟及集水坑结构构造
材料属性	增加主要建筑构件技术参数和性能(防火、防护、保温	增加结构物理力学性能
做法表	房间做法表、材料做法表	
其他设置		增加结构施工或构件制作安装要求

设备专业模型文件一般较小,且从调整模型的可操作性角度出发,不宜将设备模型进行拆分。原则上,同一个车站的主体、风道及出入口均为一个完整模型,不进行拆分。土建模型主体与附属分开建模时,设备专业可以根据土建拆分情况,进行分区域建模。

设备专业可通过设置指定系统的显示/隐藏,来达到某一平面视图中只含有指定系统。例如给排水专业可按照消火栓消防系统(包含消防给水引入系统、消火栓给水系统)、自动喷水灭火系统、生产、生活给水系统等显示/隐藏,方便后期分系统查看模型。

4.4.2 模型整合

整合目的:将建筑和结构的模型,通过链接形成完成的土建模型。

原则:项目基点位置统一,项目标高统一。

为了保证模型的查看的完整性,设备模型为一整体,不建议拆分,完整的设备模型更有利于后期计算和施工单位掌握整个设备系统。特殊情况下,可根据土建模型拆分情况拆分设备模型,在模型整合时,可通过基点定位,整合模型。

5 模型深度

5.1 一般规定

模型深度应符合下列规定：

(1) 不宜采用超越项目需求的模型深度。

(2) 模型深度宜满足建筑工程量计算要求。

(3) 模型深度应满足现行有关工程文件编制深度规定。

(4) 根据项目需求，建筑构件可分别选用不同等级的信息粒度以及不同等级的建模精度。

5.2 勘察测绘专业

5.2.1 三维地质模型的建模需求

(1)三维地质模型基本注意事项：

①基于统一的相对坐标系；

②模型单位要明确；

③钻孔坐标要正确；

④钻孔标高要准确；

⑤钻孔位置需要标注。

(2)三维地质 BIM 模型特点：

①地层单元属性(属性能被注释自动标识)，需含有如下信息：地层编号；地层名称；地层颜色；剖面填充；属性应预留地层材质物理特性栏。

②地质钻孔属性(属性能被注释自动标识)，需含有如下信息：钻孔编号。

③地层模型应具备能被体量切割的特点。

④模型中应含有相应的平剖面图：地表平面图：含地质钻孔的编号等信息；连接钻孔的纵、横剖面图。

5.2.2 三维建构筑物及管线模型的建模需求

(1)资料：

根据调查单位调查结果，在对筛选后的数据进行建模

(2)族的命名规则：

①统一命名，详见《城市轨道交通工程族创建标准》

(3)所测地下构筑物高程坐标：

均表示为室内高程坐标(均为国家规定高程)，在进行地下构筑物的建模时，应对应图纸，

图纸上有标识墙体厚度的，添加上相应厚度后再进行建模；缺失图纸的建筑物，统一为：建筑物向下延伸 1 m，向外延伸 0.5 m。

(4)构筑物属性表形式(样例)：

表 5.2.2—1　三维建构筑物模型样式表(样例)

建筑物名称	振华商厦	
地理位置	长江路 28 号与黄山路路口东北象限	
修建年代或竣工日期	2004.06.16～2006.09.09	
产权人或管理单位及电话	华新国际前台：6958375	
建设单位	××××公司	
勘察单位	××××公司	
设计单位	××××公司	
施工单位	××××公司	
使用现状	良好	
地上层数	23(档案馆 22 层，与图纸不符)	
地下层数	1	
地面高度	94.8(建筑物总高度)	
基础埋深(标高)	−7.08 m	
结构形式	框架	
基础型式	CFG 桩基	
地基变形允许值		
沉降观测值		
底板高程	−2 m(室内)	
设计图纸	有	无
墙壁厚度	0.3	0.5
底板深度	0.5	1
风险源属性		

(5)地上模型与地下模型的要求：

模型需看出楼层及地下室层数，地下室深度表示要准确。

(6)建模形式：

同一栋建筑物，地上与地下合在一起建模。

管井属性列表形式见表 5.2.2—2。

表 5.2.2—2　三维管井模型属性表

管井具有的属性列表						
管点坐标		点号	管线类别	地面高程	特征	附属物
X	Y					

管线属性列表形式见表 5.2.2—3。

表 5.2.2—3 三维管线模型属性表

管线具有的属性列表							
管线类别	管径	材质	埋设方式	起点点号	起点标高(高程)	终点点号	终点标高(高程)

5.3 线路专业

5.3.1 建模精度

空间曲线为连续的空间线,含有线路空间坐标信息,具有相应的 XYZ 坐标等。

表 5.3.1 空间曲线的建模精度等级

系统	建模精度	建模精度要求
曲线	G1	
	G2	●宜建模,模型几何精度与二维绘制一致。
	G3	● —
标注	G1	●标注如无可视化需求,可以二维方式表达
	G2	●起终点位置及坐标 ●车站中心里程及坐标 ●结构分界线位置及坐标
	G3	●直缓点、缓直点、缓圆点、圆缓点、曲中点里程

5.3.2 模型深度

表 5.3.2—1 线路专业 BIM 模型非几何信息深度表

序号	类型	要素	非几何信息			
			信息内容	LOD100	LOD200	LOD300
1	里程	里程	里程信息			G3
2	五大桩	里程	桩属性			G3
			里程信息			G3
3	曲线要素	相应单位数据	角度、曲线长度、缓和曲线长度、交点坐标			G3
						G3
4	车站里程	车站名	名称			G3
		站间距	距离长度			G3
		站中心	里程信息			G3
5	结构分界线	分界里程	左右结构信息			G3

(1) 空间曲线要求

主要包括:空间曲线为连续的空间线,含有线路空间坐标信息,具有相应的 XYZ 坐标,缓和曲线拟合时,生成点间隔不超过 3 m。

(2) 提资表格要求

表格含有里程信息及对应的 X、Y、Z 坐标。里程间隔不超过 2 m,空间点信息还应包含有相应的站中心、直缓、缓圆、圆缓、缓直点空间坐标。

表 5.3.2—2 线路几何信息

序号	几何信息				
	里程	特征点描述	*X* 坐标	*Y* 坐标	*Z* 坐标
1	K×××+×××.×××	*ZHX*、*ZH*、*HY*、*YH*、*HZ*、*ZZX*			

5.4 建筑专业

5.4.1 建模精度要求

表 5.4.1 建筑的建模精度等级

系统	建模精度	建模精度要求
墙	G1	●在"类型"属性中显示墙体 ●墙体各构造层不需要细分显示 ●不必显示墙体面层的材质及其相关属性
	G2	●在"类型"属性中应区分外墙和内墙 ●外墙定位基线宜与墙体核心层外表面重合,如有保温层,应与保温层外表面重合 ●内墙定位基线宜与墙体核心层中心线重合 ●如外墙跨越多个自然层,可不考虑自然层的影响 ●除管井、竖向交通等贯通空间的围合墙体和剪力墙外,内墙不宜穿越楼板建模 ●墙体外饰面宜被赋予正确的材质
	G3	●在"类型"属性中应区分外墙和内墙 ●墙体核心层和其他构造层可按独立墙体类型分别建模 ●外墙定位基线应与墙体核心层外表面重合,无核心层的外墙体,定位基线应与墙体内表面重合,有保温层的外墙体定位基线应与保温层外表面重合 ●内墙定位基线宜与墙体核心层中心线重合,无核心层的外墙体,定位基线宜与墙体内表面重合 ●属性信息应区分剪力墙、框架填充墙、管道井壁等 ●如外墙跨越多个自然层,墙体核心层应分层建模,饰面层可跨层建模 ●除剪力墙外,内墙不应穿越楼板建模,核心层应与接触的楼板、柱等构件的核心层相衔接,饰面层应与接触的楼板、柱等构件的饰面层对应衔接 ●应输入墙体各构造层的信息,构造层厚度按分米级别控制 ●墙体各构造层宜被赋予正确的材质
	G4	●在"类型"属性中区分外墙和内墙 ●墙体核心层和其他构造层可按独立墙体类型分别建模 ●外墙定位基线应与墙体核心层外表面重合,无核心层的外墙体,定位基线应与墙体内表面重合,有保温层的外墙体定位基线应与保温层外表面重合 ●内墙定位基线宜与墙体核心层中心线重合,无核心层的外墙体,定位基线应与墙体内表面重合 ●在属性中区分"承重墙"、"非承重墙"、"剪力墙"等功能,承重墙和剪力墙应归类于结构构件 ●如外墙跨越多个自然层,墙体核心层应分层建模,饰面层可跨层建模 ●内墙不应穿越楼板建模,核心层应与接触的楼板、柱等构件的核心层相衔接,饰面层应与接触的楼板、柱等构件的饰面层对应衔接 ●应输入墙体各构造层的信息,包括定位、材料和工程量 ●构造层厚度按厘米级别控制 ●墙体各构造层宜被赋予正确的材质

续上表

系统	建模精度	建模精度要求
门窗	G1	无特定需求的统一采用门、窗两种类型显示
	G2	●如无特定需求，窗可以幕墙系统替代，但应在“类型”属性中注明“窗”
	G3	●门窗的高度，位置，尺寸等几何信息明确，模型几何细度应为厘米级别
	G4	●窗的横挺和竖挺的材质，颜色，形状等非几何信息明确模型几何细度为毫米级别
面层	G1	—
	G2	●除非设计要求，无坡度楼板顶面与设计标高应重合。有坡度楼板根据设计意图建模
	G3	●应输入楼板各构造层的信息，构造层厚度按厘米级别控制 ●楼板的核心层和其他构造层可按独立楼板类型分别建模 ●主要的无坡度楼板建筑完成面应与标高线重合 ●楼板有防水层与保温层的定位基线应与外表面重合
	G4	●在“类型”属性中区分建筑楼板和结构楼板 ●应输入楼板各构造层的信息，构造层厚度按毫米级别控制 ●楼板的核心层和其他构造层可按独立楼板类型分别建模 ●无坡度楼板建筑完成面应与标高线重合 ●楼板各构造层宜赋予正确的材质
构造柱	G1	—
	G2	●非承重柱应归类于“建筑柱”，承重柱应归类于“结构柱”，应在“类型”属性中注明 ●除非有特定要求，柱可不按照施工工法分层建模 ●柱截面应为柱外廓尺寸，模型几何细度按分米级别控制
	G3	●非承重柱应归类于“建筑柱”，承重柱应归类于“结构柱”，应在“类型”属性中注明 ●结构柱宜按照施工工法分层建模 ●柱截面应为柱外廓尺寸，模型几何细度按厘米级别控制
	G4	●非承重柱应归类于“ 建筑柱”，承重柱应归类于“结构柱”，应在“类型”属性中注明 ●柱宜按照施工工法分层建模 ●柱截面应为柱外廓尺寸，模型几何细度按毫米级别控制
楼梯或坡道	G1	●可建模
	G2	●楼梯或坡道应建模 ●平台板可用楼板替代，但应在“类型”属性中注明“平台板”
	G3	●楼梯或坡道应建模，并应输入构造层次信息，构造层厚度不小于按厘米级别控制 ●平台板可用楼板替代，但应在“类型”属性中注明“楼梯平台板”
	G4	●楼梯或坡道应建模，并应输入构造层次信息。构造层厚度按毫米级别控制 ●平台板可用楼板替代，但应在“类型”属性中注明“ 楼梯平台板”
垂直交通设备	G1	●如无可视化需求，可以二维方式表达
	G2	●模型几何细度按分米级别控制 ●可采用生产商提供的成品设备信息模型
	G3	●模型几何细度按厘米级别控制 ●可采用生产商提供的成品设备信息模型
	G4	●模型几何细度按毫米级别控制 ●可采用生产商提供的成品设备信息模型

续上表

系统	建模精度	建模精度要求
栏杆或栏板	G1	●如无可视化需求，可以二维方式表达
	G2	●可简化表达，模型几何细度按分米级别控制
	G3	●宜建模，模型几何细度按厘米级别控制
	G4	●宜建模，模型几何细度按毫米级别控制
圈梁或过梁	G1	●如无可视化需求，可以二维方式表达
	G2	●应建模，模型几何细度按分米级别控制
	G3	●应建模，模型几何细度按厘米级别控制
	G4	●应建模，模型几何细度按毫米级别控制
家具洁具	G1	●如无可视化需求，可以二维方式表达
	G2	●应建模，模型几何细度按分米级别控制
	G3	●宜建模，模型几何细度按厘米级别控制
	G4	●宜建模，模型几何细度按毫米级别控制
其他	G1	●如无可视化需求，可以二维方式表达
	G2	●宜建模，模型几何细度按分米级别控制
	G3	●宜建模，模型几何细度按厘米级别控制
	G4	●宜建模，模型几何细度按毫米级别控制

5.4.2 模型深度

建筑专业施工图模型组成包括：

主体包括：

轴网、标高、墙(建筑二次砌筑墙)、门窗、地面面层、墙面面层、楼梯、栏杆、面层洞口(板洞)、挡烟垂壁、卫生间、无障碍实施及其他相关构件。

附属包括：出入口、风道的墙(建筑二次砌筑墙)、面层及其他相关构件。

表 5.4.2—1 建筑专业 BIM 模型几何信息深度表

序号	类型	要素	几何信息			
			信息内容	LOD100	LOD200	LOD300
1	总图	轮廓线	尺寸、坐标、角度、标高	G1		
2	模型基本信息	轴网	轴网定位	G1	G2	G3
		标高	层高	G1	G2	G3
3	墙	普通隔墙	墙体的厚度、高度、长度	G1		G3
		普通隔墙(带防火分区功能)			G2	G3
		可拆卸墙			G2	G3
		女儿墙			G2	G3
		石膏墙			G2	G3
		离壁墙	(施工图阶段纳入装修范围)		G2	G3※
		构造	构造柱，圈梁			G3

续上表

序号	类型	要　素	几何信息			
			信息内容	LOD100	LOD200	LOD300
4	门窗	防火门	门窗的几何轮廓、尺寸、编号		G2	G3
		普通门		G1	G2	G3
		卷帘门			G2	G3
		无障碍卫生间门			G2	G3
		防火窗			G2	G3
		栅栏门			G2	G3
		百叶窗			G2	G3
		电动窗			G2	G3
		平开窗			G2	G3
		推拉窗			G2	G3
5	地面面层	公共区地面（站台层、站台层）	面层范围、厚度、标高（施工图阶段纳入装修范围）	G1	G2	G3※
		设备区地面			G2	G3※
		防静电地板			G2	G3※
		有水房间地面			G2	G3※
		风道			G2	G3※
		楼梯面层			G2	G3※
					G2	G3※
		风道面层			G2	G3※
6	墙面面层	墙装修面层	面层范围、厚度、高度（施工图阶段纳入装修范围）			G3※
		柱装修面层				
7	屋面	屋面面层	面层范围、厚度、标高		G2	G3※
8	栏杆	公共区楼扶梯、楼梯间	范围、尺寸、高度（施工图阶段纳入装修范围）		G2	G3※
		室外栏杆				
9	吊顶、挡烟垂壁	公共区	吊顶线示意、吊顶高度、挡烟垂壁示意（施工图阶段纳入装修范围）		G2	G3※
10	卫生间	员工卫生间	房间布局、卫生洁具布置、几何轮廓、尺寸（施工图阶段纳入给排水专业范围）		G2	G3※
		公共卫生间			G2	G3※
		清洁间			G2	G3※
11	无障碍设计	无障碍卫生间	洁具房间布局、卫生洁具、几何轮廓、尺寸（施工图阶段纳入给排水专业范围）		G2	G3※
		母婴室				G3※
		坡道	布局、坡度、长宽尺寸、几何轮廓		G2	G3
12	房间内细部信息	房间内的排水沟	构件轮廓、长宽高尺寸、定位尺寸			G3
		设备区面层孔洞	轮廓尺寸、定位信息等相关专业提供			G3※

续上表

序号	类型	要　素	几何信息			
			信息内容	LOD100	LOD200	LOD300
13	构件	人孔盖板	轮廓尺寸、定位信息等			G3
		排水篦子	轮廓尺寸、定位信息等			G3
		防水挡台	面积、体积、长宽高尺寸、施工图阶段含房间做法			G3
		散水	长、宽、坡度尺寸			G3
14	空间	楼层、房间	尺寸、面积		G2	G3
		区域	详见施工图模型的组成表各专业建模内容及界面接口		G2	G3
15	链接内容	建筑专业模型表达、模型出图所需的其他专业模型	详见表施工图模型的组成表各专业建模内容及界面接口		G2	G3
16	外立面	屋面	材质、轮廓尺寸、标高		G2	G3
		幕墙	龙骨、材质、构件尺寸		G2	G3
			幕墙材质、轮廓尺寸、构件尺寸		G2	G3
		封堵节点	(带防火功能)材质、高度			G3
		封堵节点	材质、高度			G3

注:模式深度带※的,如G3※,表示建筑专业建模内容应包含此内容,但由相关专业提供。

表 5.4.2—2　建筑专业 BIM 模型非几何信息深度表

序号	类型	要　素	几何信息			
			信息内容	LOD100	LOD200	LOD300
1	总图	轮廓线	车站主要特征信息、车辆段及相关地面建筑的主要特征(车站总建筑面积、主体建筑面积、附属面积、长宽、埋深、出入口风亭数量、场段等地面建筑的层高、层数,绝对标高、相对标高等等)			
2	模型基本信息	轴网				
		标高				
3	墙	普通隔墙	材质、防火性能	G1	G2	G3
		普通隔墙(带防火分区功能)			G2	G3
		可拆卸墙			G2	G3
		离壁墙	材质(施工图阶段纳入装修范围)		G2	G3※
		构造	材质			G3
4	门窗	防火门	材质、防火性能		G2	G3
		普通门		G1	G2	G3
		普通窗		G1	G2	G3
		卷帘门			G2	G3
		无障碍卫生间门			G2	G3
		防火窗			G2	G3
		栅栏门			G2	G3

续上表

序号	类型	要　素	几何信息			
			信息内容	LOD100	LOD200	LOD300
5	地面面层	公共区地面（站台层、站台层）	材质（施工图阶段纳入装修范围）		G2	G3※
		设备区地面			G2	G3※
		防静电地板			G2	G3※
		有水房间地面			G2	G3※
		风道			G2	G3※
		楼梯面层			G2	G3※
					G2	G3※
		剖道面层			G2	G3※
6	墙面面层	墙装修面层	材质（施工图阶段纳入装修范围）		G2	G3※
		柱装修面层				
7	栏杆	公共区楼扶梯、楼梯间	材质（施工图阶段纳入装修范围）		G2	G3※
		室外栏杆	材质（施工图阶段纳入装修范围）		G2	G3※
8	吊顶、挡烟垂壁	公共区	材质（施工图阶段纳入装修范围）		G2	G3※
9	卫生间	员工卫生间	洁具选型、材质		G2	G3※
		公共卫生间				
		清洁间				
10	无障碍设计	无障碍卫生间	洁具选型、材质		G2	G3※
		母婴室			G2	G3※
		坡道	材质		G2	G3
		设备区面层孔洞	归属专业、封堵措施			G3※
11	空间	楼层、房间	名称、装修做法	G1	G2	G3
12	外立面	屋面	材质		G2	G3
		幕墙	材质		G2	G3
		封堵	材质、防火性能		G2	G3

注：墙和板相关留洞（含留洞专业信息），引用相关专业模型地漏、消火栓等相关功能构件和套管、套筒、吊钩等相关预埋构件引用相关专业模型设备基础等相关内容引用相关专业提资。

建筑专业需要形成初步设计和施工图设计的项目样板文件，其中项目样板项目样板文件是项目建模的基础资源。建筑专业的项目样板文件含。

a. 专业的族及其相关参数设置；

b. 该专业项目单位、项目线型、图案样式、尺寸样式、轴线、轴号、标注符合、专业配色设置；

c. 加载项目共享参数文件；

d. 视图样板；

e. 浏览器组织；

f. 过滤器设置。

5.5 地下结构专业

5.5.1 建模精度要求

表 5.5.1 地下结构专业 BIM 模型建模精度等级表

系统	建模精度	建模精度要求
梁	G1	●如无明确等可视化要求，以二维图形方式表达
	G2	●标高、平面位置等定位信息 ●截面形状、尺寸等几何信息 ●梁材质等非几何信息 ●梁、板、柱、墙脱开等构造信息
	G3	●配筋和保护层厚度等配筋信息 ●预留预埋等配合信息 ●预留预埋等加强构造信息
	G4	●由施工单位根据工程的实际状态，完善竣工模型
板	G1	●如无明确等可视化要求，以二维图形方式表达
	G2	●标高、平面位置等定位信息 ●厚度、平面轮廓等几何信息 ●板材质等非几何信息 ●梁、板、柱、墙脱开，板上加腋、斜板坡度等构造信息
	G3	●配筋和保护层厚度等配筋信息 ●开洞、预留预埋等配合信息 ●开洞和预留预埋等加强构造信息
	G4	●由施工单位根据工程的实际状态，完善竣工模型
柱	G1	●如无明确等可视化要求，以二维图形方式表达
	G2	●标高、平面位置等定位信息 ●截面形状、尺寸等几何信息 ●柱材质等非几何信息 ●梁、板、柱、墙脱开等构造信息
	G3	●配筋和保护层厚度等配筋信息 ●预留预埋等配合信息 ●预留预埋等加强构造信息
	G4	●由施工单位根据工程的实际状态，完善竣工模型
墙	G1	●如无明确等可视化要求，以二维图形方式表达
	G2	●标高、平面位置等定位信息 ●厚度、平面轮廓等几何信息 ●墙材质等非几何信息 ●梁、板、柱、墙脱开，板上加腋、斜板坡度等构造信息
	G3	●配筋和保护层厚度等配筋信息 ●开洞、预留预埋等配合信息 ●开洞和预留预埋等加强构造信息
	G4	●由施工单位根据工程的实际状态，完善竣工模型

续上表

系统	建模精度	建模精度要求
暗挖二次衬砌结构	G1	●如无明确等可视化要求,以二维图形方式表达
	G2	●标高、平面位置等定位信息 ●厚度、形状轮廓等几何信息 ●材质等非几何信息 ●重叠构件脱开、加腋、坡度等构造信息
	G3	●配筋和保护层厚度等配筋信息 ●开洞、预留预埋等配合信息 ●开洞和预留预埋等加强构造信息 ●构件分段,匹配施工阶段化信息
	G4	●由施工单位根据工程的实际状态,完善竣工模型
暗挖初期支护结构	G1	●如无明确等可视化要求,以二维图形方式表达
	G2	●标高、平面位置等定位信息 ●厚度、形状轮廓等几何信息 ●材质等非几何信息 ●重叠构件脱开、加腋、坡度、转换马头门等构造信息 ●超前支护结构、系统支护结构等设计信息
	G3	●钢筋格栅、型钢格栅和保护层厚度等配筋信息 ●转化马头门预留预埋等加强结构的细部构造信息 ●主要初支结构分段和临时初支结构匹配施工阶段化信息
	G4	●由施工单位根据工程的实际状态,完善竣工模型
明挖围护结构	G1	●如无明确等可视化要求,以二维图形方式表达
	G2	●标高、平面位置等定位信息 ●厚度、形状轮廓等几何信息 ●材质等非几何信息 ●重叠构件脱开、加腋、坡度等构造信息 ●临时结构等设计信息
	G3	●配筋和保护层厚度等配筋信息 ●预留预埋等配合信息 ●格构柱、立柱桩、抗剪凳等加强结构的细部构造信息
	G4	●由施工单位根据工程的实际状态,完善竣工模型
盾构区间	G1	●如无明确等可视化要求,以二维图形方式表达
	G2	●标高、平面位置等定位信息 ●厚度、形状轮廓等几何信息 ●材质等非几何信息 ●重叠构件脱开、加腋、坡度等构造信息 ●标准环盾构管片等设计信息
	G3	●管片配筋和保护层厚度等配筋信息 ●管片预留预埋等配合信息 ●钢垫圈、后浇环梁等加强结构的细部构造信息
	G4	●由施工单位根据工程的实际状态,完善竣工模型

注:1. 明挖法区间结构参照明挖车站的要求;盾构法附属结构参照矿山法要求;
2. 表中高一级的建模精度应包含低一级建模精度所有信息要求。

5.5.2 模型深度

地下结构专业模型的组成包括：

1. 主体结构：指主要承受地下岩土水荷载，保护地下建构筑物内部安全稳定的构件；构件的空间位置除为保证地下结构安全而做要求外，其余位置均应由相关功能专业确定。

2. 围护结构(初支结构)：保证主体结构功能实现的临时结构。

地下结构专业模型信息粒度的几何信息和非几何信息，应符合表5.5.2—1的规定。

表5.5.2—1 地下结构专业BIM模型构件几何信息粒度等级表

结构类型	结构构件	几何信息	LOD100	LOD200	LOD300
明挖围护结构	冠梁	截面尺寸、标高	—	G2	G3
	围护桩	桩直径、水平间距、长度、嵌固深度、桩顶标高、桩底标高	—	G2	G3
	连续墙	墙幅宽、墙长、嵌固深度、墙顶标高、墙底标高	—	G2	G3
	混凝土支撑	截面尺寸、标高、角度、长度、水平及竖向间距	—	G2	G3
	钢支撑（含活络头）	直径、壁厚、标高、角度、长度、水平及竖向间距	—	G2	G3
	围檩	外形尺寸、标高	—	G2	G3
	土钉	长度、钢筋直径、孔径、水平及竖向间距	—	G2	G3
	锚索	锚固段长度及自由段长度、钢筋束直径及根数、孔径、水平及竖向间距	—	G2	G3
	临时立柱	外形尺寸，标高、嵌固深度	—	G2	G3
	临时立柱桩基	直径、桩顶标高、桩底标高	—	G2	G3
	立柱连系梁	截面尺寸、起终点标高	—	G2	G3
	抗拔桩	桩直径、长度、桩顶标高、桩底标高	—	G2	G3
	压顶梁	截面尺寸、标高	—	G2	G3
	挡墙	截面尺寸、标高	—	G2	G3
	坡面喷混凝土	厚度	—	G2	G3
	截水沟	截面尺寸	—	G2	G3
	明挖垫层	厚度、范围	—	G2	G3
	抗剪凳	外形尺寸、位置	—	G2	G3
	预埋件	厚度、长度及宽度	—	G2	G3
	明挖回填	厚度、范围	—	G2	G3
	结构钢筋	直径、布置形式	—	G2	G3
明挖主体结构	墙	厚度、顶底标高	—	G2	G3
	板	厚度、范围	—	G2	G3
	梁	截面尺寸、标高	—	G2	G3
	柱	截面尺寸、顶底标高	—	G2	G3
	楼梯板	板厚及板与水平线夹角、踏步数量、踏步宽度及高度	—※	G2◎	G3
	腋角	宽度、高度	—	G2◎	G3

续上表

结构类型	结构构件	几何信息	LOD100	LOD200	LOD300
明挖主体结构	小孔洞	形状尺寸、位置	—	G2◎※	G3※
	大孔洞（设孔边梁）	形状尺寸、位置	—	G2※	G3※
	结构回填	厚度、范围	—	G2◎	G3
	预埋件	厚度、长度及宽度	—	—	G3※
	轨顶风道	截面尺寸、标高	—	—	G3※
	结构钢筋	直径、布置形式	—	G2◎	G3
暗挖结构	超前支护结构（超前导管/锚杆、超前管棚、超前注浆等）	结构形式、布置形式、布置范围、布置位置	—	G2	G3
	系统支护结构（锚杆、低预应力锚杆等）	结构形式、布置形式、布置范围、布置位置	—	G2	G3
	初支结构（喷混、格栅钢架、型钢钢架及其锁脚等）	厚度、布置形式	—	G2	G3
	二衬结构	截面尺寸、顶底标高	—	G2	G3
	PBA围护桩	桩直径、水平间距、长度、嵌固深度、桩顶标高、桩底标高	—	G2	G3
	PBA中桩（钢管柱）	直径、壁厚、水平间距、长度、嵌固深度、桩顶标高、桩底标高	—	G2	G3
	竖井圈梁	截面尺寸、井口尺寸、标高	—	G2◎	G3
	竖井初期支护	厚度、布置形式	—	G2◎	G3
	竖井井底垫层	厚度、范围	—	G2◎	G3
	竖井支撑	截面形式、角度、长度、水平及竖向间距	—	G2◎	G3
	转换节点（马头门等）	结构形式、外形尺寸	—	G2◎	G3
	结构钢筋	直径、布置形式	—	G2◎	G3
	暗挖回填	厚度、范围	—	G2◎	G3
	梁、板、柱等参见明挖主体结构				
盾构区间	盾构管片（标准环）	分块数、内径、宽度、厚度、外形尺寸	—	G2	G3
	盾构管片（特殊环）	分块数、内径、宽度、厚度、外形尺寸、楔形量	—	G2◎	G3
	钢垫圈	外形尺寸、厚度、个数	—	G2◎	G3
	后浇环梁	外形尺寸	—	G2◎	G3
	结构钢筋	直径、布置形式	—	G2◎	G3

注：1. 明挖法区间结构参照明挖车站的要求；
2. 盾构法附属结构参照矿山法要求；
3. “—”表示可不具备的信息；
4. “◎”表示宜具备的信息；
5. “※”表示应由相关专业提资，需地下结构专业表达的信息。

表 5.5.2—2 地下结构专业 BIM 模型构件非几何信息粒度等级表

结构类型	结构构件	非几何信息	LOD100	LOD200	LOD300
明挖围护结构	冠梁	结构材质、阶段化信息	—	G2	G3
	围护桩	结构材质、阶段化信息	—	G2	G3
	连续墙	结构材质、阶段化信息	—	G2	G3
	混凝土支撑	结构材质、阶段化信息	—	G2	G3
	钢支撑（含活络头）	结构材质、阶段化信息	—	G2	G3
	围檩	结构材质、型号、阶段化信息	—	G2	G3
	土钉	结构材质、阶段化信息	—	G2	G3
	锚索	结构材质、阶段化信息	—	G2	G3
	临时立柱	结构材质、阶段化信息	—	G2	G3
	临时立柱桩基	结构材质、阶段化信息	—	G2	G3
	立柱连系梁	结构材质、阶段化信息	—	G2	G3
	抗拔桩	结构材质、阶段化信息	—	G2	G3
	压顶梁	结构材质、阶段化信息	—	G2	G3
	挡墙	结构材质、阶段化信息	—	G2	G3
	坡面喷混凝土	结构材质、阶段化信息	—	G2	G3
	截水沟	结构材质、阶段化信息	—	G2	G3
	明挖垫层	结构材质、阶段化信息	—	G2	G3
	抗剪凳	结构材质、阶段化信息	—	G2	G3
	预埋件	结构材质、阶段化信息	—	—	G3
	明挖回填	结构材质、阶段化信息	—	G2	G3
	结构钢筋	结构材质、阶段化信息	—	G2	G3
明挖主体结构	墙	结构材质、阶段化信息	—	G2	G3
	板	结构材质、阶段化信息	—	G2	G3
	梁	结构材质、阶段化信息	—	G2	G3
	柱	结构材质、阶段化信息	—	G2	G3
	楼梯板	结构材质、阶段化信息	—	G2◎	G3
	腋角	结构材质、阶段化信息	—	G2◎	G3
	小孔洞	名称、属性、阶段化信息	—	G2◎	G3
	大孔洞（设孔边梁）	名称、阶段化信息	—	G2※	G3※
	结构回填	结构材质、阶段化信息	—	G2◎	G3
	预埋件	名称、属性、结构材质、阶段化信息	—	—	G3※

续上表

结构类型	结构构件	非几何信息	LOD100	LOD200	LOD300
明挖主体结构	轨顶风道	结构材质、阶段化信息	—	—	G3※
	结构钢筋	结构材质、阶段化信息	—	G2◎	G3
暗挖结构	超前支护结构（超前导管/锚杆、超前管棚、超前注浆等）	属性、结构材质、阶段化信息	—	G2	G3
	系统支护结构（锚杆、低预应力锚杆等）	属性、结构材质、阶段化信息	—	G2	G3
	初支结构（喷混、格栅钢架、型钢钢架及其锁脚等）	属性、结构材质、阶段化信息	—	G2	G3
	二衬结构	结构材质、阶段化信息	—	G2	G3
	PBA 围护桩	结构材质、阶段化信息	—	G2	G3
	PBA 中桩（钢管柱）	结构材质、阶段化信息	—	G2	G3
	竖井圈梁	结构材质、阶段化信息	—	G2◎	G3
	竖井初期支护	结构材质、阶段化信息	—	G2◎	G3
	竖井井底垫层	结构材质、阶段化信息	—	G2◎	G3
	竖井支撑	结构材质、阶段化信息	—	G2◎	G3
	转换节点（马头门等）	结构材质、阶段化信息	—	G2◎	G3
	结构钢筋	结构材质、阶段化信息	—	G2◎	G3
	暗挖回填	结构材质、阶段化信息	—	G2◎	G3
	梁、板、柱等参见明挖主体结构				
盾构区间	盾构管片（标准环）	结构材质、阶段化信息	—	G3	G3
	盾构管片（特殊环）	结构材质、阶段化信息	—	G2◎	G3
	钢垫圈	结构材质、阶段化信息	—	G2◎	G3
	后浇环梁	结构材质、阶段化信息	—	G2◎	G3
	结构钢筋	结构材质、阶段化信息	—	G2◎	G3

注：1. 明挖法区间结构参照明挖车站的要求；
2. 盾构法附属结构参照矿山法要求；
3. “—”表示可不具备的信息；
4. “◎”表示宜具备的信息；
5. “※”表示应由相关专业提资，需地下结构专业表达的信息。

5.6 地上结构专业

5.6.1 建模精度要求

表 5.6.1—1 高架车站专业 BIM 模型建模精度等级表

系统	建模精度	建模精度要求
梁	G1	如无明确等可视化要求，以二维图形方式表达
	G2	标高、平面位置等定位信息 截面形状、尺寸等几何信息 梁材质等非几何信息 梁、板、柱、墙脱开等构造信息
	G3	配筋和保护层厚度等配筋信息 预留预埋等配合信息 预留预埋等加强构造信息
	G4	由施工单位根据工程的实际状态，完善竣工模型
板	G1	如无明确等可视化要求，以二维图形方式表达
	G2	标高、平面位置等定位信息 厚度、平面轮廓等几何信息 板材质等非几何信息 梁、板、柱、墙脱开，板上加腋、斜板坡度等构造信息
	G3	配筋和保护层厚度等配筋信息 开洞、预留预埋等配合信息 开洞和预留预埋等加强构造信息
	G4	由施工单位根据工程的实际状态，完善竣工模型
柱	G1	如无明确等可视化要求，以二维图形方式表达
	G2	标高、平面位置等定位信息 截面形状、尺寸等几何信息 柱材质等非几何信息 梁、板、柱、墙脱开等构造信息
	G3	配筋和保护层厚度等配筋信息 预留预埋等配合信息 预留预埋等加强构造信息
	G4	由施工单位根据工程的实际状态，完善竣工模型
天桥	G1	如无明确等可视化要求，以二维图形方式表达
	G2	标高、平面位置等定位信息 梁宽、梁高、桩基、承台尺寸，支座型号、平面轮廓等几何信息 材质等非几何信息
	G3	配筋和保护层厚度等配筋信息 开洞、预留预埋等配合信息 开洞和预留预埋等加强构造信息。 与钢雨棚连接等细部节点信息
	G4	由施工单位根据工程的实际状态，完善竣工模型

续上表

系统	建模精度	建模精度要求
地下通道结构	G1	如无明确等可视化要求，以二维图形方式表达
	G2	标高、平面位置等定位信息 厚度、形状轮廓等几何信息 材质等非几何信息 楼梯、电梯、
	G3	配筋和保护层厚度等配筋信息 开洞、预留预埋等配合信息 开洞和预留预埋等加强构造信息 构件分段，沉降缝施工阶段化信息
	G4	由施工单位根据工程的实际状态，完善竣工模型

注：表中高一级的建模精度应包含低一级建模精度所有信息要求。区间桥梁结构主体包括：梁、盖梁、桥墩/桥台、承台、垫层、桩基。附属包括：支座及垫石、伸缩缝、防落梁、沉降观测标、防排水设施。

表 5.6.1—2 区间桥梁专业 BIM 模型建模精度等级表

系统	构件	建模精度	建模精度要求
主体结构	梁	G1	如无明确等可视化要求，以二维图形方式表达
		G2	截面形状、尺寸等几何信息 梁材质等非几何信息
		G3	预应力钢束、配筋和保护层厚度等配筋信息 预留预埋等配合信息 预留预埋等加强构造信息
		G4	由施工单位根据工程的实际状态，完善竣工模型
	桥墩/桥台	G1	如无明确等可视化要求，以二维图形方式表达
		G2	截面形状、尺寸等几何信息 梁材质等非几何信息
		G3	配筋和保护层厚度等配筋信息 预留预埋等配合信息 预留预埋等加强构造信息
		G4	由施工单位根据工程的实际状态，完善竣工模型
	承台	G1	如无明确等可视化要求，以二维图形方式表达
		G2	截面形状、尺寸等几何信息 梁材质等非几何信息
		G3	配筋和保护层厚度等配筋信息 预留预埋等配合信息 预留预埋等加强构造信息
		G4	由施工单位根据工程的实际状态，完善竣工模型
	垫层	G1	如无明确等可视化要求，以二维图形方式表达
		G2	截面形状、尺寸等几何信息 梁材质等非几何信息
		G3	配筋和保护层厚度等配筋信息
		G4	由施工单位根据工程的实际状态，完善竣工模型

续上表

系统	构件	建模精度	建模精度要求
主体结构	桩基	G1	如无明确等可视化要求，以二维图形方式表达
		G2	截面形状、尺寸等几何信息 梁材质等非几何信息
		G3	配筋和保护层厚度等配筋信息
		G4	由施工单位根据工程的实际状态，完善竣工模型
附属结构	支座	G1	如无明确等可视化要求，以二维图形方式表达
		G2	标高、平面位置等定位信息 外形尺寸、平面轮廓等几何信息 材质等非几何信息
		G3	类型、吨位
		G4	由施工单位根据工程的实际状态，完善竣工模型
	垫石	G1	如无明确等可视化要求，以二维图形方式表达
		G2	标高、平面位置等定位信息 外形尺寸、平面轮廓等几何信息 材质等非几何信息
		G3	钢筋布置信息
		G4	由施工单位根据工程的实际状态，完善竣工模型
	伸缩缝	G1	如无明确等可视化要求，以二维图形方式表达
		G2	截面形状、尺寸等几何信息 材质等非几何信息
		G3	宽度、位移量 预留预埋等加强构造信息
		G4	由施工单位根据工程的实际状态，完善竣工模型
	防落梁	G1	如无明确等可视化要求，以二维图形方式表达
		G2	标高、平面位置等定位信息 厚度、形状轮廓等几何信息 材质等非几何信息
		G3	类型
		G4	由施工单位根据工程的实际状态，完善竣工模型
	排水管	G1	如无明确等可视化要求，以二维图形方式表达
		G2	截面形状、尺寸等几何信息 材质等非几何信息
		G3	集水斗、弯曲段及地面散水大样
		G4	由施工单位根据工程的实际状态，完善竣工模型
	预埋件	G1	如无明确等可视化要求，以二维图形方式表达
		G2	截面形状、尺寸等几何信息 材质等非几何信息
		G3	预留预埋及连接方式
		G4	由施工单位根据工程的实际状态，完善竣工模型

注：表中高一级的建模精度应包含低一级建模精度所有信息要求。

5.6.2 模型深度

高架车站专业模型的组成包括：

1. 主体结构：指主要承受客流、设备、钢雨棚及建筑房间重量的构件；构件的空间位置除满足地面交通安全距离要求外，其余位置均应由相关功能专业确定。

2. 天桥：路中高架车站实现实现地面过街道的结构。

3. 地下通道：路侧高架车站实现过街功能的结构。

高架车站专业模型信息粒度的几何信息和非几何信息，应符合下列表中的规定。

表 5.6.2—1 高架车站结构专业 BIM 模型构件几何信息粒度等级表

结构类型	结构构件	几何信息	LOD100	LOD200	LOD300
车站主体结构	墙	厚度、顶底标高	—	G2	G3
	板	厚度、范围	—	G2	G3
	梁	截面尺寸、标高	—	G2	G3
	柱	截面尺寸、顶底标高	—	G2	G3
	楼梯板	板厚及板与水平线夹角、踏步数量、踏步宽度及高度	—※	G2◎	G3
	腋角	宽度、高度	—	G2◎	G3
	小孔洞	形状尺寸、位置	—	G2◎※	G3※
	大孔洞（设孔边梁）	形状尺寸、位置	—	G2※	G3※
	结构回填	厚度、范围	—	G2◎	G3
	预埋件	厚度、长度及宽度	—	—	G3※
	结构钢筋	直径、布置形式	—	G2◎	G3
天桥	桩基、承台、桥墩	结构尺寸、顶底标高	—	G2	G3
	钢主梁	主梁高、宽及顶底标高	—	G2	G3
	钢梁节点、焊接大样	节点尺寸、焊接尺寸	—	G2◎	G3
	雨棚预埋件	厚度、范围	—	—	G3※
	小孔洞	形状尺寸、位置	—	G2◎※	G3※
	大孔洞（设加劲肋）	形状尺寸、位置	—	G2◎※	G3※
	管道支架	形状尺寸、位置	—	G2◎※	G3※
	支座	支座尺寸、位置	—	G2◎※	G3※
	结构钢筋	直径、布置形式	—	G2◎	G3
地下通道	主体结构	结构尺寸、标高	—	G2	G3
	板	厚度、范围	—	G2	G3
	梁	截面尺寸、标高	—	G2	G3
	柱	截面尺寸、顶底标高	—	G2	G3
	结构钢筋	直径、布置形式	—	G2◎	G3
	楼梯板	板厚及板与水平线夹角、踏步数量、踏步宽度及高度	—※	G2◎	G3

续上表

结构类型	结构构件	几何信息	LOD100	LOD200	LOD300
地下通道	腋角	宽度、高度	—	G2◎	G3
	小孔洞	形状尺寸、位置	—	G2◎※	G3※
	大孔洞	厚度、范围	—	G2◎	G3
	预埋件	厚度、长度及宽度	—	—	G3※
	结构钢筋	直径、布置形式	—	G2◎	G3

注：1.“—”表示可不具备的信息；

2.“◎”表示宜具备的信息；

3.“※”表示应由相关专业提资，需高架车站结构专业表达的信息。

表 5.6.2—2　高架车站结构专业 BIM 模型构件非几何信息粒度等级表

结构类型	结构构件	非几何信息	LOD100	LOD200	LOD300
车站主体结构	墙	结构材质、阶段化信息	—	G2	G3
	板	结构材质、阶段化信息	—	G2	G3
	梁	结构材质、阶段化信息	—	G2	G3
	柱	结构材质、阶段化信息	—	G2	G3
	楼梯板	结构材质、阶段化信息	—	G2◎	G3
	腋角	结构材质、阶段化信息	—	G2◎	G3
	小孔洞	名称、属性、阶段化信息	—	G2◎	G3
	大孔洞（设孔边梁）	名称、阶段化信息	—	G2※	G3※
	结构回填	结构材质、阶段化信息	—	G2◎	G3
	预埋件	名称、属性、结构材质、阶段化信息	—	—	G3※
	结构钢筋	结构材质、阶段化信息	—	—	G3※
天桥	桩基、承台、桥墩	属性、结构材质、阶段化信息	—	G2	G3
	钢主梁	属性、结构材质、阶段化信息	—	G2	G3
	钢梁节点、焊接大样	结构材质、阶段化信息	—	G2	G3
	雨棚预埋件	结构材质、阶段化信息	—	G2	G3
	小孔洞	结构材质、阶段化信息	—	G2	G3
	大孔洞（设加劲肋）	结构材质、阶段化信息	—	G2	G3
	管道支架	结构材质、阶段化信息	—	G2◎	G3
	支座	结构材质、阶段化信息	—	G2◎	G3
	结构钢筋	结构材质、阶段化信息	—	G2◎	G3
地下通道	主体结构	结构材质、阶段化信息	—	G3	G3
	板	结构材质、阶段化信息	—	G2◎	G3
	梁	结构材质、阶段化信息	—	G2◎	G3
	柱	结构材质、阶段化信息	—	G2◎	G3
	结构钢筋	结构材质、阶段化信息	—	G2◎	G3

续上表

结构类型	结构构件	非几何信息	LOD100	LOD200	LOD300
地下通道	楼梯板	结构材质、阶段化信息	—	G2◎	G3
	腋角	结构材质、阶段化信息	—	G2◎	G3
	小孔洞	名称、属性、阶段化信息	—	G2◎	G3
	大孔洞	名称、阶段化信息	—	G2※	G3※
	预埋件	厚度、长度及宽度	—	—	G3※
	结构钢筋	直径、布置形式	—	G2◎	G3

注：1. “—”表示可不具备的信息；
2. “◎”表示宜具备的信息；
3. “※”表示应由相关专业提资，需地下结构专业表达的信息。

区间桥梁专业模型的组成包括：

1. 主体结构：梁、盖梁、桥墩/桥台、承台、垫层、桩基；
2. 附属结构：支座及垫石、伸缩缝、防落梁、防排水设施。

区间桥梁专业模型信息粒度的几何信息和非几何信息，应符合下列表中的规定。

表 5.6.2—3 区间桥梁专业 BIM 模型构件几何信息粒度等级表

结构类型	结构构件	几何信息	LOD100	LOD200	LOD300
区间主体结构及附属	梁	结构尺寸、顶底标高	—	G2	G3
	桥墩/桥台	结构尺寸、顶底标高	—	G2	G3
	盖梁	结构尺寸、顶底标高	—	G2	G3
	承台	结构尺寸、顶底标高	—	G2	G3
	垫层	结构尺寸、顶底标高	—	G2	G3
	桩基	结构尺寸、顶底标高	—	G2	G3
	支座	结构尺寸、顶底标高	—	G2◎	G3
	垫石	结构尺寸、顶底标高	—	G2	G3
	伸缩缝	结构尺寸	—	G2◎	G3
	防落梁	结构尺寸	—	G2◎	G3
	排水管	结构尺寸	—	G2◎	G3
	沉降观测标	结构尺寸	—	G2◎	G3

注：1. “—”表示可不具备的信息；
2. “◎”表示宜具备的信息；
3. “※”表示应由相关专业提资，需高架车站结构专业表达的信息。

表 5.6.2—4 区间桥梁结构专业 BIM 模型构件非几何信息粒度等级表

结构类型	结构构件	非几何信息	LOD100	LOD200	LOD300
区间主体结构及附属	梁	名称、材质及强度等级、配筋信息	—	G2	G3
	桥墩/桥台	名称、材质及强度等级、配筋信息	—	G2	G3
	盖梁	名称、材质及强度等级、配筋信息	—	G2	G3
	承台	名称、材质及强度等级、配筋信息	—	G2	G3
	垫层	名称、材质及强度等级、配筋信息	—	G2	G3

续上表

结构类型	结构构件	非几何信息	LOD100	LOD200	LOD300
区间主体结构及附属	桩基	名称、材质及强度等级、配筋信息	—	G2	G3
	支座	类型、吨位	—	G2	G3
	垫石	名称、材质及强度等级、配筋信息	—	G2	G3
	伸缩缝	伸缩量	—	G2	G3
	防落梁	材料、型号	—	G2◎	G3
	排水管	结构材料	—	G2◎	G3
	沉降观测标	结构材料	—	G2	G3

注：1."—"表示可不具备的信息；
2."◎"表示宜具备的信息；
3."※"表示应由相关专业提资，需地下结构专业表达的信息。

5.7 钢结构专业

以下内容主要针对车站钢罩棚结构编制。

5.7.1 建模精度要求

表 5.7.1 钢结构专业的建模精度等级

系统	建模精度	建模精度要求
主结构	G1	—
	G2	●杆件的几何定位、截面法线方向正确 ●对弯扭杆件采用特殊标识 ●杆件截面外轮廓尺寸(直径或者宽度×高度)正确。
	G3	●杆件的几何定位、截面法线方向正确 ●正确表达弯扭杆件 ●杆件截面几何尺寸(含壁厚)正确 ●截面属性正确：钢材的强度等级、质量等级 ●宜表达涂装
	G4	●杆件的几何定位、截面法线方向正确 ●正确表达弯扭杆件 ●杆件截面几何尺寸(含壁厚)正确 ●材质正确：钢材的强度等级、质量等级、制作方法(轧制、冷弯、焊接) ●表达防火涂料
围护结构	G1	—
	G2	●宜表达由本单位设计的围护结构杆件，如檩条、幕墙支撑体系
	G3	●表达由本单位设计的围护结构杆件，如檩条、幕墙支撑体系
	G4	●表达由本单位设计的围护结构杆件，如檩条、幕墙支撑体系。
节点构造	G1	—
	G2	●宜表达钢结构与车站主体结构或者基础的连接节点 ●宜表达钢结构与屏蔽门系统的连接节点 ●宜表达钢结构与幕墙系统的连接节点

续上表

系统	建模精度	建模精度要求
节点构造	G3	●表达钢结构与车站主体结构或基础的连接节点 ●表达钢结构与屏蔽门系统的连接节点 ●表达钢结构与幕墙系统的连接节点
	G4	●表达钢结构杆件之间、钢结构与其他专业间的全部连接节点

5.7.2 模型深度

表 5.7.2—1 钢结构专业 BIM 模型几何信息深度表

序号	类型	要素	几何信息			
			信息内容	LOD100	LOD200	LOD300
1	杆件	普通杆件	几何定位、截面法线方向		G2	G3
		弯扭杆件	几何定位、截面法线方向			G3
2	截面	外轮廓尺寸	直径或者宽度×高度		G2	G3
		板件	板厚			G3
3	节点	节点大样	钢结构与车站主体或基础的连接节点		G2	G3
		节点大样	钢结构与屏蔽门系统的连接节点			G3
		节点大样	钢结构与幕墙系统的连接节点			G3

表 5.7.2—2 钢结构专业 BIM 模型非几何信息深度表

序号	类型	要素	非几何信息			
			信息内容	LOD100	LOD200	LOD300
1	截面	钢材等级属性	强度等级、质量等级		G2	G3
		制作方法	轧制、冷弯、焊接			G3
2	涂装	防火涂料	涂装部位			G3(宜)

5.8 人防专业

5.8.1 建模精度要求

表 5.8.1 人防的建模精度等级

系统	建模精度	建模精度要求
人防门系统	G1	—
	G2	●在"类型"属性中应区分防护密闭门和密闭门 ●人防门的高度、位置、尺寸等几何信息明确 ●人防门的材质、用途、门扇类型、型号和抗力等级等非几何信息明确 ●伪装门的尺寸、位置信息明确
	G3	●在"类型"属性中应区分人防门的细致分类，如钢结构双扇防护密闭门等 ●应准确定位人防预埋构件空间位置以及几何尺寸 ●预埋吊环荷载、位置信息明确 ●人防门框墙穿孔信息明确
	G4	●人防门平时与战时转换细节动画展示 ●人防门渲染颜色

续上表

系统	建模精度	建模精度要求
集中信号显示系统	G1	—
	G2	●人防集中信号显示系统设备几何、位置信息明确 ●设备材质、数量、型号信息明确
	G3	●设备电缆走向、尺寸位置信息明确，穿孔信息明确 ●电缆桥架位置信息明确
	G4	●人防信号系统平时、战时功能应用

5.8.2 模型深度

表 5.8.2—1 人防专业 BIM 模型几何信息深度表

序号	类型	要素	几何信息			
			信息内容	LOD100	LOD200	LOD300
1	人防门	防护密闭门	门的几何轮廓、安装位置、尺寸、编号		G2	G3
		密闭门	门的几何轮廓、尺寸、编号”		G2	G3
2	防护密闭封堵板	封堵板本身	外形尺寸、安装位置、设备数量		G2	G3
3	伪装门	伪装门本身	外形尺寸、安装位置、设备数量			G3
4	排水沟闸板	闸板本身	外形尺寸、安装位置、设备数量			G3
5	人防吊钩	吊钩本身	几何轮廓、尺寸			G3
6	人防信号箱	信号箱本身	几何轮廓、尺寸			G3
7	人防集中信号显示系统	双电源自助转换开关	几何轮廓、尺寸			G3
		人防集中信号显示台	几何轮廓、尺寸			G3
		接地端子箱	几何轮廓、尺寸			G3
		电缆桥架	几何轮廓、尺寸			G3
		电缆	几何轮廓、尺寸			G3

表 5.8.2—2 人防专业 BIM 模型非几何信息深度表

序号	类型	要素	非几何信息			
			信息内容	LOD100	LOD200	LOD300
1	人防门	防护密闭门	材质、抗力等级、防护性能		G2	G3
		密闭门	材质、抗力等级、防护性能		G2	G3
2	防护密闭封堵板	封堵板本身	材质、抗力等级、防护性能		G2	G3
3	伪装门	伪装门本身	材质			G3
4	排水沟闸板	闸板本身	材质、抗力等级		G2	G3
5	人防吊钩	吊钩本身	荷载			G3
6	人防信号箱	信号箱本身	材质、功率			G3
7	人防集中信号显示系统	双电源自助转换开关	材质、容量			G3
		人防集中信号显示台	型号			G3
		接地端子箱	材质			G3
		电缆桥架	材质、型号			G3
		电缆	材质、型号			G3

5.9 防水专业

5.9.1 建模精度要求

表 5.9.1 防水专业 BIM 模型建模精度等级表

系统	建模精度	建模精度要求
防水层	G1	方案叙述
	G2	方案叙述 表达防水层、厚度要求、布置位置
	G3	方案叙述 表达防水层、厚度要求、布置位置 施工工艺要求、材料要求、施工步序
	G4	由施工单位根据工程的实际状态，完善竣工模型
各类接缝防水构造	G1	方案叙述
	G2	方案叙述 表达防水层、厚度要求、布置位置
	G3	方案叙述 表达防水层、厚度要求、布置位置 施工工艺要求、材料要求、施工步序
	G4	由施工单位根据工程的实际状态，完善竣工模型

注：表中高一级的建模精度应包含低一级建模精度所有信息要求。

5.9.2 模型深度

地下结构防水专业模型的组成包括：

结构防水：指主要承受地下岩土水荷载，保护地下建构筑物内部安全稳定的构件的外包防水、接缝防水。

防水专业模型信息粒度的几何信息和非几何信息，应符合下列表中的规定。

表 5.9.2—1 防水专业 BIM 模型构件几何信息粒度等级表

结构类型	结构构件	几何信息	LOD100	LOD200	LOD300
防水层	外包防水层	设置位置及定位	G1	G2	G3
	防水加强层	设置位置及定位、宽度	G1	G2	G3
	隔离层	设置位置及定位	G1	G2	G3
	根阻层	设置位置及定位	G1	G2	G3
	细石混凝土保护层	设置位置及定位	G1	G2	G3
各类接缝防水构造	止水胶	设置位置及定位	G1	G2	G3
	止水条	设置位置及定位	G1	G2	G3
	注浆管	设置位置及定位	G1	G2	G3
	中埋止水带	设置位置及定位	G1	G2	G3
	水泥基渗透结晶型涂料	设置位置及定位	G1	G2	G3
	密封胶	设置位置及定位	G1	G2	G3
	接水盒	设置位置及定位	G1	G2	G3

续上表

结构类型	结构构件	几何信息	LOD100	LOD200	LOD300
盾构区间	盾构管片密封垫	设置位置及定位	G1	G2	G3
	盾构管片传力衬垫	设置位置及定位	G1	G2	G3
	嵌缝	设置位置及定位	G1	G2	G3
	手孔封堵	设置位置及定位	G1	G2	G3
	盾构环梁止水胶	设置位置及定位	G1	G2	G3
	盾构环梁注浆管	设置位置及定位	G1	G2	G3

表 5.9.2—2　地下结构专业 BIM 模型构件非几何信息粒度等级表

结构类型	结构构件	非几何信息	LOD100	LOD200	LOD300
防水层	外包防水层	材质及厚度、施工工艺	G1	G2	G3
	防水加强层	材质及厚度、施工工艺	G1	G2	G3
	隔离层	材质及厚度、施工工艺	G1	G2	G3
	根阻层	材质及厚度、施工工艺	G1	G2	G3
	细石混凝土保护层	材质及标号、厚度	G1	G2	G3
各类接缝防水构造	止水胶	材质及宽度、厚度、施工工艺	G1	G2	G3
	止水条	材质及宽度、厚度、施工工艺	G1	G2	G3
	注浆管	材质、施工工艺	G1	G2	G3
	中埋止水带	材质及宽度、厚度、施工工艺	G1	G2	G3
	水泥基渗透结晶型涂料	材质及用量、施工工艺	G1	G2	G3
	密封胶	材质及施工工艺	G1	G2	G3
	接水盒	材质及宽度、施工工艺	G1	G2	G3
盾构区间	盾构管片密封垫	材质及尺寸、施工工艺	G1	G2	G3
	盾构管片传力衬垫	材质及尺寸、施工工艺	G1	G2	G3
	嵌缝	材质、施工工艺	G1	G2	G3
	手孔封堵	材质、施工工艺	G1	G2	G3
	盾构环梁止水胶	材质及宽度、厚度、施工工艺	G1	G2	G3
	盾构环梁注浆管	材质、施工工艺	G1	G2	G3

5.10　通风空调专业

5.10.1　建模精度要求

表 5.10.1　暖通建模精度要求

类型	要素	建模精度	建模精度要求
风管	风管	G1	—
		G2	●在风管族类型中，定义风管类型 ●在系统类型中，定义风管系统 ●风管系统在三维视图中的颜色设置 ●管道起终点位置 ●风管的尺寸

续上表

类型	要素	建模精度	建模精度要求
风管	风管	G3	●在风管族类型中，定义风管类型 ●在系统类型中，定义风管系统 ●风管系统在三维视图中的颜色设置 ●管道起终点位置 ●风管的尺寸 ●风管标高 ●风管平面的定位尺寸 ●风管的材质 ●管道接口形式
		G4	●在风管族类型中，定义风管类型 ●在系统类型中，定义风管系统 ●风管系统在三维视图中的颜色设置 ●管道起终点位置 ●风管的尺寸 ●风管标高 ●风管平面的定位尺寸 ●风管的材质 ●风管保温层厚度 ●风管壁厚 ●风管的防火防腐做法 ●厂家信息
风管附件	弯头、变径、三通、四通等各类风管管件、阀门	G1	—
		G2	●管件安装位置 ●管件几何轮廓 ●管件所属系统
		G3	●管件安装位置 ●管件几何轮廓 ●管件所属系统 ●管件规格
		G4	●管件安装位置 ●管件几何轮廓 ●管件所属系统 ●管件规格 ●管件公称压力 ●管件材质 ●管件厂家
风口末端	风口	G1	—
		G2	●风口类型 ●风口位置 ●风口标高 ●风口所属系统
		G3	●风口类型 ●风口位置 ●风口标高 ●风口所属系统 ●风口风量

续上表

类型	要素	建模精度	建模精度要求
风口末端	风口	G4	●风口类型 ●风口位置 ●风口标高 ●风口所属系统 ●风口风量 ●风口所属房间 ●厂家信息
管道	冷冻水供回水管、冷媒管、冷凝管	G1	—
		G2	●在管道族类型中，定义管道类型 ●在系统类型中，定义管道系统 ●管道系统在三维视图的颜色设置 ●管道起终点位置
		G3	●在管道族类型中，定义管道类型 ●在系统类型中，定义管道系统 ●管道系统在三维视图的颜色设置 ●管道起终点位置 ●管道标高 ●冷凝水管管道坡度 ●管道平面位置定位 ●管道材质 ●管道接口形式
		G4	●在管道族类型中，定义管道类型 ●在系统类型中，定义管道系统 ●管道系统在三维视图的颜色设置 ●管道起终点位置 ●管道标高 ●重力流管道坡度 ●管道平面位置定位 ●管道材质 ●公称压力 ●管道接口形式 ●管道防腐做法 ●管道壁厚 ●管道保温层 ●管道厂家
管件、附件	弯头、变径、三通、四通等各类管件、阀门	G1	—
		G2	●管件安装位置 ●管件几何轮廓 ●管件所属系统
		G3	●管件安装位置 ●管件几何轮廓 ●管件所属系统 ●管件规格
		G4	●管件安装位置 ●管件几何轮廓 ●管件所属系统 ●管件规格 ●管件公称压力 ●管件材质 ●管件厂家

续上表

类型	要素	建模精度	建模精度要求
水泵	水泵	G1	—
		G2	●水泵外形尺寸、安装位置
		G3	●水泵外形尺寸、安装位置 ●水泵规格、流量、扬程、功率 ●水泵用电负荷 ●水泵基础
		G4	●水泵外形尺寸、安装位置 ●水泵规格、流量、扬程、功率 ●水泵用电负荷 ●水泵基础 ●水泵转速 ●泵体材质 ●水泵厂家
冷冻水系统设备	定压装置、净化器等水系统设备	G1	—
		G2	●外形尺寸、安装位置
		G3	●外形尺寸、安装位置 ●设备基础 ●排水沟等(若有)
		G4	●外形尺寸、安装位置 ●设备基础 ●排水沟等(若有) ●设备安装位置 ●设备保温、防腐措施 ●设备厂家
计量仪表	水表、温度计、流量计、压力表、液位计等	G1	—
		G2	●仪表安装位置 ●仪表几何轮廓 ●仪表所属系统
		G3	●仪表安装位置 ●仪表几何轮廓 ●仪表所属系统 ●仪表规格 ●仪表公称压力
		G4	●仪表安装位置 ●仪表几何轮廓 ●仪表所属系统 ●仪表规格 ●仪表公称压力 ●仪表材质 ●仪表厂家
主要设备	组合空调箱、冷水机组、多联机室内外机、暖风机、风机盘管、结构式消声器、	G1	—
		G2	●设备安装位置 ●设备外形尺寸(图例)
		G3	●设备安装位置 ●设备外形尺寸 ●设备所属系统 ●设备标高

续上表

类型	要素	建模精度	建模精度要求
主要设备	大型风机(TVF风机)、补风机、排烟风机等	G4	●设备安装位置 ●设备外形尺寸 ●设备所属系统 ●设备标高 ●设备安装信息 ●设备功率(除消声器)、风量(风机)等 ●设备材质、公称压力 ●设备厂家
设备机房	基础及排水沟	G1	—
		G2	—
		G3	●机房位置、尺寸 ●机房排水沟位置、尺寸、坡度 ●机房预埋件位置、荷载 ●机房设备基础荷载、减震、做法
		G4	●机房位置、尺寸 ●机房排水沟位置、尺寸、坡度 ●机房预埋件位置、荷载 ●机房设备基础荷载、减震、做法 ●机房的噪声限值,消声处理信息、气瓶间承压信息

5.10.2 模型深度

暖通专业模型内构件的精度在不同阶段应当参照下表。

表 5.10.2—1 暖通空调专业 BIM 模型几何信息深度表

序号	类型	要素	几何信息			
			信息内容	LOD100	LOD200	LOD300
1	主要设备	组合空调箱(大、小系统)	中心标高、尺寸、位置、几何轮廓(图例)、出风口方向及出风口尺寸		G2	G3
		冷水机组	外形尺寸、安装位置		G2	G3
		结构式消声器	结构消声器的外形尺寸,安装位置		G2	G3
		风机盘管	安装位置;连接风口的尺寸及位置		G2	G3
		大型轴流风机—落地安装(TVF事故风机)、轴流风机—吊装(送排风机)、射流风机	中心标高、尺寸、位置、几何轮廓		G2	G3
		排烟风机、补风机	中心标高、尺寸、位置、几何轮廓		G2	G3
		多联机室内机、室外机	中心标高、尺寸、位置、几何轮廓(图例)		G2	G3
		清洗水池	水池的外形尺寸			G3※
2	风系统管线	风管	截面类型、标高、尺寸、起点位置、终点位置		G2	G3

续上表

序号	类型	要素	几何信息			
			信息内容	LOD100	LOD200	LOD300
3	风管附件	弯头、三通、四通、接口、变径、软连接、乙字弯	中心标高、管件各方向的接管尺寸、位置、几何轮廓、保温厚度(同所属风管)		G2	G3
		管道消声器	消声器的安装位置,长度信息		G2	G3
		安装在结构风道风阀(组合风量风阀)	外形尺寸及安装位置;执行器方向		G2	G3
		各类阀门:手动/电动防烟防火阀、手动/电动排烟防火阀、电动风量调节阀、手动风阀、余压阀	中心标高(同所属风管)、尺寸、位置、几何轮廓(图例)		G2	G3
4	风管末端	双侧百叶送风口、单层百叶排风口、远控常闭式排烟口、排烟风口	中心标高、尺寸、位置、几何轮廓		G2	G3
5	管道	冷冻水供回水管、冷却水供回水管、冷凝水、补水管、溢水管	中心标高、起点位置、终点位置、管道外径、保温层厚度		G2	G3
		冷媒管	中心标高、起点位置、终点位置、管道外径、保温层厚度		G2	G3
		分歧管	位置		G2	G3
6	管件	弯头、变径、三通、四通等各类管件、阀门	安装位置(示意)		G2	G3
		软管、软接头、套管、挠性软接头	位置		G2	G3
		浮球阀、蝶阀、电动二通阀、电动蝶阀、排气阀、压差旁通阀、波纹补偿器	位置		G2	G3
7	水泵	水泵	外形尺寸、安装位置、		G2	G3
8	计量仪表	水表、温度计、流量计、压力表等	安装位置、外形(图例)、标高		G2	G3
9	水系统其他主要设备	定压罐、补水箱等	尺寸、位置、几何轮廓(图例)		G2	G3
		分、集水器	设备的外形尺寸,安装位置信息,设备的开孔位置及尺寸		G2	G3
		水处理装置、Y型过滤器、	外形尺寸(图例或示意)、安装位置		G2	G3
10	多联机系统	室内机、室外机	中心标高、尺寸、位置、几何轮廓(图例)		G2	G3
		冷媒管	中心标高、起点位置、终点位置、管道外径、保温层厚度		G2	G3
		分歧管	位置		G2	G3
11	设备机房	孔洞	尺寸		G2※	G3※
		设备基础	基础的轮廓尺寸、定位信息;			G3※
			预埋件的轮廓、尺寸、定位信息			
		排水沟	排水沟轮廓、长宽高尺寸、定位尺寸			G3※

续上表

序号	类型	要　素	几何信息			
			信息内容	LOD100	LOD200	LOD300
12	空间	房间	封闭的房间		G2※	G3※
		空间	包含天花板、墙等封闭的空间		G2※	G3※
13	链接内容	暖通专业模型表达、模型出图所需的土建专业模型	详见界面接口		G2※	G3※

注：模式深度带※的，如G3※，表示建筑专业建模内容应包含此内容，但由相关专业提供。

设备基础等相关内容由暖通专业提资位置及形式，最终模型引用土建模型；

排水沟相关内容由暖通专业提资位置及形式，最终模型引用土建模型；

表 5.10.2—2　暖通非几何信息表

序号	类型	要素	非几何信息			
			信息内容	LOD100	LOD200	LOD300
1	总图	轮廓线	车站主要特征信息（车站总建筑面积、主体建筑面积、附属面积、长宽、埋深、出入口风亭数量、标高等等）		G2※	G3※
2	模型基本信息	轴网				
		标高				
3	轨顶轨底风道	风口	风口材质			G3
4	风管	风管保温及封堵	保温材质			G2
5	空间	楼层、房间	名称		G2※	G3※

注：带孔洞的轨顶轨底风道相关模型最终引用土建模型提资。

暖通专业需要形成初步设计和施工图设计的项目样板文件，其中项目样板项目样板文件是项目建模的基础资源。暖通专业的项目样板文件含：

a. 专业的族及其相关参数设置；

b. 该专业项目单位、项目线型、图案样式、尺寸样式、专业配色设置等；

c. 视图样板；

d. 浏览器组织；

e. 部分过滤器设置。

5.11　给排水及消防专业

5.11.1　建模精度要求

表 5.11.1　给排水专业建模精度要求

系统	所含内容	建模精度	建模精度要求
管道	压力流管道、重力流管道	G1	—
		G2	●在系统类型中，定义管道系统 ●管道系统颜色设置 ●管道起终点位置 ●管道规格

续上表

系统	所含内容	建模精度	建模精度要求
管道	压力流管道、重力流管道	G3	●在系统类型中，定义管道系统 ●管道系统颜色设置 ●管道起终点位置 ●管道规格 ●管道标高 ●重力流管道坡度 ●管道平面位置定位 ●管道材质 ●公称压力 ●管道接口形式
		G4	●在系统类型中，定义管道系统 ●管道系统颜色设置 ●管道起终点位置 ●管道规格 ●管道标高 ●重力流管道坡度 ●管道平面位置定位 ●管道材质 ●公称压力 ●管道接口形式 ●管道防腐做法 ●管道壁厚 ●管道保温层 ●管道厂家。
管件、附件	弯头、变径、三通、四通等各类管件、阀门	G1	—
		G2	●管件安装位置 ●管件几何轮廓 ●管件所属系统
		G3	●管件安装位置 ●管件几何轮廓 ●管件所属系统 ●管件规格
		G4	●管件安装位置 ●管件几何轮廓 ●管件所属系统 ●管件规格 ●管件公称压力 ●管件材质 ●管件厂家
水泵	潜水泵、立式泵、卧式泵、管道泵、气压罐、污水密闭提升装置、无负压变频一体化给水设备	G1	—
		G2	●水泵外形尺寸、安装位置 ●水泵规格、流量、扬程、功率 ●水泵用电负荷
		G3	●水泵外形尺寸、安装位置 ●水泵规格、流量、扬程、功率 ●水泵用电负荷 ●水泵吸水口，排水口位置 ●水泵转速

续上表

系统	所含内容	建模精度	建模精度要求
		G4	●水泵外形尺寸、安装位置 ●水泵规格、流量、扬程、功率 ●水泵用电负荷 ●水泵吸水口，排水口位置 ●水泵转速 ●泵体材质 ●水泵厂家
水池(箱)	水池、水箱	G1	—
		G2	●水池(箱)所属系统 ●水池(箱)有效容积 ●水池(箱)规格、材质 ●水池(箱)安装位置
		G3	●水池(箱)所属系统 ●水池(箱)有效容积 ●水池(箱)规格、材质 ●水池(箱)安装位置 ●水池(箱)检修人孔位置、尺寸 ●水池(箱)通气管、泄水管、溢流管位置、规格
		G4	●水池(箱)所属系统 ●水池(箱)有效容积 ●水池(箱)规格、材质 ●水池(箱)安装位置 ●水池(箱)检修人孔位置、尺寸 ●水池(箱)通气管、泄水管、溢流管位置、规格 ●水池(箱)保温、防腐措施 ●水池(箱)厂家
计量仪表	水表、温度计、流量计、压力表、液位计等	G1	—
		G2	●仪表安装位置 ●仪表几何轮廓 ●仪表所属系统
		G3	●仪表安装位置 ●仪表几何轮廓 ●仪表所属系统 ●仪表规格 ●仪表公称压力
		G4	●仪表安装位置 ●仪表几何轮廓 ●仪表所属系统 ●仪表规格 ●仪表公称压力 ●仪表材质 ●仪表厂家
其他主要设备	消火栓箱、消火栓头、水龙带箱、移动灭火器箱、水处理装置、Y 型过滤器、倒流防止器、电热水器、	G1	—
		G2	●设备所属系统 ●设备安装位置 ●设备外形尺寸 ●设备数量、类型

续上表

系统	所含内容	建模精度	建模精度要求
其他主要设备	电开水器、气灭喷嘴、气灭减压装置、水喷淋喷头、驱动气瓶组、灭火剂瓶组	G3	●设备所属系统 ●设备安装位置 ●设备外形尺寸 ●设备数量、类型 ●设备材质、公称压力
		G4	●设备所属系统 ●设备安装位置 ●设备外形尺寸 ●设备数量、类型 ●设备材质、公称压力 ●设备厂家
卫生洁具	大便器、小便器、洗面器、拖布池	G1	—
		G2	—
		G3	●洁具给水形式
		G4	●洁具给水形式

5.11.2 模型深度

给排水专业可系统建模，建模精度建议以下列内容为准。

消火栓给水系统：消防水池、消防泵、稳压泵、稳压罐、管道、管件、阀门（闸阀、蝶阀等）、管道（过滤器、橡胶接头等）、仪表（电接点压力表、真空压力表等）、消火栓箱、消防器材箱等；

自动喷水灭火系统：消防水池、喷淋泵、稳压泵、稳压罐、湿式报警阀、管道、管件、阀门（试水阀、信号阀等）、管道附件（水流指示器、水力警铃等）、仪表（电接点压力表、真空压力表等）、喷头等；

气体灭火系统：钢瓶、钢瓶架、管道、管件、阀门（瓶头阀、安全阀等）、附件（启动器等）、仪表（压力开关、测压表等）、气灭喷头等；

生产、生活给水系统：水箱、给水设备（无负压变频给水设备等）、管道、管件、阀门（闸阀、截止阀等）、管道附件（套管、不锈钢软管等）、给水附件（水龙头等）、冲洗水栓箱、开水器、仪表（水表等）等；

重力流排水系统：管道、管件、排水附件（地漏、清扫口等）等；

压力废水系统：废水泵、管道、管件、阀门（止回阀、闸阀等）、管道附件（软接头等）、仪表（压力表等）等；

压力污水系统：污水密闭提示装置（污水泵）、管道、管件、阀门（止回阀、闸阀等）、管道附件（软接头等）、仪表（压力表等）等；

压力雨水系统：雨水泵、管道、管件、阀门（止回阀、闸阀等）、管道附件（软接头等）、仪表（压力表等）等；

通气管系统：管道、管件、阀门、管道附件（通气帽）等

循环冷却水系统：冷却塔、循环冷却水泵、管道、阀门（电动蝶阀、蝶阀等）、管道附件（软接头等）、水处理器、仪表（温度传感器等）。

表 5.11.2—1 给排水专业 BIM 模型几何信息深度表

序号	类型	要素	几何信息			
			信息内容	LOD100	LOD200	LOD300
1	管道	压力管道	除机房、风道、卫生间外区域管道中心标高、起点位置、终点位置、管道外径、保温层厚度(推荐参数)	—	G2	G3
			机房、风道、卫生间内管道的中心标高、起点位置、终点位置、管道外径、保温层厚度(推荐参数)	—	G2	G3
			管道壁厚(推荐参数)、所有电保温管段的电保温线缆长度	—	—	G3
		重力管道	除机房、风道、卫生间外区域管道内底标高、起点位置、终点位置、管道外径、管道坡度	—	G2	G3
			机房、风道、卫生间内管道内底标高、起点位置、终点位置、管道外径、管道坡度	—	G2	G3
			管道壁厚(推荐参数)	—	—	G3
2	管件	弯头、变径、三通、四通等各类管件、阀门	安装位置(示意)	—	G2	G3
			几何轮廓(图例)	—	—	G3
3	附件	软管、软接头、套管、	外形净尺寸、外径	—	—	G3
4	水泵	潜水泵、立式泵、卧式泵、管道泵、气压罐、污水密闭提升装置、无负压变频一体化给水设备	外形尺寸、安装位置、	—	G2	G3
			水泵的吸水口、排水口的位置(示意)	—	—	G3
5	水池(箱)	水池、水箱	水池(箱)净尺寸、水池壁厚(推荐参数)、安装位置	—	G2	G3
			水池保温层厚度(推荐参数)、预留套管外径、通气管外径、长度、人孔位置、尺寸、泄水管位置及管径、溢流管位置及管径、溢流管、吸水管的喇叭口位置及尺寸	—	—	G3
6	计量仪表	水表、温度计、流量计、压力表、液位计等	安装位置、外形(图例)、标高	—	—	G3
7	其他主要设备	消火栓箱、消火栓头、水龙带箱、移动灭火器箱	外形(图例)	—	G2	G3
			外形尺寸、安装位置	—	—	G3
		水处理装置、Y型过滤器、倒流防止器、电热水器、电开水器、气灭喷嘴、气灭减压装置、水喷淋喷头	外形尺寸(图例或示意)、安装位置	—	—	G3
		驱动气瓶组、灭火剂瓶组	钢瓶外形(示意)、数量、位置(示意)、支架外形(示意)	—	G2	G3
8	卫生洁具					
		清扫口、地漏	外形尺寸(图例)、安装位置	—	—	G3

表 5.11.2—2 给排水专业 BIM 模型非几何信息深度表

序号	类型	要素	非几何信息			
			信息内容	LOD100	LOD200	LOD300
1	管道	压力管道	所属系统	—	G2	G3
			管道材质、保温类型、公称压力(推荐参数)	—	G2	G3
			管道防腐做法(推荐参数)、接口形式	—	—	G3
		重力管道	所属系统	—	G2	G3
			管道材质、接口形式	—	G2	G3
2	管件	弯头、变径、三通、四通等各类管件、阀门	所属系统	—	G2	G3
			管件材质、规格、公称压力(推荐参数)	—	—	G3
3	附件	软管、软接头、套管、	所属系统、类型、材料接口型式、公称压力(推荐参数)、软管变形量(推荐参数)、规格、	—	—	G3
		管道支架	支架材质、类型	—	—	G3
4	水泵	潜水泵、立式泵、卧式泵、管道泵、气压罐、污水密闭提升装置、无负压变频一体化给水设备	所属系统、类型、	—	G2	G3
			规格、流量、扬程、功率、转速、负荷等级、是否消防负荷	—	—	G3
5	水池(箱)	水池、水箱	所属系统、材质	—	G2	G3
			防腐措施(推荐参数)、通气管类型、有效容积	—	—	G3
6	计量仪表	水表、温度计、流量计、压力表、液位计等	所属系统、水表口径及类型、压力表类型、规格、公称压力	—	—	G3
7	其他主要设备	消火栓箱、消火栓头、水龙带箱、移动灭火器箱	类型 消防水龙带数量、软管卷盘、消防水喉、灭火器类型、数量 设备类型、材质、公称压力、规格、流量 灭火介质类型、气瓶规格、灭火剂重量、压力	—	G2	G3
				—	—	G3
		水处理装置、Y 型过滤器、倒流防止器、电热水器、电开水器、气灭喷嘴、气灭减压装置、水喷淋喷头		—	—	G3
		驱动气瓶组、灭火剂瓶组		—	—	G3
8	卫生洁具					
		清扫口、地漏	类型、材质	—	—	G3

5.12 动力照明专业

5.12.1 建模精度要求

表 5.12.1 动力照明建模精度要求

系统	所含内容	建模精度	建模精度要求
管线	电缆桥架 封闭母线槽	G1	—
		G2	●在系统类型中,定义管线系统 ●管线系统颜色设置 ●管线起终点位置 ●管线规格

续上表

系统	所含内容	建模精度	建模精度要求
管线	电缆桥架 封闭母线槽	G3	●在系统类型中，定义管线系统 ●管线系统颜色设置 ●管线起终点位置 ●管线规格 ●管线标高 ●管线材质
		G4	●在系统类型中，定义管线系统 ●管线系统颜色设置 ●管线起终点位置 ●管线规格 ●管线标高 ●管线平面位置定位 ●管线材质 ●安装方式 ●型式(封闭桥架、托盘式桥架、梯架)、有/无盖板 ●管线厂家
管线、附件	连接件 (三通。四通、变径)	G1	—
		G2	●管线安装位置 ●管线几何轮廓
		G3	●管线安装位置 ●管线几何轮廓
		G4	●管线安装位置 ●管线几何轮廓 ●管件厂家
主要设备	配电箱、配电柜	G1	—
		G2	●配电箱编号 ●电压等级 ●明/暗装 ●进出线方式
		G3	●配电箱编号 ●外形尺寸 ●安装位置 ●安装高度 ●安装方式 ●电压等级 ●配电箱用途 ●防护等级、防爆等级 ●明/暗装 ●安全操作距离 ●进出线方式
		G4	●配电箱编号 ●外形尺寸 ●安装位置 ●安装高度 ●安装方式 ●电压等级 ●配电箱用途 ●防护等级、防爆等级 ●明/暗装 ●安全操作距离 ●进出线方式

续上表

系统	所含内容	建模精度	建模精度要求
主要设备	EPS应急照明电源屏	G1	—
		G2	●EPS编号 ●EPS容量 ●电压等级 ●明装 ●进出线方式
		G3	●EPS编号 ●EPS容量 ●外形尺寸 ●安装位置 ●安装高度 ●安装方式 ●电压等级 ●配电箱用途 ●防护等级、防爆等级 ●明装 ●安全操作距离 ●进出线方式 ●蓄电池备用时间
		G4	●EPS编号 ●EPS容量 ●外形尺寸 ●安装位置 ●安装高度 ●安装方式 ●电压等级 ●配电箱用途 ●防护等级、防爆等级 ●明装 ●安全操作距离 ●进出线方式 ●蓄电池备用时间
主要设备	照明灯具	G1	—
		G2	●安装高度 ●安装方式 ●电压等级 ●功率
		G3	●外形尺寸 ●安装位置 ●安装高度 ●安装方式 ●应急照明灯具标识 ●电压等级 ●功率 ●光源 ●光通量 ●显色指数

续上表

系统	所含内容	建模精度	建模精度要求
主要设备	照明灯具	G3	●色温 ●类别 ●防护等级、防爆等级 ●安装方式 ●用途 ●镇流器 ●自带蓄电池灯具的备用时间
		G4	●外形尺寸 ●安装位置 ●安装高度 ●安装方式 ●应急照明灯具标识 ●电压等级 ●功率 ●光源 ●光通量 ●显色指数 ●色温 ●类别 ●防护等级、防爆等级 ●安装方式 ●用途 ●镇流器 ●自带蓄电池灯具的备用时间
设备机房	设备基础	G1	—
		G2	●机房位置、尺寸 ●机房预埋件位置、荷载
		G3	●机房位置、尺寸 ●机房预埋件位置、荷载 ●机房设备基础荷载、做法
		G4	●机房位置、尺寸 ●机房预埋件位置、荷载 ●机房设备基础荷载、做法

5.12.2 模型深度

动照专业可系统建模，建模精度建议以下列内容为准。

主体包括：

电缆桥架、封闭母线槽、连接件(三通、四通、变径)、配电箱、配电柜、EPS应急照明电源屏、照明灯具、疏散指示标志灯(含安全出口标志灯)、开关、插座。

附属包括：

出入口：电缆桥架、封闭母线槽、连接件(三通、四通、变径)、配电箱、配电柜、EPS应急照明电源屏、照明灯具、疏散指示标志灯(含安全出口标志灯)、开关、插座。

表 5.12.2—1 动力照明专业 BIM 模型几何信息深度表

序号	类型	要素	几何信息			
			信息内容	LOD100	LOD200	LOD300
1	管线	电缆桥架 封闭母线槽	外形尺寸(直线段)、路由、安装高度、安装方式、母线槽与控制柜的连接位置、直线段支吊架间距	—	G2	G3
			安装位置示意	—	—	G3
2	管件	连接件(三通、四通、变径)	外形尺寸(直线段)、路由、安装高度、安装方式、母线槽与控制柜的连接位置、直线段支吊架间距	—	G2	G3
			安装位置示意	—	—	G3
3	主要设备	配电箱	外形尺寸、安装位置、安装高度、安装方式	—	G2	G3
			几何轮廓(图例)	—	—	G3
4	主要设备	配电柜	外形尺寸、安装位置、安装高度、安装方式	—	G2	G3
			几何轮廓(图例)	—	—	G3
5	主要设备	EPS 应急照明电源屏	外形尺寸、安装位置、安装高度、安装方式	—	G2	G3
			几何轮廓(图例)	—	—	G3
6	主要设备	照明灯具	外形尺寸、安装位置、安装高度、安装方式、应急照明灯具标识	—	G2	G3
7	设备机房	机房	机房的几何轮廓、尺寸	—	G2	G3
		设备基础	基础的轮廓尺寸、定位信息 预埋件的轮廓、尺寸、定位信息	—	G2	G3

表 5.12.2—2 动力照明专业 BIM 模型非几何信息深度表

序号	类型	要素	非几何信息			
			信息内容	LOD100	LOD200	LOD300
1	管线	电缆桥架 封闭母线槽	桥架的材质、厚度、规格、安装方式、型式(封闭桥架、托盘式桥架、梯架)、有/无盖板	—	—	G3
			电压等级、电流、型号规格、防护等级	—	—	G3
2	管件	连接件(三通、四通、变径)	桥架的材质、厚度、规格、安装方式、型式(封闭桥架、托盘式桥架、梯架)、有/无盖板	—	—	G3
3	主要设备	配电箱	配电箱编号、电压等级	—	G2	G3
			配电箱用途、防护等级、防爆等级、明/暗装、安全操作距离、进出线方式	—	—	G3
4	主要设备	配电柜	配电箱编号、电压等级	—	G2	G3
			配电箱用途、防护等级、防爆等级、明/暗装、安全操作距离、进出线方式	—	—	G3
5	主要设备	EPS 应急照明电源屏	柜体编号、电压等级	—	G2	G3
			柜体额定电流、防护等级、容量、安全操作距离、蓄电池备用时间、进出线方式	—	—	G3
6	主要设备 设备机房	照明灯具 机房	电压等级、功率	—	—	G3
			光源、光通量、显色指数、色温、类别、防护等级、防爆等级、安装方式、用途、镇流器、自带蓄电池灯具的备用时间	—	—	G3

5.13 供电专业

供电包含系统及变电所、牵引网、电力监控、杂散电流腐蚀防护等专业。

5.13.1 建模精度

表 5.13.1 供电的建模精度等级

系统	建模精度	建模精度要求
系统及变电所	G1	●方案叙述/原理图
	G2	●表达设备几何尺寸、空间位置、电气参数、机械参数
	G3	●表达设备几何尺寸、空间位置、电气参数、机械参数
牵引网	G1	●方案叙述/原理图
	G2	●表达设备几何尺寸、空间位置、电气参数、机械参数
	G3	●表达设备几何尺寸、空间位置、电气参数、机械参数
电力监控	G1	●方案叙述/原理图
	G2	●表达设备几何尺寸、空间位置、电气参数、机械参数
	G3	●表达设备几何尺寸、空间位置、电气参数、机械参数
杂散电流腐蚀防护	G1	●方案叙述/原理图
	G2	●表达设备几何尺寸、空间位置、电气参数、机械参数
	G3	●表达设备几何尺寸、空间位置、电气参数、机械参数

5.13.2 信息粒度

5.13.2.1 系统及变电所专业

包括：

设备类：AC40.5kV 开关柜、DC1500V 开关柜、负极柜、400V 开关柜、交流屏、直流屏、蓄电池屏、配电变压器、牵引整流变压器、逆变变压器、整流器柜、逆变器柜、钢轨电位限制装置、有源滤波柜；管线类：35kV 电力电缆、1500V 电力电缆、低压电力电缆、控制电缆、通信光缆、接地干线、母线、桥架、线管、支架；预埋件：设备基础、设备开孔。

表 5.13.2—1 系统及变电所专业 BIM 模型几何信息深度表

序号	类型	要素	几何信息			
			信息内容	LOD100	LOD200	LOD300
1	设备	AC40.5 kV 开关柜	设备尺寸		G2	G3
		DC1 500 V 开关柜	设备尺寸		G2	G3
		负极柜	设备尺寸		G2	G3
		400 V 开关柜	设备尺寸		G2	G3
		交流屏	设备尺寸		G2	G3
		直流屏	设备尺寸		G2	G3

续上表

序号	类型	要　素	几何信息			
			信息内容	LOD100	LOD200	LOD300
1	设备	蓄电池屏	设备尺寸		G2	G3
		配电变压器	设备尺寸		G2	G3
		牵引整流变压器	设备尺寸		G2	G3
		逆变变压器	设备尺寸		G2	G3
		整流器柜	设备尺寸		G2	G3
		逆变器柜	设备尺寸		G2	G3
		钢轨电位限制装置	设备尺寸		G2	G3
		有源滤波柜	设备尺寸		G2	G3
2	管线	35kV 电力电缆	外径		G2	G3
		1500V 电力电缆	外径		G2	G3
		低压电缆电缆	外径		G2	G3
		控制电缆	外径		G2	G3
		通信电缆	外径		G2	G3
		接地干线	外径		G2	G3
		母线	外径		G2	G3
		桥架	设备尺寸		G2	G3
		支架	设备尺寸			
		线管	外径		G2	G3
3	预埋件	设备基础	设备尺寸		G2	G3
		设备孔洞	设备尺寸		G2	G3

表 5.13.2—2　系统及变电所专业 BIM 模型非几何信息深度表

序号	类型	要　素	非几何信息			
			信息内容	LOD100	LOD200	LOD300
1	设备	AC40.5kV 开关柜	电压等级、额定电流、频率、动稳定电流、热稳定、绝缘水平、操作机构、辅助回路电压、重量、发热量、防护等级、噪声		G2	G3
		DC1500V 开关柜	电压等级、额定电流、频率、动稳定电流、热稳定、绝缘水平、操作机构、辅助回路电压、重量、发热量、防护等级、噪声		G2	G3
		负极柜	电压等级、额定电流、频率、动稳定电流、热稳定、绝缘水平、操作机构、辅助回路电压、重量、发热量、防护等级、噪声		G2	G3
		400V 开关柜	电压等级、额定电流、频率、动稳定电流、热稳定、绝缘水平、操作机构、辅助回路电压、重量、发热量、防护等级、噪声		G2	G3
		交流屏	电压等级、额定电流、频率、动稳定电流、热稳定、绝缘水平、操作机构、辅助回路电压、重量、发热量、防护等级、噪声		G2	G3

续上表

序号	类型	要 素	非几何信息			
			信息内容	LOD100	LOD200	LOD300
1	设备	直流屏	电压等级、额定电流、频率、动稳定电流、热稳定、绝缘水平、操作机构、辅助回路电压、重量、发热量、防护等级、噪声		G2	G3
		蓄电池屏	电压、容量、冲击耐压、绝缘水平、发热量、重量、防护等级、噪声		G2	G3
		配电变压器	型式、容量、绕组电压、相数、频率、联结组别、绝缘水平、调压方式、调压范围、励磁涌流、短路阻抗、空载损耗、负载损耗、重量、防护等级、噪声		G2	G3
		牵引整流变压器	型式、容量、绕组电压、相数、频率、联结组别、绝缘水平、调压方式、调压范围、励磁涌流、短路阻抗、空载损耗、负载损耗、重量、防护等级、噪声		G2	G3
		逆变变压器	型式、容量、绕组电压、相数、频率、联结组别、绝缘水平、调压方式、调压范围、励磁涌流、短路阻抗、空载损耗、负载损耗、重量、防护等级、噪声		G2	G3
		整流器柜	整流方式、阀侧电压、额定直流电压、额定直流电流、工作制、噪声、防护等级		G2	G3
		逆变器柜	变流方式、阀侧电压、额定直流电压、额定直流电流、工作制、噪声、防护等级		G2	G3
		钢轨电位限制装置	电压等级、额定电流、动稳定电流、热稳定、绝缘水平、操作机构、辅助回路电压、重量、发热量、防护等级、噪声		G2	G3
		有源滤波柜	额定电压、容量、频率、噪声、防护等级		G2	G3
2	管线	35kV 电力电缆	额定电压、额定电流、绝缘水平、重量、导体数量、导体截面、绝缘类型、护套类型、铠装类型、外护套类型		G2	G3
		1500V 电力电缆	额定电压、额定电流、绝缘水平、重量、导体数量、导体截面、绝缘类型、护套类型、铠装类型、外护套类型		G2	G3
		低压电缆电缆	额定电压、额定电流、绝缘水平、重量、导体数量、导体截面、绝缘类型、护套类型、铠装类型、外护套类型		G2	G3
		控制电缆	额定电压、额定电流、绝缘水平、重量、导体数量、导体截面、绝缘类型、护套类型、铠装类型、外护套类型		G2	G3
		通信电缆	额定电压、导体数量、导体截面		G2	G3
		接地干线	材质、防腐、重量		G2	G3
		母线	电压、电流、频率、绝缘水平、动稳定电流、热稳定电流		G2	G3
		桥架	材质、防腐、重量		G2	G3
		支架	材质、防腐、重量		G2	G3
		线管	材质、防腐、重量		G2	G3
3	预埋件	设备基础	材质、防腐、重量		G2	G3
		设备孔洞				

5.13.2.2 牵引网专业

包括：

设备类：上网隔离开关柜、回流箱、避雷器、电压均衡器、隔离开关、分段绝缘器、绝缘子；管线类：1500V 电力电缆、铜导线、汇流排、线管；预埋件：设备基础、设备开孔；支柱：圆锥形钢支柱、门型支架。

表 5.13.2—3 牵引网专业 BIM 模型几何信息深度表

序号	类型	要素	几何信息			
			信息内容	LOD100	LOD200	LOD300
1	设备	上网隔离开关柜	设备尺寸		G2	G3
		回流箱	设备尺寸		G2	G3
		避雷器	设备尺寸		G2	G3
		电压均衡器	设备尺寸		G2	G3
		隔离开关	设备尺寸		G2	G3
		分段绝缘器	设备尺寸		G2	G3
		绝缘子	设备尺寸		G2	G3
2	管线	1500V 电力电缆	外径		G2	G3
		铜导线	外径		G2	G3
		汇流排	外径		G2	G3
		线管	外径		G2	G3
3	预埋件	设备基础	设备尺寸		G2	G3
		设备孔洞	设备尺寸		G2	G3
4	支柱	圆锥形钢支柱	设备尺寸		G2	G3
		门型支架	设备尺寸		G2	G3

表 5.13.2—4 牵引网专业 BIM 模型非几何信息深度表

序号	类型	要素	非几何信息			
			信息内容	LOD100	LOD200	LOD300
1	设备	上网隔离开关柜	电压等级、额定电流、动稳定电流、热稳定、绝缘水平、操作机构、辅助回路电压、重量、发热量、防护等级、噪声		G2	G3
		回流箱	电压等级、额定电流		G2	G3
		转接箱	电压等级、额定电流		G2	G3
		避雷器	电压等级、标称电流、残压		G2	G3
		电压均衡器	电压等级、标称电流、残压		G2	G3
		隔离开关	电压等级、额定电流、动稳定电流、热稳定、绝缘水平、操作机构、辅助回路电压、重量、发热量、防护等级、噪声		G2	G3
		分段绝缘器	电压等级		G2	G3
		绝缘子	电压等级		G2	G3

续上表

序号	类型	要素	非几何信息			
			信息内容	LOD100	LOD200	LOD300
2	管线	1500V 电力电缆	额定电压、额定电流、绝缘水平、重量、导体数量、导体截面、绝缘类型、护套类型、铠装类型、外护套类型		G2	G3
		铜导线	材质、型号、额定电流		G2	G3
		汇流排	材质、型号、额定电流		G2	G3
		线管	材质、防腐、重量		G2	G3
3	预埋件	设备基础	材质、防腐、重量		G2	G3
		设备孔洞				
4	支柱	圆锥形钢支柱	材质、型号		G2	G3
		门型支架	材质、型号		G2	G3

5.13.2.3 电力监控专业

包括：

设备类：控制信号屏；管线类：通信光缆、通信电缆、线管；预埋件：设备基础、设备开孔。

表 5.13.2—5 电力监控专业 BIM 模型几何信息深度表

序号	类型	要素	几何信息			
			信息内容	LOD100	LOD200	LOD300
1	设备	控制信号屏	设备尺寸		G2	G3
2	管线	通信电缆	外径		G2	G3
		通信光缆	外径		G2	G3
		线管	外径		G2	G3
3	预埋件	设备基础	设备尺寸		G2	G3
		设备孔洞	设备尺寸		G2	G3

表 5.13.2—6 电力监控专业 BIM 模型非几何信息深度表

序号	类型	要素	非几何信息			
			信息内容	LOD100	LOD200	LOD300
1	设备	控制信号屏	负荷、电压、发热量、重量		G2	G3
2	管线	通信电缆	额定电压、导体数量、导体截面		G2	G3
		通信光缆	光缆类型、光纤数量、护套类型		G2	G3
		线管	材质、防腐、重量		G2	G3
3	预埋件	设备基础	材质、防腐、重量		G2	G3
		设备孔洞				

5.13.2.4 杂散电流腐蚀防护专业

包括：

设备类：排流柜、单向导通装置、传感器、监测装置、参比电极；

管线类：1500V 电力电缆、通信光缆、通信电缆、线管；预埋件：设备基础、设备开孔。

表 5.13.2—7 杂散电流腐蚀防护专业 BIM 模型几何信息深度表

序号	类型	要素	几何信息			
			信息内容	LOD100	LOD200	LOD300
1	设备	排流柜	设备尺寸		G2	G3
		单向导通装置	设备尺寸		G2	G3
2	管线	1500V 电力电缆	外径		G2	G3
		通信电缆	外径		G2	G3
		通信光缆	外径		G2	G3
		线管	外径		G2	G3
3	预埋件	设备基础	设备尺寸		G2	G3
		设备孔洞	设备尺寸		G2	G3

表 5.13.2—8 杂散电流腐蚀防护专业 BIM 模型非几何信息深度表

序号	类型	要素	非几何信息			
			信息内容	LOD100	LOD200	LOD300
1	设备	排流柜	电压等级、额定电流、动稳定电流、热稳定、绝缘水平、操作机构、辅助回路电压、重量、发热量、防护等级、噪声		G2	G3
		单向导通装置	电压等级、额定电流、动稳定电流、热稳定、绝缘水平、操作机构、辅助回路电压、重量、发热量、防护等级、噪声		G2	G3
2	管线	1500V 电力电缆	额定电压、额定电流、绝缘水平、重量、导体数量、导体截面、绝缘类型、护套类型、铠装类型、外护套类型		G2	G3
		通信电缆	额定电压、导体数量、导体截面		G2	G3
		通信光缆	光缆类型、光纤数量、护套类型		G2	G3
		线管	材质、防腐、重量		G2	G3
3	预埋件	设备基础	材质、防腐、重量		G2	G3
		设备孔洞				

5.14 自动售检票、安检专业

5.14.1 建模精度要求

表 5.14.1—1 自动售检票的建模精度等级

建模精度	建模精度要求
G1	—
G2	●典型车站公共区设备布置
G3	●G2 等级的全部信息 ●设备、桥架等应具有空间占位尺寸、定位等几何信息 ●终端设备所属系统、品牌、型号、编号等非几何信息
G4	●G3 等级的全部信息 ●设备、桥架、线槽等应具有规格、型号、材质、安装或敷设方式等非几何信息 ●其他运营维护所需信息

表 5.14.1—2　安检的建模精度等级

建模精度	建模精度要求
G1	—
G2	●典型车站公共区安检设备布置
G3	●G2 等级的全部信息 ●安检设备所属系统、品牌、型号、编号等非几何信息
G4	●G3 等级的全部信息 ●其他运营维护所需信息

5.14.2　模型深度

主体包括：

自动售票机、半自动售票机、自动查询机、网络取票充值机、顶棚向导标志、移动式检票机、便携式检/验票机、自动检票机、硬币清点机、纸币清点机、编码分拣机、保险柜、储票柜、储物柜、文件柜、装卸运送推车、票箱电子标识读写设备、备用硬币箱、备用纸币箱、备用纸币回收箱、备用储票箱、通道式 X 射线检查设备、台式液体探测仪、爆炸物探测仪、手持金属探测仪、防爆球、危险物品存储罐等。

表 5.14.2—1　自动售检票（AFC）专业 BIM 模型几何信息深度表

序号	类型	要　素	几何信息			
			信息内容	LOD100	LOD200	LOD300
1	AFC 相关房间	AFC 设备室、AFC 票务室、AFC 配线间、AFC 维修工区、AFC 工区材料间、票务办公室、储票室、车票分拣室、售票亭	见“建筑专业”		G2	G3
			见“装修专业”			G3
2	终端设备—网络设备	服务器、三层交换机、二层交换机	外形尺寸、安装位置、设备数量			G3
3	终端设备—配套类设备	UPS 机柜、电池柜、配电箱/柜、网络机柜	外形尺寸、安装位置、设备数量			G3
		接地箱	外形尺寸、安装位置、设备数量			G3
		保险柜、储票柜、储物柜、文件柜、装卸运送推车	外形尺寸、安装位置、设备数量			G3
		电源插座、信息插座	安装位置（示意）			G3
4	终端设备—辅助类设备	紧急按钮控制箱	安装位置、设备数量			G3
		紧急按钮接线端子盒	安装位置、设备数量			G3
		工作站	外形尺寸、安装位置、设备数量			G3
		打印机	外形尺寸、安装位置、设备数量			G3
		硬币清点机、纸币清点机、编码分拣机	外形尺寸、安装位置、设备数量			G3
		票箱电子标识读写设备、备用硬币箱、备用纸币箱、备用纸币回收箱、备用储票箱	外形尺寸、安装位置、设备数量			G3

续上表

序号	类型	要　素	几何信息			
			信息内容	LOD100	LOD200	LOD300
5	AFC 公共区终端设备区域	自动检票机	外形尺寸、安装位置、设备数量（设备分类）		G2	G3
		移动式检票机、便携式检/验票机	设备数量			G3
		自动售票机、半自动售票机、自动查询机、网络取票充值机、顶棚向导标志	外形尺寸、安装位置、设备数量		G2	G3
		站厅公共区	见“建筑专业 BIM 模型深度表”		G2	G3

表 5.14.2—2　安检（AJ）专业 BIM 模型几何信息深度表

序号	类型	要　素	几何信息			
			信息内容	LOD100	LOD200	LOD300
1	公共区设备	通道式 X 射线检查设备、通过式金属探测门、台式液体探测仪、爆炸物探测仪、手持金属探测仪、防爆球、危险物品存储罐	外形尺寸，安装位置			G3
2	公共区辅助设施	工作台、开包台、标示牌	外形尺寸，安装位置			G3
		引导带	长度、安装位置			G3
		电源箱	标高、尺寸、安装位置			G3

5.15　通信专业

5.15.1　建模精度要求

主体包括：

通信桥架、连接件（三通、四通、变径）、各类机柜等。

区间包括：

区间托板托架、漏缆及其卡具、AP 天线、区间设备箱等。

车辆段包括：

通信桥架、室外管线（含人、手孔）、各类机柜等机房设备。

表 5.15.1　通信的建模精度等级

系　统	建模精度	建模精度要求
通信各子系统系统	G1	●方案叙述/原理图
	G2	●方案叙述/原理图 ●通信设备室内机柜布置
	G3	●G2 等级的全部信息 ●设备、线槽等应具有空间占位尺寸、定位等几何信息 ●设备所属系统、品牌、型号、编号等非几何信息

5.15.2 模型深度

表 5.15.2—1 通信车站及车辆段专业 BIM 模型几何信息深度表

序号	类型	要　　素	几何信息			
			信息内容	LOD100	LOD200	LOD300
1	机房	设备房间本身	见建筑专业	G1	G2	G2
		设备机柜	外形尺寸,安装位置、			G2
2	孔洞	隔墙孔洞	见建筑专业			G2
		结构孔洞			G2	G2
3	室内管路	通信专业桥架及电缆爬架	标高、尺寸、安装位置		G2	G2
		地面线槽、地板下线槽	尺寸、长度、安装位置、标高			G2
		建筑面层内直径 50 以上的预埋管	管径、安装位置、数量			G2
4	室外管路	室外通信预埋管	位置、数量、段长、埋深			G2
		通信人、手孔	位置、规格			G2
5	通信设备	通信机房设备	净尺寸、安装位置			G2

表 5.15.2—2 通信专业区间 BIM 模型几何信息深度表

序号	类型	要　　素	几何信息			
			信息内容	LOD100	LOD200	LOD300
1	区间设备	区间托板托架	外形尺寸,安装位置		G2	G2
		漏缆及其卡具	外形尺寸,安装位置		G2	G2
		AP 天线	外形尺寸,安装位置		G2	G2
		区间设备箱	外形尺寸,安装位置		G2	G2

表 5.15.2—3 通信专业车站及车辆段 BIM 模型非几何信息深度表

序号	类型	要　　素	非几何信息			
			信息内容	LOD100	LOD200	LOD300
1	机房	设备房间本身	见建筑专业			G2
		设备机柜	所属系统			G2
2	孔洞	隔墙孔洞、	见建筑专业			G2
		中板孔洞			G2	G2
3	室内管路	通信专业桥架及电缆爬架	所属系统			G2
		地面线槽、地板下线槽	所属系统			G2
		建筑面层内直径 50 以上的预埋管	所属系统			G2
4	室外管路	室外通信预埋管	所属系统			G2
		通信人、手孔*	所属系统			G2
5	通信设备	机房内通信设备	所属系统			G2

表 5.15.2—4 通信专业区间 BIM 模型非几何信息深度表

序号	类型	要素	非几何信息			
			信息内容	LOD100	LOD200	LOD300
1	区间设备	区间托板托架	所属系统			G2
		漏缆及其卡具	所属系统			G2
		AP 天线	所属系统			G2
		区间设备箱	所属系统			G2

5.16 信号专业

5.16.1 建模精度要求

包括：

室内设备：各类设备机柜等。

轨旁设备：信号机、转辙机、计轴/轨道电路、应答器（试车线及自动化车辆段/停车场布置）、车地无线通信设备及各类箱盒等轨旁设备。

沟槽管洞：信号桥架、线槽、预留孔洞、电缆沟及预埋管等。

表 5.16.1 信号的建模精度等级

系统	建模精度	建模精度要求
信号系统	G1	●方案叙述，无需建模
	G2	●根据系统方案，初步确定室内设备机柜的种类和数量。在建筑模型中布置设备室内机柜，要求满足相关规范的要求 ●在建筑模型、站场模型中建立信号线缆主干路由所需预留孔洞、室外电缆沟等，需确定几何尺寸、空间位置
	G3	●根据厂家最终机柜资料（包括设备机柜的种类、数量及尺寸）。在建筑模型中带几何及非几何信息布置设备室内机柜，要求满足相关规范的要求 ●在建筑模型、站场模型中建立信号线缆路由所需预留孔洞、室外电缆沟等，需确定几何尺寸、空间位置 ●根据最终的设备布置方案，在站场模型中带几何及非几何信息进行轨旁设备布置，进行碰撞检查

5.16.2 建模深度

表 5.16.2—1 信号专业几何信息深度表

信息维度	序号	类型	要素	信息内容	深度等级		
					LOD100	LOD200	LOD300
几何信息（GI）	1	信号机	一机构、二机构、三机构、四机构	安装高度（距轨面）、外形尺寸、安装方式、安装位置			G3
	2	转辙机	交流、直流	长度、宽度、高度、安装方式、安装位置、与表示杆及动作杆的连接、有无外锁			G3

续上表

信息维度	序号	类型	要　　素	信息内容	深度等级		
					LOD100	LOD200	LOD300
几何信息(GI)	3	应答器	固定应答器、可变应答器、填充应答器、环线应答器、轮径校正应答器(布置在试车线轨旁,自动化车辆段/停车场适用)	长度、宽度、高度、安装位置、安装型式			G3
	4	车地通信设备	感应环线、自由波无线接入点AP、漏缆、波导管、RRU、光电交接箱、电桥、电源防雷单元、GPS天线、库内定向天线/平板天线、杆路等	长度、宽度、高度、安装位置、安装型式			G3
	5	计轴	轮缘式、轮辐式	长度、宽度、高度、安装位置、安装型式			G3
	6	轨旁箱盒	HF4、HF7、HZ12、HZ24、FXX等	外形尺寸、安装位置			G3
	7	管线	建筑面层内直径50mm以上的预埋管	管径、安装位置、数量			G3
			过轨、过道路预埋管	管径、敷设位置、数量			G3
			室外电缆沟、地面线槽	尺寸、长度、安装位置、标高		G2	G3
			电缆桥架、爬架	尺寸、长度、安装位置			G3
	8	孔洞	隔墙孔洞	见建筑专业			G3
			中板孔洞			G2	G3
	9	系统设备	设备机柜	外形尺寸、安装位置		G2	G3
	10	电源屏	交流屏、直流屏、稳压器	外形尺寸、安装位置		G2	G3
	11	UPS电源	UPS电源	外形尺寸、安装位置		G2	G3
	12	蓄电池	蓄电池	外形尺寸、安装位置		G2	G3
	13	控制台(若有)	单元控制台(根据实际工程选用)、面板式控制台(直型)(根据实际工程选用)、车控室控制工作站(计算机)	长度、宽度、高度、安装位置			G3

表 5.16.2—2　信号专业非几何信息深度表

信息维度	序号	类型	要　　素	信息内容	深度等级		
					LOD100	LOD200	LOD300
非几何信息(NGI)	1	信号机	一机构、二机构、三机构、四机构	机构类型、信号机材质、点灯光源、适用范围、限界			G3
	2	转辙机	交流、直流	所属系统、类型、扬程、功率、转速、设置限界			G3
	3	应答器	固定应答器、可变应答器、填充应答器、环线应答器、轮径校正应答器(布置在试车线轨旁,自动化车辆段/停车场适用)	所属系统、材质、设置限界			G3

续上表

信息维度	序号	类型	要　素	信息内容	深度等级		
					LOD100	LOD200	LOD300
非几何信息(NGI)	4	车地通信设备	感应环线、自由波无线接入点AP、漏缆、波导管、RRU、光电交接箱、电桥、电源防雷单元、GPS天线、库内定向天线/平板天线、杆路等	所属系统、材质、设置限界			G3
	5	计轴	轮缘式、轮辐式	所属系统、材质、设置限界			G3
	6	轨旁箱盒	HF4、HF7、HZ12、HZ24、FXX等	所属系统、材质、设置限界			G3
	7	管线	建筑面层内直径50mm以上的预埋管	所属系统、类型、材质			G3
			过轨、过道路预埋管	所属系统、材质			G3
			室外电缆沟、地面线槽	所属系统、材质、类型		G2	G3
			电缆桥架、爬架	所属系统、材质			G3
	8	孔洞	隔墙孔洞	见建筑专业			G3
			中板孔洞			G2	G3
	9	系统设备	设备机柜	所属系统、机柜编号、材质、类型			
	10	电源屏	交流屏、直流屏、稳压器	所属系统、材质、类型			
	11	UPS电源	UPS电源	所属系统、材质、类型			
	12	蓄电池	蓄电池	所属系统、类型、规格			
	13	控制台(若有)	单元控制台(根据实际工程选用)、面板式控制台(直型)(根据实际工程选用)、车控室控制工作站(计算机)所属系统、材质				G3

5.17 综合监控专业

5.17.1 建模精度要求

表5.17.1 综合监控建模精度要求

建模精度	建模精度要求
G1	—
G2	●表达室内机柜的几何尺寸、空间位置。 ●表达室内机柜、车站建筑需预留孔洞、管线空间位置信息。
G3	●G2等级的全部信息 ●设备、线槽等应具有空间占位尺寸、定位等几何信息 ●设备所属系统、品牌、型号、编号等非几何信息
G4	—

5.17.2 模型深度

主体包括：IBP盘、临窗操作台、工作站、车站服务器、前端处理器、交换机、UPS主机、PDU、蓄电池柜、标准机柜、强弱电桥架、连接件(三通、四通、变径)等。

表5.17.2—1 综合监控(ISCS)专业BIM模型几何信息深度表

序号	类型	要素	几何信息			
			信息内容	LOD100	LOD200	LOD300
1	综合监控设备	IBP盘盘面按钮布置	净尺寸,安装位置			G3
		IBP盘安装柜				
		IBP盘操作台				
		值班站长工作站主机				
		值班员工作站主机				
		值班站长工作站显示器				
		值班员工作站显示器				
		临窗操作台				
		前端处理器				
		交换机				
		UPS主机				
		蓄电池柜				
		车站服务器				
		配电盘				
		KVM				
		PDU				
		光纤终端盒				
2	设备机柜	标准机柜	外形尺寸,安装位置		G2	G3
3	孔洞	隔墙孔洞	见建筑专业			G3
		中板孔洞			G2	G3
4	管线	综合监控专业桥架及电缆爬架	标高、尺寸、安装位置			G3
		架空地板下线槽	尺寸、长度、安装位置、标高			G3
		建筑面层内直径50以上的预埋管	管径、安装位置、数量			G3

表5.17.2—2 综合监控(ISCS)专业BIM模型非几何信息深度表

序号	类型	要素	非几何信息			
			信息内容	LOD100	LOD200	LOD300
1	综合监控设备	IBP盘盘面按钮布置	所属系统、品牌、型号			G3
		IBP盘安装柜				
		IBP盘操作台				
		值班站长工作站主机				

续上表

序号	类型	要　素	非几何信息			
			信息内容	LOD100	LOD200	LOD300
1	综合监控设备	值班员工作站主机	所属系统、品牌、型号			G3
		值班站长工作站显示器				
		值班员工作站显示器				
		临窗操作台				
		前端处理器				
		交换机				
		UPS 主机				
		蓄电池柜				
		车站服务器				
		配电盘				
		KVM				
		PDU				
		光纤终端盒				
2	设备机柜	标准机柜	编号			G3
3	孔洞	隔墙孔洞	见建筑专业			G3
		中板孔洞			G2	G3
4	管线	综合监控专业桥架及电缆爬架	所属系统			G3
		架空地板下线槽	所属系统			G3
		建筑面层内直径 50 以上的预埋管	所属系统、类型、材质			G3

5.18 环境与设备监控专业

5.18.1 建模精度要求

表 5.18.1 环控专业建模精度要求

建模精度	建模精度要求
G1	—
G2	●表达室内机柜的几何尺寸、空间位置。 ●表达室内机柜、车站建筑需预留孔洞、管线空间位置信息。
G3	●G2 等级的全部信息 ●设备、线槽等应具有空间占位尺寸、定位等几何信息 ●设备所属系统、品牌、型号、编号等非几何信息
G4	—

5.18.2 模型深度

主体包括：

PLC、PLC 配电盘、交换机、工作站、模块箱、PLC 柜、强弱电桥架、连接件(三通、四通、变径)等。

附属包括：强弱电桥架、连接件(三通、四通、变径)。

表 5.18.2—1 环境与设备监控(BAS)专业 BIM 模型几何信息深度表

序号	类型	要　　素	几何信息			
			信息内容	LOD100	LOD200	LOD300
1	BAS 设备	PLC	净尺寸,安装位置			G3
		配电盘				
		交换机				
		维护工作站				
		模块箱				
		DI 模块				
		DO 模块				
		AI 模块				
		AO 模块				
		通讯模块				
2	设备机柜	PLC 柜	外形尺寸,安装位置		G2	G3
3	孔洞	隔墙孔洞	见建筑专业			G3
		中板孔洞			G2	G3
4	管线	环境与设备监控专业桥架及电缆爬架	标高、尺寸、安装位置			G3
		架空地板下线槽	尺寸、长度、安装位置、标高			G3
		建筑面层内直径 50 以上的预埋管	管径、安装位置、数量			G3

表 5.18.2—2 环境与设备监控(BAS)专业 BIM 模型非几何信息深度表

序号	类型	要　　素	几何信息			
			信息内容	LOD100	LOD200	LOD300
1	BAS 设备	PLC	所属系统、品牌、型号			G3
		配电盘				
		交换机				
		维护工作站				
		模块箱				
		DI 模块				
		DO 模块				
		AI 模块				
		AO 模块				
		通讯模块				
2	设备机柜	PLC 柜	编号		G2	G3
3	孔洞	隔墙孔洞	见建筑专业			G3
		中板孔洞			G2	G3
4	管线	环境与设备监控专业桥架及电缆爬架	所属系统			G3
		架空地板下线槽	所属系统			G3
		建筑面层内直径 50 以上的预埋管	所属系统、类型、材质			G3

5.19 火灾自动报警专业

5.19.1 建模精度要求

表 5.19.1 建模精度要求

建模精度	建模精度要求
G1	—
G2	●表达室内机柜的几何尺寸、空间位置 ●表达室内机柜、车站建筑需预留孔洞、管线空间位置信息
G3	●G2 等级的全部信息 ●设备、线槽等应具有空间占位尺寸、定位等几何信息 ●设备所属系统、品牌、型号、编号等非几何信息
G4	—

5.19.2 模型深度

主体包括：

FAS 主机、消防专用电话主机、图形工作站、模块箱、FAS 主机柜、强弱电桥架、连接件(三通、四通、变径)等。

附属包括：

强弱电桥架、连接件(三通、四通、变径)。

表 5.19.2—1 火灾自动报警(FAS)专业 BIM 模型几何信息深度表

序号	类型	要素	几何信息			
			信息内容	LOD100	LOD200	LOD300
1	FAS 设备	FAS 主机	净尺寸，安装位置			G3
		消防专用电话主机				
		消防回路卡				
		联动操作盘				
		后备电池				
		自动/手动确认按钮				
		图形工作站				
		模块箱				
2	设备机柜	FAS 主机柜	外形尺寸，安装位置		G2	G3
3	孔洞	隔墙孔洞	见“建筑专业”			G3
		中板孔洞			G2	G3
4	管线	火灾自动报警专业桥架及电缆爬架	标高、尺寸、安装位置			G3
		架空地板下线槽	尺寸、长度、安装位置、标高			G3
		建筑面层内直径 50 以上的预埋管	管径、安装位置、数量			G3

表 5.19.2—2 火灾自动报警(FAS)专业 BIM 模型非几何信息深度表

序号	类型	要　素	非几何信息			
			信息内容	LOD100	LOD200	LOD300
1	FAS 设备	FAS 主机	所属系统、品牌、型号			G3
		消防专用电话主机				
		消防回路卡				
		联动操作盘				
		后备电池				
		自动/手动确认按钮				
		图形工作站				
		模块箱				
2	设备机柜	FAS 主机柜	编号			G3
		蓄电池柜				
3	孔洞	隔墙孔洞	见建筑专业			G3
		中板孔洞			G2	G3
4	管线	火灾自动报警专业桥架及电缆爬架	所属系统			G3
		架空地板下线槽	所属系统			G3
		建筑面层内直径 50 以上的预埋管	所属系统、类型、材质			G3

5.20 门禁专业

5.20.1 建模精度要求

表 5.20.1 建模精度要求

建模精度	建模精度要求
G1	—
G2	●表达室内机柜的几何尺寸、空间位置。 ●表达室内机柜、车站建筑需预留孔洞、管线空间位置信息。
G3	●G2 等级的全部信息 ●设备、线槽等应具有空间占位尺寸、定位等几何信息 ●设备所属系统、品牌、型号、编号等非几何信息
G4	—

5.20.2 模型深度

主体包括:门禁主控制器、监控工作站、门禁配电盘、交换机、门禁机柜、强弱电桥架、连接件(三通、四通、变径)等。

表 5.20.2—1 门禁(ACS)专业 BIM 模型几何信息深度表

序号	类型	要　素	几何信息			
			信息内容	LOD100	LOD200	LOD300
1	门禁设备	门禁主控制器	净尺寸,安装位置			G3
		主控器内电源模块				
		门禁主控制器柜内安装箱				

续上表

序号	类型	要素	几何信息			
			信息内容	LOD100	LOD200	LOD300
1	门禁设备	监控工作站	净尺寸，安装位置			G3
		门禁配电盘				
		交换机				
2	设备机柜	门禁机柜	外形尺寸，安装位置		G2	G3
3	孔洞	隔墙孔洞	见建筑专业			G3
		中板孔洞			G2	G3
4	管线	门禁专业桥架及电缆爬架	标高、尺寸、安装位置			G3
		架空地板下线槽	尺寸、长度、安装位置、标高			G3
		建筑面层内直径 50 以上的预埋管	管径、安装位置、数量			G3

表 5.20.2—2 门禁(ACS)专业 BIM 模型非几何信息深度表

序号	类型	要素	非几何信息			
			信息内容	LOD100	LOD200	LOD300
1	门禁设备	门禁主控制器	所属系统、品牌、型号			G3
		主控器内电源模块				
		门禁主控制器柜内安装箱				
		监控工作站				
		门禁配电盘				
		交换机				
2	设备机柜	门禁机柜	编号			G3
3	孔洞	隔墙孔洞	见建筑专业			G3
		中板孔洞			G2	G3
4	管线	门禁专业桥架及电缆爬架	所属系统			G3
		架空地板下线槽	所属系统			G3
		建筑面层内直径 50 以上的预埋管	所属系统、类型、材质			G3

5.21 自动扶梯与电梯专业

5.21.1 建模精度要求

表 5.21.1—1 自动扶梯专业建模精度要求

系统	所含内容	建模精度	建模精度要求
自动扶梯/自动人行道	包括桁架、梯级、扶手带、控制柜、以及内部相关设备(含驱动主机、变频器、减速器、梯级链等)	G1	—
		G2	●自动扶梯平面位置 ●自动扶梯所属类型 ●自动扶梯外形尺寸、安装位置
		G3	●自动扶梯平面位置定位 ●自动扶梯所属类型

续上表

系统	所含内容	建模精度	建模精度要求
自动扶梯/自动人行道	包括桁架、梯级、扶手带、控制柜、以及内部相关设备(含驱动主机、变频器、减速器、梯级链等)	G3	●自动扶梯详细的外形尺寸、安装位置(含扶梯的角度、上下水平段的尺寸、梯级的宽度等) ●控制柜的安装位置 ●其他主要设备的安装位置
		G4	●自动扶梯平面位置定位 ●自动扶梯所属类型及编号 ●自动扶梯详细的外形尺寸、安装位置(含扶梯的角度、上下水平段的尺寸、梯级的宽度等) ●控制柜的安装位置 ●其他主要设备的安装位置 ●桁架及外包板的材质 ●扶梯的用电负荷 ●控制柜的规格、功率 ●驱动主机、变频器、减速器的的品牌、规格、功率等 ●扶手带的材质、品牌 ●梯级的规格、材质 ●驱动主轴及驱动链的材质,品牌等 ●设备厂家
设备荷载基础	包括吊钩、预埋钢板、中间支撑	G1	—
		G2	●平面定位尺寸 ●吊钩、预埋钢板、中间支撑规格尺寸、安装位置
		G3	●平面定位尺寸 ●吊钩、预埋钢板、中间支撑的规格尺寸、安装位置 ●设备承受的荷载
		G4	●平面定位尺寸 ●吊钩、预埋钢板、中间支撑的规格尺寸、安装位置 ●设备承受的荷载

表 5.21.1—2　电梯专业建模精度要求

系统	所含内容	建模精度	建模精度要求
电梯井道	包括钢结构或混凝土井道	G1	—
		G2	●井道所属类型 ●井道外形尺寸、安装位置
		G3	●井道所属类型 ●井道外形尺寸、安装位置 ●井道开洞及定位尺寸
		G4	●井道所属类型 ●井道外形尺寸、安装位置、定位尺寸 ●井道开洞及定位尺寸

续上表

系统	所含内容	建模精度	建模精度要求
电梯	包括轿厢、层门、呼叫盒、消防开关、控制柜及其他设备(曳引机、对重块、钢爬梯)	G1	—
		G2	●电梯平面布置位置及编号 ●电梯轿厢类型 ●轿厢、层门、呼叫盒、控制柜的外形尺寸、安装位置
		G3	●电梯平面布置位置及编号 ●电梯轿厢类型 ●轿厢、层门、呼叫盒、控制柜的外形尺寸、安装位置 ●其他主要设备的安装位置(如曳引机、对重块、刚钢爬等)
		G4	●电梯平面布置位置及编号 ●电梯轿厢类型 ●轿厢、层门、呼叫盒、控制柜的外形尺寸、安装位置 ●其他主要设备的安装位置(如曳引机、对重块、刚钢爬等) ●轿厢、层门、导轨等设备的材质 ●控制柜的规格、功率 ●电梯的用电负荷 ●设备厂家
设备荷载基础	包括吊钩、预埋钢板、圈梁等	G1	—
		G2	●平面定位尺寸 ●吊钩、预埋钢板、圈梁规格尺寸、安装位置
		G3	●平面定位尺寸 ●吊钩、预埋钢板、圈梁的规格尺寸、安装位置 ●设备承受的荷载
		G4	●平面定位尺寸 ●吊钩、预埋钢板、圈梁的规格尺寸、安装位置 ●设备承受的荷载

5.21.2 模型深度

自动扶梯主要包括:桁架、梯级、扶手带、扶手装置、控制柜等,其他主要设备包括驱动主机、减速机、主驱动链、主驱动轴及链轮、梯级链、扶手带驱动链、变频器、电源柜等。

电梯主要包括井道(钢结构井道、混凝土井道或者砖混井道)、轿厢、层门、曳引机、控制柜、层站呼梯盒、消防开关、检修照明等,其他主要设备包括导轨、缓冲器、对重块、变频器、蓄电池柜、钢爬梯等。

表 5.21.2—1 自动扶梯专业 BIM 模型几何信息深度

序号	类型	要素	几何信息			
			信息内容	LOD100	LOD200	LOD300
1	自动扶梯/自动人行道	扶梯中板开洞、基坑	详见建筑位置	—	G2	G3
		桁架	外形尺寸(图例或示意)、安装位置	—	G2	G3
		梯级	外形尺寸(图例或示意)、安装位置	—	G2	G3
		扶手带	外形尺寸(图例或示意)、安装位置	—	G2	G3
		控制柜	外形尺寸(图例或示意)、安装位置	—	—	G3
		其他主要设备	外形尺寸(图例或示意)	—	—	G3

续上表

序号	类型	要　素	几何信息			
			信息内容	LOD100	LOD200	LOD300
2	管线	线槽、线缆	安装位置,详见与其他专业接口布置图	—	—	G3
3	预埋件	吊钩、预埋钢板、中间支撑	外形尺寸,安装位置(图例或示意),详见建筑、结构图	—	G2	G3

表 5.21.2—2　电梯专业 BIM 模型几何信息深度

序号	类型	要　素	几何信息			
			信息内容	LOD100	LOD200	LOD300
1	电梯	电梯井道	见建筑专业包括井道尺寸、井道型式、安装位置	—	G2	G3
		电梯轿厢	轿厢尺寸、安装位置	—	G2	G3
		层门	外形尺寸、安装位置	—	G2	G3
		控制柜	外形尺寸、安装位置	—	G2	G3
		消防开关	外形尺寸,安装位置	—	G2	G3
		呼叫按钮	外形尺寸,安装位置	—	G2	G3
		曳引机	外形尺寸(图例或示意),安装位置	—	—	G3
		钢爬梯	外形尺寸(图例或示意),安装位置	—	—	G3
		对重块	外形尺寸(图例或示意),安装位置	—	—	G3
		检修照明	外形尺寸(示意),安装位置	—	—	G3
		其他主要设备	外形尺寸(示意),安装位置	—	—	G3
2	管线	线槽、线缆	安装位置,详见与其他专业接口布置图	—	—	G3
3	预埋件	吊钩、预埋钢板、中间支撑、圈梁	外形尺寸,安装位置,详见建筑、结构图	—	G2	G3

表 5.21.2—3　自动扶梯专业 BIM 模型非几何信息深度表

序号	类型	要　素	非几何信息			
			信息内容	LOD100	LOD200	LOD300
1	自动扶梯/自动人行道	自动扶梯整体	设备编号	—	—	G3
		桁架外包板	材质	—	—	G3
		梯级	材质、水平梯级数量	—	—	G3
		扶手带	品牌、材质、中心距等	—	—	G3
		控制柜	类型、规格、功率等	—	—	G3
		其他主要设备(包括减速机、变频器、主驱动轴及链条、梯级链条)	类型、规格、品牌等	—	—	G3
2	预埋件	吊钩、预埋钢板	载荷	—	G2	G3

表 5.21.2—4 电梯专业 BIM 模型非几何信息深度表

序号	类型	要素	非几何信息			
			信息内容	LOD100	LOD200	LOD300
1	电梯	电梯整体	设备编号	—	—	G3
		电梯轿厢	吨位、材质等	—	G2	G3
		层门	类型、材质	—	G2	G3
		控制柜	类型、规格，功率，防护等级等	—	—	G3
		曳引机	类型、规格，功率等	—	—	G3
		消防开关	类型、规格等	—	—	G3
		操作按钮	类型、防护等级等	—	—	G3
		检修照明	类型、功率	—	—	G3
		对重块	类型、规格等	—	—	G3
		其他主要设备	类型、规格等	—	—	G3
2	管线	线缆、线管	线槽、线管及线缆型号规格	—	—	G3
3	预埋件	吊钩、预埋钢板	材质、载荷等	—	G2	G3

5.22 站台门专业

5.22.1 建模精度要求

表 5.22.1 站台门专业建模精度要求

系统	所含内容	建模精度	建模精度要求
站台门门体	包括滑动门、应急门、固定门、端门、顶箱盖板(全高)、门状态指示灯、固定侧盒(半高)等，其他主要设备包括电机、DCU、PSL 等	G1	—
		G2	●站台门类型 ●站台门整体平面位置图 ●站台门不同类型门体的数量、外形尺寸、安装位置等
		G3	●站台门类型 ●站台门整体平面位置图 ●站台门不同类型门体的数量、外形尺寸、安装位置等 ●PSL 的外形尺寸、安装位置 ●门体的规格，材质
		G4	●站台门类型 ●站台门整体平面位置图 ●站台门不同类型门体的数量、外形尺寸、安装位置等 ●PSL 的外形尺寸、安装位置 ●门状态指示灯的颜色及安装位置 ●门锁的规格及安装位置 ●PSL 的材质、规格类型 ●门体的规格，材质 ●电机规格、功率等 ●DCU 规格，品牌等 ●设备厂家

续上表

系统	所含内容	建模精度	建模精度要求
设备机柜	包括 PSC 控制柜、驱动电源柜、控制电源柜、蓄电池柜等	G1	—
		G2	●设备柜的平面定位尺寸 ●设备柜的外形尺寸
		G3	●设备柜的平面定位尺寸 ●设备柜的外形尺寸
		G4	●设备柜的平面定位尺寸 ●设备柜的外形尺寸 ●设备柜材质、规格 ●驱动电源柜、控制电源柜规格、电源模块等 ●蓄电池柜的材质、蓄电池组数量 ●设备厂家
设备机房	站台门设备室	G1	—
		G2	●设备机房位置、尺寸
		G3	●设备机房位置、尺寸 ●设备机房的基础载荷
		G4	●设备机房位置、尺寸 ●设备机房的基础载荷 ●设备机房的温湿度等信息
线槽、线管	线槽、镀锌钢管、金属软管、及电缆	G1	—
		G2	●在系统类型中，定义站台门系统 ●线槽、线管的颜色设置。
		G3	●在系统类型中，定义站台门系统 ●线槽、线管的颜色设置 ●线槽、线管起终点位置、标高 ●线槽、线槽的规格
		G4	●在系统类型中，定义站台门系统 ●线槽、线管的颜色设置 ●线槽、线管起终点位置、标高 ●线槽、线管的规格(包括壁厚，材质等)

5.22.2 模型深度

站台门包括：站台门门体(滑动门、应急门、固定门、端门、顶箱盖板、门状态指示灯、固定侧盒)、PSL 控制盘、设备柜(PSC 柜、驱动电源柜、控制电源柜、蓄电池柜)、其他主要设备线缆线槽(线管、线槽、弯头、金属软管)等。

表 5.22.2—1 站台门专业 BIM 模型几何信息深度

序号	类型	要素	几何信息			
			信息内容	LOD100	LOD200	LOD300
1	站台门	滑动门	规格尺寸(图例或示意)、安装位置	—	G2	G3
		固定门	规格尺寸(图例或示意)、安装位置	—	G2	G3
		应急门	规格尺寸(图例或示意)、安装位置	—	G2	G3

续上表

序号	类型	要　素	几何信息			
			信息内容	LOD100	LOD200	LOD300
1	站台门	端门	规格尺寸(图例或示意)、安装位置	—	G2	G3
		顶箱及盖板	外形尺寸(图例或示意)、安装位置	—	G2	G3
		固定侧盒	外形尺寸(图例或示意)、安装位置	—	G2	G3
		PSL控制盘	轮廓尺寸(图例或示意)、安装位置	—	G2	G3
		门状态指示灯(DOI)	规格尺寸(示意)、安装位置	—	—	G3
2	设备机柜	PSC柜	外形尺寸、安装位置	—	G2	G3
		电源柜	外形尺寸、安装位置	—	G2	G3
		蓄电池柜	外形尺寸、安装位置	—	G2	G3
3	线槽、线管	包括线槽、线管、弯头、金属软管等	标高、宽度、高度、起点位置、终点位置	—	—	G3
4	站台门设备室	设备房间	基础定位尺寸、轮廓尺寸,详见建筑图纸	—	G2	G3
			装修类型详见装修图纸	—	—	G3

表5.22.2—2　站台门专业BIM模型非几何信息深度

序号	类型	要　素	非几何信息			
			信息内容	LOD100	LOD200	LOD300
1	站台门	滑动门	类型(标准/非标)、规格	—	G2	G3
		固定门	类型、规格	—	G2	G3
		应急门	类型、规格、开启方式	—	G2	G3
		端门	类型、规格、开启方向	—	G2	G3
		顶箱盖板(全高)	类型、规格	—	G2	G3
		固定侧盒(半高)	类型、规格	—	G2	G3
		电机	类型、功率	—	—	G3
		DCU	类型、规格	—	—	G3
		门状态指示灯(DOI)	类型、规格	—	—	G3
2	设备机柜	PSC柜	材质、类型、规格、	—	—	G3
		PSC监视器	品牌、类型、规格	—	—	G3
		电源柜	功能、材质、类型、规格	—	—	G3
		蓄电池柜	功能、材质、类型、规格	—	—	G3
3	线槽、线管	包括线槽、线管弯头、金属软管钢套管等	所属系统、管件材质、接口型式、规格、内径、壁厚、防火处理	—	—	G3
4	站台门设备室	设备房间	温度、湿度等要求	—	—	G3

5.23 轨道专业

5.23.1 建模精度要求

表 5.23.1 轨道的建模精度等级

系统	建模精度	建模精度要求
道床模型	G1	●应结合结构模型建立相应的道床模型 ●应包含钢轨、轨枕、道床及配筋要素 ●模型应赋予对应材质
	G2	●应结合结构模型建立相应的道床模型 ●应包含钢轨、轨枕、道床及配筋要素 ●模型应赋予对应材质 ●应以轨顶连线中点作为模型基点，该基点位于线路模型对应点 ●应输入各对应材料的特殊加工工艺要求，及各材料的单位体积/密度值
钢轨模型	G1	—
	G2	●包含钢轨型号说明 ●包含钢轨材质说明 ●包含钢轨生产工艺说明
扣件模型	G1	—
	G2	●包含扣件各零部件组成说明 ●包含扣件对应制造图图号信息 ●包含扣件组装性能信息 ●可采用生产商提供的成品设备信息模型
道岔模型	G1	—
	G2	●包含道岔各部分材质要求 ●包含道岔对应制造图图号信息 ●包含道岔通过速度、导曲线半径、牵引点等信息 ●可采用生产商提供的成品设备信息模型
轨枕模型	G1	—
	G2	●包含轨枕各部分材质要求 ●包含轨枕对应制造图图号信息 ●可采用生产商提供的成品设备信息模型
车挡模型	G1	—
	G2	●包含车挡设防速度要求 ●包含车挡类型说明 ●可采用生产商提供的成品设备信息模型
沟盖板模型	G1	—
	G2	●包含沟改版材质说明 ●可采用生产商提供的成品设备信息模型

5.23.2 模型深度

轨道专业施工图模型组成包括：

车站道床模型：

车站一般地段轨道模型、车站小站台地段轨道模型、车站集水坑地段轨道模型、人防门地段轨道模型。

轨道设备包括:钢轨、轨枕、扣件、道岔、车挡、沟盖板。

表 5.23.2—1 轨道专业 BIM 模型几何信息深度表

序号	类型	要　素	几何信息			
			信息内容	LOD100	LOD200	LOD300
1	道床模型	车站一般地段轨道模型	轨道结构高度、道床宽度、水沟深度、水沟宽度、钢筋间距、轨距、扣件组装高度、横坡坡度、平直段宽度等	G1	G1	G2
		车站小站台地段轨道模型		G1	G1	G2
		车站集水坑地段轨道模型		G1	G1	G2
		车站人防门地段轨道模型		G1	G1	G2
2	设备	钢轨	门窗的几何轮廓、尺寸、编号	G1	G1	G2
		扣件		G1	G1	G2
		轨枕		G1	G1	G2
		道岔		G1	G1	G2
		车挡		G1	G1	G2
		水沟盖板	盖板宽度、长度、厚度、栅格尺寸	G1	G1	G2

表 5.23.2—2 轨道专业 BIM 模型非几何信息深度表

序号	类型	要　素	几何信息			
			信息内容	LOD100	LOD200	LOD300
1	道床模型	车站一般地段轨道模型	道床材质、轨道结构高度基准	G1	G1	G2
		车站小站台地段轨道模型		G1	G1	G2
		车站集水坑地段轨道模型		G1	G1	G2
		车站人防门地段轨道模型		G1	G1	G2
2	设备	钢轨	—	G1	G1	G2
		扣件		G1	G1	G2
		轨枕		G1	G1	G2
		道岔		G1	G1	G2
		车挡		G1	G1	G2
		水沟盖板	盖板材质	G1	G1	G2

5.24 限界及轨旁专业

5.24.1 建模精度要求

表 5.24.1 限界及轨旁系统的建模精度等级

系统	建模精度	建模精度要求
限界及轨旁系统	G1	●如无可视化需求,可以二维方式表达
	G2	●宜建模,模型几何细度宜为 分米级别
	G3	●宜建模,模型几何细度宜为 厘米级别
	G4	●宜建模,模型几何细度宜为 毫米级别

5.24.2 限界专业车站模型深度

主要包括：

确定供电、通信、消防等各种管线及设备的布置位置，详细标注各细部尺寸。车站站台限界图注明施工误差要求。限界总图绘制车辆轮廓线、车辆限界及设备限界，绘制站台门限界。曲线及道岔的加宽要求，单洞单线隧道的偏移量设置要求等。

表 5.24.2 限界专业(XJ)BIM 模型几何信息深度表

序号	类　型	要素	几何信息			
			信息内容	LOD100	LOD200	LOD300
1	限界坐标总图	限界总图	车辆轮廓线、车辆限界及设备限界	G1	G1	G1
2	区间直线、曲线地段矩形、圆形、马蹄形隧道限界图	一般地段限界	建筑限界及设备布置横断面	G1	G1	G1
3	地下(地面线、高架线)岛式、侧式站台直线车站限界图	车站限界	建筑限界及设备布置横断面	G1	G1	G1
4	区间直线、曲线特殊减振地段矩形、圆形、马蹄形隧道限界图	特殊减振地段限界	建筑限界及设备布置横断面	G1	G1	G1
5	道岔区、转辙机安装处、区间联络通道限界加宽图	道岔加宽及联络通道	道岔区限界及转辙机加宽要求，联络通道限界要求		G1	G1
6	隧道曲线段限界处理方法示意图	曲线加宽及偏移	隧道曲线段加宽及设置偏移量要求		G1	G1
7	区间直线、曲线地段人防隔断门(或防淹门)限界图	人防门限界	人防门限界及曲线处理方法	G1	G1	G1
8	射流风机处限界	射流风机处限界	射流风机布置形式及设备布置方式		G1	G1
9	圆形及单线马蹄形隧道曲线地段偏移量表	偏移量表	圆形及单线马蹄形隧道曲线地段偏移量表			G1
10	曲线车站站台、站台门限界图(含道岔影响的车站限界图)	曲线车站限界	曲线引起的车站站台和站台门加宽要求			G1
11	区间直线、曲线地段 U 型槽、地面线、高架线限界图	隧道外限界	U 型槽、地面线、高架线限界图	G1	G1	G1
12	车辆段、存车线地段限界图	车辆段限界	车辆段高、低平台和设备布置等限界	G1	G1	G1

5.24.3 轨旁系统专业模型深度

5.24.3.1 区间管线综合

主要包括：

轨行区两边的设备管线综合布置，包含但不限于：供电、动照、通信、信号、接触网、给排水、区间疏散平台、FAS/BAS 等专业的轨行去设备及管线布置。

表 5.24.3—1 区间管线综合专业(GP)BIM模型几何信息深度表

序号	类型	要素	几何信息			
			信息内容	LOD100	LOD200	LOD300
1	支架	供电、接触网、动照、弱电等电缆支架	截面类型、距轨面及线路中心线高度、尺寸、平面路由	G1	G2	G3
2	线缆	通信、信号的漏缆	截面类型、距轨面高度、尺寸	G1	G2	G3
			平面路由			G3
3	管道	给排水管及消防水管	截面类型、管中心距轨面高度、尺寸、平面路由	G1	G2	G3
			平面路由			G3
4	设备箱盒	通信、信号、动照等专业设备箱盒	截面类型、管中心距轨面高度、尺寸	G1	G2	G3
			平面设置里程			G3
5	其他设备	照明灯、疏散指示灯、信号机、疏散扶手、区间疏散平台等	截面类型、管中心距轨面高度、尺寸		G2	G3
			平面设置里程或平面路由			G3

5.24.3.2 区间疏散平台

主要包括：

区间疏散平台扶手、扶手固定件、区间疏散平台板、平台板支架、步梯。

表 5.24.3—2 区间疏散平台专业(GP)BIM模型几何信息深度表

序号	类型	要素	几何信息			
			信息内容	LOD100	LOD200	LOD300
1	扶手	扶手管	外形尺寸，安装位置		G2	G3
		扶手固定件	外形尺寸，安装位置			G3
2	平台	平台板	外形尺寸，安装位置		G2	G3
		平台板支架				G3
3	步梯	步梯本身	外形尺寸，安装位置			G3

表 5.24.3—3 区间疏散平台专业(GP)BIM模型非几何信息深度表

序号	类型	要素	非几何信息			
			信息内容	LOD100	LOD200	LOD300
1	扶手	扶手管	材质			G3
		扶手固定件	材质			G3
2	平台板	平台板	材质			G3
		平台板支架				G3
3	步梯	步梯本身	材质			G3

5.24.4 车辆段限界模型深度

主要包括：确定车辆段库内线(直线段)高平台距轨面高度要求及其距车辆轮廓线之间的缝隙要求，低平台距轨面高度及距线路中心线的距离要求，库外连续建筑物距设备限界的最小距离，直线段信号设备至设备限界净距最小要求，安全防护栏与车辆轮廓线之间的缝隙要求，直线段接触网立柱内侧面限界要求。曲线及道岔的加宽要求等。

表 5.24.4 限界专业(XJ)BIM 模型几何信息深度表

序号	类型	要素	几何信息			
			信息内容	LOD100	LOD200	LOD300
1	限界坐标总图	限界总图	车辆轮廓线、车辆限界及设备限界	G1	G2	G3
2	道岔区、转辙机安装处限界加宽图	道岔加宽	道岔区限界及转辙机加宽要求		G2	G3
3	车辆段、存车线地段限界图	车辆段限界	车辆段高、低平台和设备布置等限界	G1	G2	G3

5.25 管线综合专业

主体包括：

管线综合在设计中为规划管线路由设置的各专业空间体量块，其中包括风管空间体量块(大系统风管、小系统风管、排烟风管)、托架桥架空间体量块(供电托架、动照桥架、通信信号桥架、民用通信桥架、AFC、FAS、BAS、ISCS、ACS、OA、PSD 弱电桥架)，气灭管线空间体量块、水管空间体量块，其他预留管线空间体量块。

出入口：

风管空间体量块(出入口风管)、桥架空间体量块(动照桥架、通信信号桥架、民用通信桥架、FAS、BAS 等弱电桥架)，水管空间体量块，其他预留管线空间体量块。

专业空间体量块为各专业建模前先由管线综合专业统筹规划各专业路由分配所建的空间体量。在各专业深入设计过程中，此空间体量块被具体的专业管线替代，但在空间布局上，各专业主路由需按统筹规划的体量块位置就位设计。

表 5.25—1 管线综合专业 BIM 模型几何信息深度表

序号	类型	要素	几何信息			
			信息内容	LOD100	LOD200	LOD300
1	空间体量块	风管空间体量块	截面类型、风管几何外轮廓(示意)、尺寸、标高、起点位置、终点位置、保温层厚度、路由	G1		
		水管空间体量块	中心标高、起点位置、终点位置、管道外径、保温层厚度	G1		
		桥架空间体量块	桥架外形尺寸，起点位置、终点位置、路由	G1		
2	综合支吊架	综合支吊架	构件轮廓、长宽高尺寸、定位尺寸(厂家深化配合后)	G1	G2	G3
3	管线综合抗震支吊架	侧向、纵向、双向管线综合抗震支吊架	构件轮廓、定位尺寸(厂家深化配合后)	G1	G2	G3
4	吊顶	公共区、设备区、房间内	吊顶线示意、吊顶高度(前期由建筑提供控制性条件，后期施工图阶段由装修提供)	G2※	G3※	
5	链接内容	管综专业模型表达、模型出图所需的其他专业模型	详见表施工图模型的组成 表各专业建模内容及界面接口		G2	G3

注：模式深度带※的，如 G3※，表示管线综合专业模型内容应包含此内容，但由相关专业提供。

表 5.25—2 管线综合专业 BIM 模型非几何信息深度表

序号	类型	要素	非几何信息			
			信息内容	LOD100	LOD200	LOD300
1	管线安装及维护检修空间	轮廓线	管线安装时操作空间、管线后期维护检修空间	G1	G2	G3
2	设备运输路径	轮廓线	设备运输更换所需路径条件，管线安装需满足设备运输及更换的路径需求	G1	G2	G3

5.26 装修专业

5.26.1 信息粒度

主体建筑部分包括：

主体建筑公共区标高(装修完成面)、墙(装修新建墙体及相关的构造柱、圈梁、过梁，轻质墙内的龙骨体系等)、门窗、装修面层(体现装修面层的造型、厚度、材料之间的搭接方式及材料的安装方式)、楼梯挡灰带、栏杆(栏板)、扶手、挡烟垂壁、卫生间(无障碍卫生间)及相关设备设施、盲道体系等的布置。

附属建筑部分包括：

附属建筑公共区域标高(装修完成面)、墙(装修新建墙体及相关的构造柱、圈梁、过梁，轻质墙内的龙骨体系等)、门窗、装修面层(体现装修面层的造型、厚度、材料之间的搭接方式及材料的安装方式)、楼梯挡灰带、栏杆(栏板)、扶手、挡烟垂壁、卫生间(无障碍卫生间)及相关设备设施、盲道体系等的布置。

表 5.26.1 装饰的建模精度等级

系统	建模精度	建模精度要求
地面面层	G1	●宜二维图形或体量化表达
	G2	●地面的高度，尺寸，并表达面板尺寸
	G3	●面板样式，并按照设计意图划分、基层、面板尺寸
	G4	●地面高度、面板样式，并按照设计意图划分、基层、面板尺寸
墙面装修面层	G1	●二维图形或体量化表达
	G2	●体量化表示站位 ●表示样式，并按设计意图划分
	G3	●正确赋予材质样式，并按设计意图划分、基层、面板尺寸，模型几何细度为 10mm
	G4	●正确赋予材质样式，并按设计意图划分、安装构件、密封材料、面板尺寸，模型几何细度为 5mm
栏杆	G1	●宜二维图形或体量化表达
	G2	●体量化表示空间站位，模型几何细度为 100mm
	G3	●应建模，模型几何细度为 20mm
	G4	●应按施工工法分层建模，模型几何细度为 10mm

续上表

系　统	建模精度	建模精度要求
公共区吊顶	G1	●二维图形或体量化表达
	G2	●体量化表示站位 ●表示嵌板，并按设计意图划分
	G3	●表达基层、面板尺寸、嵌板，并按照设计意图划分、主要支撑构件人孔、百叶等表示明确
	G4	●表达基层、面板尺寸、嵌板，并按照设计意图划分、支撑构件配件、安装构件、密封材料；人孔、百叶等表示明确 ●安装构件宜反应实际规格尺寸、高度
装饰设备、灯具	G1	●宜二维图形或体量化表达
	G2	●宜体量化表示站位，模型几何细度为 50mm
	G3	●应建模，模型几何细度为 30mm
	G4	●应按施工安装步骤建模，模型几何细度为 10mm

5.26.2　建模精度

装饰专业施工图模型组成包括：

主体包括：

建筑标高（装修完成面）、装修面层（体现装修面层的造型、厚度、材料之间的搭接方式及材料的安装方式）、楼梯挡灰带、栏杆（栏板）、扶手、挡烟垂壁、卫生间（无障碍卫生间）及相关设备设施等的布置。

表 5.26.2—1　装饰专业 BIM 模型几何信息深度表

序号	类型	要　素	几何信息			
			信息内容	LOD100	LOD200	LOD300
1	门窗	防火门	门窗的几何轮廓、尺寸、编号		G2	G3
		普通门			G2	G3
		卷帘门			G2	G3
		无障碍卫生间门			G2	G3
		人孔盖板			G2	G3
		防火窗			G2	G3
		栅栏门			G2	G3
2	地面面层	公共区地面（站台层、站台层）	面层范围、厚度、高度、规格		G2	G3
		站厅层地面面层（C30 基层）			G2	G3
		站台层地面面层（绝缘）			G2	G3
		卫生间地面面层（防水）			G2	G3
		附属建筑地面面层（地下）			G2	G3
		附属建筑地面面层（地上）			G2	G3
		附属建筑地面面层（钢结构）			G2	G3
		楼梯面层			G2	G3

续上表

序号	类型	要素	几何信息			
			信息内容	LOD100	LOD200	LOD300
3	墙面装修面层	干挂铝板(烤瓷铝板)	面层范围、厚度、高度、规格		G2	G3
		干挂搪瓷钢板			G2	G3
		干挂石材			G2	G3
		干挂水泥纤维板			G2	G3
		干挂钢化夹胶玻璃			G2	G3
		湿贴瓷砖			G2	G3
		湿贴瓷砖(防水)			G2	G3
		柱装修面层			G2	G3
4	栏杆	不锈钢栏杆玻璃栏板	范围、尺寸、高度		G2	G3
		不锈钢栏杆玻璃栏板(带儿童扶手)			G2	G3
		不锈钢栏杆穿孔铝板栏板			G2	G3
		不锈钢栏杆穿孔铝板栏板(带儿童扶手)			G2	G3
		靠墙扶手			G2	G3
		不锈钢栏杆			G2	G3
5	吊顶、挡烟垂壁	公共区	吊顶造型、吊顶高度、挡烟垂壁示意		G2	G3
		铝板吊顶			G2	G3
		穿孔铝板吊顶			G2	G3
		张拉网吊顶			G2	G3
		方通吊顶			G2	G3
		不锈钢(拉丝、镜面)吊顶			G2	G3
		挡烟垂壁(吊顶以上)			G2	G3
		挡烟垂壁(吊顶以下)			G2	G3
6	卫生间	马桶	洁具、设施及家具布置、外形尺寸、安装位置		G2	G3
		小便斗				
		墩布池				
		手盆(台上盆)			G2	G3
		手盆(台下盆)			G2	G3
		手盆(立式)			G2	G3
		卫生间隔断			G2	G3
		银镜			G2	G3
7	无障碍设计	无障碍卫生间扶手	洁具、设施及家具布置、外形尺寸、安装位置		G2	G3
		紧急呼叫按钮			G2	G3
		母婴室家具			G2	G3
8	盲道体系	行进砖	几何轮廓、尺寸		G2	G3
		止步砖			G2	G3

表 5.26.2—2 装饰专业 BIM 模型非几何信息深度表

序号	类型	要素	非几何信息			
			信息内容	LOD100	LOD200	LOD300
1	模型基本信息	轴网				
		标高				
2	门窗	防火门	材质、燃烧性能		G2	G3
		普通门			G2	G3
		卷帘门			G2	G3
		无障碍卫生间门			G2	G3
		人孔盖板			G2	G3
		防火窗			G2	G3
		栅栏门			G2	G3
3	地面面层	地面面层(站台层、站台层)	材质、燃烧性能		G2	G3
		设备区地面			G2	G3
		防静电地板			G2	G3
		卫生间地面面层(防水)			G2	G3
		附属建筑地面面层(钢结构)			G2	G3
		楼梯面层			G2	G3
4	墙面面层	干挂铝板(烤瓷铝板)	材质、燃烧性能		G2	G3
		干挂搪瓷钢板			G2	G3
		干挂石材			G2	G3
		干挂钢化夹胶玻璃			G2	G3
		干挂水泥纤维板			G2	G3
		湿贴瓷砖			G2	G3
		湿贴瓷砖(防水)				
		柱装修面层				
5	栏杆	公共区楼扶梯、楼梯间	材质、燃烧性能		G2	G3
		不锈钢栏杆玻璃栏板			G2	G3
		不锈钢栏杆玻璃栏板(带儿童扶手)			G2	G3
		不锈钢栏杆穿孔铝板栏板			G2	G3
		不锈钢栏杆穿孔铝板栏板(带儿童扶手)			G2	G3
		靠墙扶手			G2	G3
		不锈钢栏杆			G2	G3
6	吊顶、挡烟垂壁	公共区	材质、燃烧性能		G2	G3
		铝板吊顶			G2	G3
		张拉网吊顶			G2	G3
		方通吊顶			G2	G3
		不锈钢(拉丝、镜面)吊顶			G2	G3
		挡烟垂壁(吊顶以上)			G2	G3
		挡烟垂壁(吊顶以下)			G2	G3

续上表

序号	类型	要　　素	非几何信息			
			信息内容	LOD100	LOD200	LOD300
7	卫生间	马桶	材质、燃烧性能		G2	G3
		小便斗				
		墩布池				
		手盆(台上盆)			G2	G3
		手盆(台下盆)			G2	G3
		手盆(立式)			G2	G3
		卫生间隔断			G2	G3
		银镜			G2	G3
8	无障碍设计	无障碍卫生间扶手	材质、燃烧性能		G2	G3
		紧急呼叫按钮			G2	G3
		母婴室家具			G2	G3
9	空间	楼层、房间	名称、装修做法	G1	G2	G3

注:墙和顶相关留洞(含留洞专业信息),引用相关专业模型地漏、消火栓等相关功能构件等相关预埋构件引用相关专业模型设备基础等相关内容引用相关专业提资。

5.27　导向标识专业

5.27.1　建模精度要求

表 5.27.1　导向标识的建模精度等级

系统	建模精度	建模精度要求
标识牌	G1	●如无可视化需求,可以二维方式表达
	G2	●在“类型”属性中应区分标识牌功能 ●在属性中应区分需要动照专业配电的标识牌 ●标识牌模型应体现宽度和高度,厚度宜采用便于图面阅读的尺寸,并在模型信息中标明厚度控制范围 ●导向、位置标识模型应赋予版面信息,资讯、禁止、指令、警示标识模型宜赋予示意版面信息 ●标识牌外框宜被赋予正确的材质
	G3	●在“类型”属性中应区分标识牌功能 ●在属性中应区分需要动照专业配电的标识牌,并附标识的用电功率 ●在属性中应区分标识牌的安装方式 ●标识牌模型应体现宽度和高度,厚度宜采用便于图面阅读的尺寸,并在模型信息中标明厚度控制范围 ●标识牌模型应有准确的空间定位 ●导向、位置禁止、指令、警示标识模型应赋予版面信息,资讯标识模型应赋予与内容基本相符的示意版面信息 ●标识牌外框宜被赋予正确的材质

续上表

系统	建模精度	建模精度要求
标识牌	G4	●在“类型”属性中应区分标识牌功能 ●在属性中应区分需要动照专业配电的标识牌，并附标识的用电功率 ●在属性中应区分标识牌的安装方式 ●由供货方提供标识牌成品模型，应按实际尺寸建模 ●标识牌模型应有准确的空间定位 ●所有的标识模型应赋予版面信息 ●标识牌外框宜被赋予正确的材质
连接件	G1	—
	G2	—
	G3	●体现连接件的外形最大尺寸
	G4	●由供货方提供连接件的成品模型
预埋件	G1	—
	G2	—
	G3	●无可视化要求，应体现预埋件定位
	G4	●由供货方提供连接件的成品模型

5.27.2 模型深度

导向专业施工图模型组成包括：

导向牌位置（平面定位标注及安装高度数据），标识牌信息索引。

表 5.27.2—1 导向标识专业 BIM 模型非几何信息深度表

序号	类型	要素	几何信息			
			信息内容	LOD100	LOD200	LOD300
1	模型基本信息	轴网	轴网定位			
		标识定位信息	标识平面、立面定位尺寸			
2	标识牌	导向类标识牌	材质工艺、牌体厚度控制、标识信息内容、是否带电及电功率		G2	G3
		位置类标识牌	材质工艺、牌体厚度控制、标识信息内容、是否带电及电功率		G2	G3
		综合信息类标识牌	材质工艺、牌体厚度控制、标识信息内容、是否带电及电功率		G2	G3
		劝阻类标识牌	材质工艺、牌体厚度控制、标识信息内容、是否带电及电功率		G2	G3
		禁止类标识牌	材质工艺、牌体厚度控制、标识信息内容、是否带电及电功率		G2	G3
		警告类标识牌	材质工艺、牌体厚度控制、标识信息内容、是否带电及电功率		G2	G3
		指令类标识牌	材质工艺、牌体厚度控制、标识信息内容、是否带电及电功率		G2	G3
3	连接件	吊杆	外观及工艺要求	G1		
		立柱	外观及工艺要求	G1		

表 5.27.2—2 导向标识专业 BIM 模型几何信息深度表

序号	类型	要 素	几何信息			
			信息内容	LOD100	LOD200	LOD300
1	模型基本信息	轴网	轴网定位	G1		
		标识定位信息	标识平面、立面定位尺寸		G1	G1
2	标识牌	吊挂式标识牌	宽高尺寸、水平中心位置、安装高度		G2	G3
		挂墙(嵌墙)式标识牌	宽高尺寸、水平中心位置、安装高度		G2	G3
		落地式式标识牌	宽高尺寸、水平中心位置、安装高度		G2	G3
		粘贴式标识牌	宽高尺寸、水平中心位置、安装高度		G2	G3
3	连接件	吊杆	外形尺寸			G3
		立柱	外形尺寸			G3
4	预埋件		可控位置			G3

5.28 工艺专业

5.28.1 建模精度要求

工艺模型建模按照工艺专业设计内容分为工艺检修设施、工艺设备、工艺管线、工艺设备基础四大类型。

工艺检修设施主要指涉及检修工艺的各类库房、设施的几何尺寸、承载力、配套设备需求类模型资料。

工艺设备主要为关键工艺设备的模型建模,如不落轮镟床、洗车机、架车机、起重机等。

工艺管线主要为工艺检修所需的压缩空气管线的模型建模。

工艺设备基础主要指各类工艺设备基础几何尺寸、承载力、配套设备需求类模型资料。

表 5.28.1 工艺的建模精度等级

序号	系统	包含内容	建模精度	建模精度要求
1	工艺检修设施	涉及车辆检修工艺各类用房需求	G1	方案叙述 检修用房需求
			G2	检修用房需求及布置 检修用房几何尺寸、竖向标高 关键检修设施几何尺寸、竖向标高 检修区域承载力等专项要求 检修区域给排水需求 检修区域通风、空调需求 检修区域动力电源及照明需求 检修区域电化及供电需求 检修区域网络通讯需求
			G3	检修用房需求及布置 检修用房几何尺寸、竖向标高 关键检修设施几何尺寸、竖向标高 检修区域承载力等专项要求 检修区域给排水需求 检修区域通风、空调需求 检修区域动力电源及照明需求 检修区域电化及供电需求 检修区域网络通讯需求

续上表

序号	系统	包含内容	建模精度	建模精度要求
2	工艺设备	包含洗车机、架车机、不落轮镟床、起重机等设备	G1	—
			G2	系统类型中，定义设备系统 设备安装位置 设备外形尺寸 设备数量、类型 设备用电量、用电类型 设备给水、排水需求 设备通信需求 设备承载力需求 设备通风、空调需求
			G3	系统类型中，定义设备系统 设备安装位置 设备外形尺寸 设备数量、类型 设备用电量、用电类型 设备给水、排水需求 设备通信需求 设备承载力需求 设备电源引入点、型式 设备给排水接入点、水量需求 设备通信接入点、型式 设备通风空调位置、型式
			G4	系统类型中，定义设备系统 设备安装位置 设备外形尺寸 设备数量、类型 设备用电量、用电类型 设备给水、排水需求 设备通信需求 设备承载力需求 设备电源引入点、型式 设备给排水接入点、水量需求 设备通信接入点、型式 设备通风空调位置、型式 设备发热量 设备厂家信息
3	工艺管线	涉及工艺专业压缩空气管线	G1	—
			G2	在系统类型中，定义管道系统 管道系统颜色设置 管道起终点位置 管道规格
			G3	在系统类型中，定义管道系统 管道系统颜色设置 管道起终点位置 管道规格 管道标高 重力流管道坡度 管道平面位置定位

续上表

序号	系统	包含内容	建模精度	建模精度要求
3	工艺管线	涉及工艺专业压缩空气管线	G3	管道材质 公称压力 压力表 各类阀门 管道接口形式
			G4	在系统类型中,定义管道系统 管道系统颜色设置 管道起终点位置 管道规格 管道标高 重力流管道坡度 管道平面位置定位 管道材质 公称压力 压力表 各类阀门 管道接口形式 管道防腐做法 管道壁厚 管道厂家信息
4	工艺设备基础	涉及需安装设备基础、管线、预埋件	G1	—
			G2	—
			G3	平面定位及几何尺寸 设备承载力需求 设备基础预埋件、预埋管、电缆沟等尺寸及定位 预埋件规格、型号 设备电源引入点、型式 设备给排水接入点、水量需求 设备通信接入点、型式 设备通风空调位置、型式 供电系统接入点、型式

5.28.2 模型深度

表 5.28.2—1 工艺专业 BIM 模型几何信息深度表

序号	类型	要　素	几何信息			
			信息内容	LOD100	LOD200	LOD300
1	工艺检修设施	停车列检库	检修用房布局、几何尺寸、竖向标高 关键检修设施几何尺寸、竖向标高	G1	G2	G3
		双周三月检库		G1	G2	G3
		洗车库		G1	G2	G3
		不落轮镟库		G1	G2	G3
		大/架修库		G1	G2	G3
		定/临修库		G1	G2	G3
		静调库		G1	G2	G3

续上表

序号	类型	要素	几何信息			
			信息内容	LOD100	LOD200	LOD300
1	工艺检修设施	清扫库	检修用房布局、几何尺寸、竖向标高 关键检修设施几何尺寸、竖向标高	G1	G2	G3
		工程车库		G1	G2	G3
		物资总库		G1	G2	G3
		易燃品库		G1	G2	G3
		材料棚		G1	G2	G3
		存轮棚		G1	G2	G3
		轮对受电弓监测站		G1	G2	G3
		空压机站		G1	G2	G3
		综合维修车间		G1	G2	G3
2	工艺设备	登车梯	安装位置、外形尺寸、设备数量	—	G2	G3
		上车顶平台		—	G2	G3
		中/高平台		—	G2	G3
		洗车机		—	—	G3
		不落轮镟床		—	G2	G3
		起重机		—	G2	G3
		架车机组		—	G2	G3
		移车台		—	G2	G3
		转盘		—	G2	G3
		静载试验台		—	G2	G3
		车轮车床		—	G2	G3
		转向架提升台		—	G2	G3
		构架翻转台		—	G2	G3
		限界门		—	G2	G3
		自动立体仓储设备		—	G2	G3
		空压机		—	G2	G3
		轮对受电弓检测设备		—	—	G3
3	工艺管线	压力管道	起终点位置、规格、标高、坡度、平面位置定位、管道壁厚	—	G2	G3
		阀门、油水分离器等	位置、规格、标高 平面位置定位	—	G2	G3
		压力表等	位置、规格、标高 平面位置定位	—	G2	G3

续上表

序号	类型	要　素	几何信息			
			信息内容	LOD100	LOD200	LOD300
4	工艺设备基础	洗车机	定位尺寸、基础预埋件、预埋管、电缆沟等尺寸及定位 电源引入点位置 给排水接入点位置 通信接入点位置 通风空调位置 供电系统接入点位置	—	—	G3
		不落轮镟床		—	G2	G3
		起重机	定位尺寸、基础预埋件、预埋管、电缆沟等尺寸及定位 电源引入点位置	—	G2	G3
		架车机组	定位尺寸、基础预埋件、预埋管、电缆沟等尺寸及定位 电源引入点位置 给排水接入点位置 通信接入点位置 通风空调位置	—	G2	G3
		移车台	定位尺寸、基础预埋件、预埋管、电缆沟等尺寸及定位 电源引入点位置 给排水接入点位置 通信接入点位置	—	G2	G3
		转盘	定位尺寸、基础预埋件、预埋管、电缆沟等尺寸及定位 电源引入点位置 给排水接入点位置	—	G2	G3
		静载试验台	定位尺寸、基础预埋件、预埋管、电缆沟等尺寸及定位 电源引入点位置 给排水接入点位置 通信接入点位置	—	G2	G3
		车轮车床		—	G2	G3
		转向架提升台		—	G2	G3
		构架翻转台		—	G2	G3
		限界门		—	—	G3
		自动立体仓储设备		—	—	G3
		空压机		—	G2	G3
		轮对受电弓检测设备		—	—	G3

表 5.28.2—2　工艺专业 BIM 模型非几何信息深度表

序号	类型	要　素	非几何信息			
			信息内容	LOD100	LOD200	LOD300
1	工艺检修设施	停车列检库	检修区域承载力等专项要求 检修区域给排水需求 检修区域通风、空调需求 检修区域动力电源及照明需求 检修区域电化及供电需求 检修区域网络通讯需求	—	G2	G3
		双周三月检库		—	G2	G3
		洗车库		—	G2	G3
		不落轮镟库		—	G2	G3

续上表

<table>
<tr><th rowspan="2">序号</th><th rowspan="2">类型</th><th rowspan="2">要　素</th><th colspan="4">非几何信息</th></tr>
<tr><th>信息内容</th><th>LOD100</th><th>LOD200</th><th>LOD300</th></tr>
<tr><td rowspan="13">1</td><td rowspan="13">工艺检修设施</td><td>大/架修库</td><td rowspan="13">检修区域承载力等专项要求
检修区域给排水需求
检修区域通风、空调需求
检修区域动力电源及照明需求
检修区域电化及供电需求
检修区域网络通讯需求</td><td>—</td><td>G2</td><td>G3</td></tr>
<tr><td>定/临修库</td><td>—</td><td>G2</td><td>G3</td></tr>
<tr><td>静调库</td><td>—</td><td>G2</td><td>G3</td></tr>
<tr><td>清扫库</td><td>—</td><td>G2</td><td>G3</td></tr>
<tr><td>工程车库</td><td>—</td><td>G2</td><td>G3</td></tr>
<tr><td>物资总库</td><td>—</td><td>G2</td><td>G3</td></tr>
<tr><td>易燃品库</td><td>—</td><td>G2</td><td>G3</td></tr>
<tr><td>材料棚</td><td>—</td><td>G2</td><td>G3</td></tr>
<tr><td>存轮棚</td><td>—</td><td>G2</td><td>G3</td></tr>
<tr><td>轮对受电弓监测站</td><td>—</td><td>G2</td><td>G3</td></tr>
<tr><td>空压机站</td><td>—</td><td>G2</td><td>G3</td></tr>
<tr><td>综合维修车间</td><td>—</td><td>G2</td><td>G3</td></tr>
<tr><td>锅炉房</td><td>—</td><td>G2</td><td>G3</td></tr>
<tr><td rowspan="17">2</td><td rowspan="17">工艺设备</td><td>登车梯</td><td rowspan="17">系统类型中，定义设备系统
设备用电量、用电类型
设备给水、排水需求
●设备通信需求
●设备承载力需求
●设备电源引入型式
●设备水量需求
●设备通信接入型式
●设备通风空调型式
●设备发热量
●设备厂家信息</td><td>—</td><td>G2</td><td>G3</td></tr>
<tr><td>上车顶平台</td><td>—</td><td>G2</td><td>G3</td></tr>
<tr><td>中/高平台</td><td>—</td><td>G2</td><td>G3</td></tr>
<tr><td>洗车机</td><td>—</td><td>G2</td><td>G3</td></tr>
<tr><td>不落轮镟床</td><td>—</td><td>G2</td><td>G3</td></tr>
<tr><td>起重机</td><td>—</td><td>G2</td><td>G3</td></tr>
<tr><td>架车机组</td><td>—</td><td>G2</td><td>G3</td></tr>
<tr><td>移车台</td><td>—</td><td>G2</td><td>G3</td></tr>
<tr><td>转盘</td><td>—</td><td>G2</td><td>G3</td></tr>
<tr><td>静载试验台</td><td>—</td><td>G2</td><td>G3</td></tr>
<tr><td>车轮车床</td><td>—</td><td>G2</td><td>G3</td></tr>
<tr><td>转向架提升台</td><td>—</td><td>G2</td><td>G3</td></tr>
<tr><td>构架翻转台</td><td>—</td><td>G2</td><td>G3</td></tr>
<tr><td>限界门</td><td>—</td><td>G2</td><td>G3</td></tr>
<tr><td>自动立体仓储设备</td><td>—</td><td>G2</td><td>G3</td></tr>
<tr><td>空压机</td><td>—</td><td>G2</td><td>G3</td></tr>
<tr><td>轮对受电弓检测设备</td><td>—</td><td>G2</td><td>G3</td></tr>
<tr><td rowspan="3">3</td><td rowspan="3">工艺管线</td><td>压力管道</td><td rowspan="3">在系统类型中，定义管道系统
●管道系统颜色设置
●管道材质
●公称压力
●压力表规格、型号
各类阀门规格、型号
●管道接口形式
●管道防腐做法
●管道厂家信息</td><td>—</td><td>G2</td><td>G3</td></tr>
<tr><td>阀门、油水分离器等</td><td>—</td><td>G2</td><td>G3</td></tr>
<tr><td>压力表等</td><td>—</td><td>G2</td><td>G3</td></tr>
</table>

续上表

序号	类型	要素	非几何信息			
			信息内容	LOD100	LOD200	LOD300
4	工艺设备基础	洗车机	设备承载力需求 预埋件规格、型号 设备电源引入型式 设备给排水水量需求 设备通信接入型式 设备通风空调型式 供电系统接入型式	—	G2	G3
		不落轮镟床		—	G2	G3
		起重机		—	G2	G3
		架车机组		—	G2	G3
		移车台		—	G2	G3
		转盘		—	G2	G3
		静载试验台		—	G2	G3
		车轮车床		—	G2	G3
		转向架提升台		—	G2	G3
		构架翻转台		—	G2	G3
		限界门		—	G2	G3
		自动立体仓储设备		—	G2	G3
		空压机		—	G2	G3
		轮对受电弓检测设备		—	G2	G3

5.29 站场专业

5.29.1 建模精度要求

站场模型建模按照场地图元的类型，分为场地边界、站场线路、站场道路、站场路基、雨水排水五大类型，根据模型特点，按照以上顺序来创建场地模型。

注：需加载在场地上的其他图元，例如建筑单体、围墙大门、隧道桥梁、综合管网、接触网、灯杆等由相关专业建模。

场地边界模型包括：规划条件、地形地貌、市政接驳条件、既有建构筑物。

线路模型包括：场内线路（空间曲线），道岔、车挡定位，与正线衔接（X/Y/Z坐标定位）。

路基模型包括：路基坡顶、坡脚，基层（含过渡段）分层及材质，地基处理、桩基需相关专业提供模型。

道路模型包括：道路选线（含标高、坡度、坡长），道路路幅（含路缘石、交叉口），道路结构（含面层、基层、垫层），道路衔接（人行道、绿化、边坡）。

排水模型包括：管道、管道基础、检查井、跌水井、雨水口；盖板排水沟、排洪沟、吊沟、天沟（边沟）、八字出水口等。

表 5.29.1 站场的建模精度等级

系统	所含内容	建模精度	建模精度要求
场地边界条件	规划条件	G1	地块规划性质描述叙述
		G2	●地块规划性质 ●规划道路、水系控制线
		G3	●地块规划性质 ●规划道路、水系、市政管网等平纵横断面

续上表

系统	所含内容	建模精度	建模精度要求
场地边界条件	规划条件	G1	周边地形地貌叙述
		G2	●选用的高程系统及坐标系统 ●地形地貌
		G3	●选用的高程系统、坐标系统 ●地形地貌
	地形地貌	G1	方案叙述
		G2	●道路名称、级别、产权 ●道路主要点标高 ●市政管线级别、产权单位 ●管线管径、标高
	市政接驳条件	G3	●道路名称、级别、产权 ●道路平纵横断面 ●市政管线级别、产权单位 ●市政管线平纵断面
		G1	方案叙述
		G2	●建构筑物的性质、面积、层数、结构形式 ●建构筑物的产权单位,等级、规模
		G3	●建构筑物的性质、面积、层数、结构形式 ●建构筑物的产权单位,等级、规模
站场线路系统	既有建构筑物线路、道岔、车挡	G1	方案叙述
		G2	●线路空间曲线 ●道岔型号 ●与正线衔接($X/Y/Z$ 坐标定位)
		G3	●线路空间曲线 ●道岔型号、位置 ●车挡位置 ●与正线衔接($X/Y/Z$ 坐标定位) ●参数信息
站场路基系统	轨道区路基	G1	方案叙述
		G2	●路基面标高、坡度 ●基床各分层标高、宽度 ●基床各层填料信息
		G3	●路基面标高、坡度 ●基床各分层标高、宽度 ●基床各层填料信息 ●参数信息
	非轨道区土方处理	G1	方案叙述
		G2	●各处理区域标高 ●各处理区域填料信息
		G3	●各处理区域标高 ●各处理区域填料信息 ●参数信息
	路基过渡段	G1	方案叙述
		G2	●路基过渡段填料信息

续上表

系统	所含内容	建模精度	建模精度要求
站场路基系统	路基过渡段	G3	●路基过渡段尺寸 ●路基过渡段标高 ●路基过渡段填料信息 ●参数信息
站场道路系统	道路选线	G1	方案叙述
		G2	●道路选线路由 ●道路路幅宽度 ●道路路面标高 ●道路坡度及坡长信息 ●道路路拱信息 ●交叉口信息
		G3	●道路选线路由 ●道路路幅宽度 ●道路路面标高 ●道路坡度及坡长信息 ●道路路拱信息 ●交叉口信息 ●参数信息
	路面结构	G1	方案叙述
		G2	●面层宽度、厚度、材料 ●基层宽度、厚度、材料 ●垫层宽度、厚度、材料
		G3	●面层宽度、厚度、材料 ●基层宽度、厚度、材料 ●垫层宽度、厚度、材料 ●参数信息
	路缘石	G1	方案叙述
		G2	●路缘石位置 ●路缘石规格 ●路缘石材料
		G3	●路缘石位置 ●路缘石规格 ●路缘石材料 ●参数信息
站场雨水排水系统	排水沟	G1	方案叙述
		G2	●排水沟主要位置定位 ●排水沟类型 ●排水沟规格 ●排水沟标高 ●排水沟坡度 ●排水沟材料
		G3	●排水沟细部位置定位 ●排水沟类型 ●排水沟规格 ●排水沟标高 ●排水沟坡度 ●排水沟材料 ●参数信息

续上表

系统	所含内容	建模精度	建模精度要求
站场雨水排水系统	排水沟盖板	G1	方案叙述
		G2	●排水沟盖板尺寸 ●排水沟盖板材料
		G3	●排水沟盖板尺寸 ●排水沟盖板材料 ●参数信息
	排水管	G1	方案叙述
		G2	●排水管主要位置定位 ●排水管类型 ●排水管规格 ●排水管标高 ●排水管坡度 ●排水管材料
		G3	●排水管细部位置定位 ●排水管类型 ●排水管规格 ●排水管标高 ●排水管坡度 ●排水管材料 ●参数信息
	检查井	G1	方案叙述
		G2	●检查井位置 ●检查井规格 ●检查井标高 ●检查井材料
		G3	●检查井位置 ●检查井规格 ●检查井标高 ●检查井材料 ●参数信息
	检查井盖板	G1	方案叙述
		G2	●检查井盖板类型 ●检查井盖板材料
		G3	●检查井盖板类型 ●检查井盖板材料 ●参数信息
	雨水口	G1	方案叙述
		G2	●雨水口位置 ●雨水口类型 ●雨水口规格 ●雨水口标高 ●雨水口材料
		G3	●雨水口位置 ●雨水口类型 ●雨水口规格 ●雨水口标高 ●雨水口材料 ●参数信息

续上表

系统	所含内容	建模精度	建模精度要求
站场雨水排水系统	出水口	G1	方案叙述
		G2	●出水口位置 ●出水口类型 ●出水口规格 ●出水口标高 ●出水口材料
		G3	●出水口位置 ●出水口类型 ●出水口规格 ●出水口标高 ●出水口材料 ●参数信息

5.29.2 模型深度

表 5.29.2—1 站场专业 BIM 模型非几何信息深度表

序号	类型	要　素	非几何信息			
			信息内容	LOD100	LOD200	LOD300
1	场地边界条件（主要是以车辆基地边界外 50～100 m 范围内的一个界定范围内）	规划条件	地块的规划性质	G1	G2	
		地形地貌	道路、绿地、水系等		G2	G3
			选用的高程系统、坐标系统		G2	G3
		市政接驳条件	道路名称、级别、产权		G2	G3
			管线级别、产权单位		G2	G3
		既有建构筑物	建构筑物的性质、面积、层数、结构形式	G1	G2	
			建构筑物的产权单位，等级、规模	G1	G2	
		场地环境综合信息	周边地块建设项目的主要信息（开发单位、建设单位、建设年限、项目名称、项目主要技术参数等）		G2	
2	站场线路（主要针对库内外线路及附属设施）	线路	钢轨类型、道床形式、敷设方式、限界	G1	G2	G3
		道岔	钢轨类型		G2	G3
		车挡	车挡选型		G2	G3
		综合信息	主要经济技术指标。包括线路总长、道岔数量、车辆数量等统计数据		G2	G3
3	站场路基（主要针对路基基床及一般换填）	路基坡面	高程、坡度数据		G2	G3
		路基基床	填料、压实标准		G2	G3
		路基基底	深度、范围、填料、压实标准		G2	G3
		过渡段	深度、范围、填料、压实标准			G3
		一般路基支护	护坡坡率、构造做法；挡墙墙体材料、构造做法		G2	G3
		综合信息	土方、石方工程数量。包括填料购方、弃方、回用方，及其他统计数据		G2	G3

续上表

序号	类型	要　素	非几何信息			
			信息内容	LOD100	LOD200	LOD300
4	站场道路（主要针对场内道路及对外接驳道路）	道路选线	道路等级、荷载标准	G1	G2	G3
		路幅断面	断面形式（公路型、城市型）		G2	G3
		路面结构	材料、密实度、配合比		G2	G3
		道路附属	材料、规格			G3
		综合信息	选用材料的基本性能参数（抗压强度、特殊构造要求等）、工程数量			G3
5	雨水排水	管道	管道材质、环刚度		G2	G3
		检查井	选用材料、做法		G2	G3
		雨水口	选型、做法			G3
		出水口	选型、做法			G3
		排水沟	水沟选型、材料做法		G2	G3
			选用材料、做法		G2	G3
			选用材料、做法			G3
		综合信息	沟槽开挖、回填要求，工程数量			G3
6	综合类信息	场地描述	车辆基地类型、规模、指标		G2	G3
			总平面各项技术参数、指标（建筑密度、容积率、绿化率等）		G2	G3

表 5.29.2—2　站场专业 BIM 模型几何信息深度表

序号	类型	要　素	几何信息			
			信息内容	LOD100	LOD200	LOD300
1	场地边界条件（主要是以车辆基地边界外 50～100 m 范围内的一个界定范围内）	规划条件	规划道路红线（绿线、蓝线、铁路用地控制线）等规划控制线的线型轮廓、位置	G1	G2	G3
		地形地貌	可识别的地坪表面	G1	G2	G3
			符合绝对高程的地形地貌、绝对标高值		G2	G3
		市政接驳条件	场地周边道路的轮廓线、准确定位、路面高程		G2	G3
			地形地貌中的管线及附属设施的轮廓线、标高、准确定位，例如高压线、架空管道、地下管道、光缆等		G2	G3
		既有建构筑物	场地内的房屋及构筑物的轮廓线、定位	G1	G2	G3
			对场地布局有控制作用的建构筑物的轮廓线、准确定位、高程（水位），例如铁路、公路、河流等	G1	G2	G3
		场地环境综合信息	无		G2	

续上表

序号	类型	要　素	几何信息			
			信息内容	LOD100	LOD200	LOD300
2	站场线路（主要针对库内外线路及附属设施）	线路	长度、高程、坡度、曲线（空间曲线）、间距	G1	G2	G3
		道岔	岔心定位、高程，道岔选型、开向		G2	G3
		车挡	车挡定位、高程，选型（占线路长度）			G3
		综合信息	无		G2	G3
3	站场路基（主要针对路基基床及一般换填）	路基坡面	路基表面的空间形状，坡顶、坡脚几何尺寸、准确定位		G2	G3
		路基基床	表层、底层及底层以下的高程、厚度、空间范围		G2	G3
		路基基底	原始地形面至需要换填处理的地层面		G2	G3
		过渡段	整体道床与碎石道床过渡段			G3
		一般路基支护	高差 1.5m 以下的护坡、挡墙		G2	G3
		综合信息	无		G2	G3
4	站场道路（主要针对场内道路及对外接驳道路）	道路选线	路由、长度、高程、坡度、曲线（空间曲面）	G1	G2	G3
		路幅断面	道路分幅、机动车道、人行道、边坡、道路横坡	G1	G2	G3
		路面结构	面层、基层、垫层、土基		G2	G3
		道路附属	路缘石、平过道、标志标线			G3
		综合信息	无			G3
5	雨水排水	管道	管道的起点位置、终点位置、内底高程、坡度、管道外径、基础层厚度		G2	G3
		检查井	构件轮廓、长宽高尺寸、定位尺寸；井盖、踏步、防坠落网等		G2	G3
		雨水口	构件轮廓、长宽高尺寸、定位尺寸		G2	G3
		出水口	门式、一字式、八字式		G2	G3
		排水沟	水沟的起点位置、终点位置、拐点位置、沟底高程、坡度、深度、宽度		G2	G3
			沟盖板轮廓、长宽高尺寸		G2	G3
			特殊水沟（截水沟、吊沟、消能沟）			G3
		综合信息	无			G3
6	综合类信息	场地描述	无		G2	G3

5.30 总图专业

建模深度要求如下：

表 5.30—1 总图专业 BIM 模型几何信息深度表

序号	类型	要素	几何信息			
			信息内容	LOD100	LOD200	LOD300
1	建筑单体	单体体量块	长宽高		G2	G3
2	室外工程	铺装	铺装范围		G2	G3
		围墙	范围、长度、高度		G2	G3
		轨行区围栏	范围、长度、高度		G2	G3
		大门	位置、长宽高		G2	G3

表 5.30—2 总图专业 BIM 模型非几何信息深度表

序号	类型	要素	非几何信息			
			信息内容	LOD100	LOD200	LOD300
1	建筑单体	单体体量块	单体名称、高度、层数、标高		G2	G3
2	室外工程	铺装	材料做法			G3
		围墙	材料做法			G3
		轨行区围栏	材料做法			G3
		大门	材料做法			G3

5.31 地基处理专业

5.31.1 建模精度要求

包括：

CFG 桩，预应力管桩，高压旋喷桩，换填，轻质路堤，强夯，柱锤冲扩桩，桩板结构，振冲碎石桩，沉管碎石桩，真空预压，重力式挡土墙，悬臂式挡土墙，加筋土挡土墙，生态挡土墙，泄水孔，垫层，帽石（含护栏），路基填料，褥垫层

表 5.31.1 地基处理的建模精度等级

系统	建模精度	建模精度要求
各类桩型	G1	●方案叙述
	G2	●表达桩长、桩径、桩间距、桩体材料
	G3	●表达桩长、桩径、桩间距、桩体材料
填料	G1	●方案叙述
	G2	●根据《铁路路基设计规范》进行明确填料种类
	G3	●表达各个分区填料种类、边界、厚度

续上表

系统	建模精度	建模精度要求
挡土墙	G1	●方案叙述
	G2	●挡土墙构造图
	G3	●表达挡土墙沿长度方向的墙顶标高变化情况、表达基底处理情况、挡土墙各处的几何尺寸、挡墙附属设施(护栏、泄水孔等)
地质资料	G1	●方案叙述
	G2	●典型横断面
	G3	●每 30m 出一个路基施工横断面
平面图	G1	●表达平面图上各个分区情况,统计各分区面积
	G2	●表达平面图上各个分区情况,统计各分区面积
	G3	●表达每一根桩在平面图上的位置并补充对各个分区的文字说明

5.31.2 模型深度

表 5.31.2—1 地基处理专业 BIM 模型非几何信息深度表

序号	类型	要　素	非几何信息			
			信息内容	LOD100	LOD200	LOD300
1	各类地基处理模型	复合地基	各类桩型使用条件,施工注意事项	G1	G2	G3
		路基填料	《铁路路基设计规范》中对各类填料的规定	G1	G2	G3
		褥垫层	褥垫层材料种类,夯填度	G1	G2	G3
2	挡土墙	各类挡土墙的几何尺寸	各种挡土墙对应的基底压应力要求,挡墙施工注意事项	G1	G2	G3
		帽石(含护栏)	帽石及护栏材质,施工注意事项	G1	G2	G3
		复合地基	各类桩型使用条件,施工注意事项	G1	G2	G3

表 5.31.2—2 地基处理 BIM 模型几何信息深度表

序号	类型	要　素	几何信息			
			信息内容	LOD100	LOD200	LOD300
1	各类地基处理模型	复合地基	各类桩型的布置方式,桩间距,桩径,桩长	G1	G2	G3
		路基填料	路基填料的宽度、厚度	G1	G2	G3
		褥垫层	褥垫层铺设宽度、厚度	G1	G2	G3
2	挡土墙	各类挡土墙的几何尺寸	根据铁路挡土墙标准图集和建筑挡土墙标准图集中的挡墙图例	G1	G2	G3
		帽石(含护栏)	各类帽石、护栏图例		G2	G3
		复合地基	各类桩型的布置方式,桩间距,桩径,桩长	G1	G2	G3

5.32 声屏障专业

5.32.1 建模精度要求

包括:声屏障设置方案、基础、声屏障屏体(吸声板、隔声窗)、钢结构(立柱、钢梁、连接件等);

表 5.32.1 声屏障的建模精度等级

系统	建模精度	建模精度要求
声屏障系统	G1	●形式、高度、设置里程
	G2	●形式、高度、设置里程、屏体尺寸、材质。
	G3	●形式、高度、设置里程、屏体尺寸、材质、钢结构、基础等。

5.32.2 模型深度

表 5.32.2 声屏障专业 BIM 模型非几何信息深度表

序号	类型	要素	非几何信息			
			信息内容	LOD100	LOD200	LOD300
1	声屏障设置方案	声屏障形式、里程	设计相关参数、材质要求	G1	G2	G3
2	基础	结构基础	见土建专业			G3
		柱脚做法	材质、型号			G3
3	钢结构	钢立柱、钢梁、连接件	材质、型号			G3
						G3
4	声屏障屏体	吸声板	材质、规格		G2	G3
		隔声窗	材质、规格		G2	G3
		消声百叶	材质、规格		G2	G3

5.33 室外管综专业

5.33.1 建模精度要求

室外管线综合专业:各室外管线专业均在站场专业完成的场地模型基础上建模,管线综合专业在此基础上进行管线碰撞检查和协调。

室外管线包括:雨水排水管、污水排水管、废水排水管、给水管、消防管、中水管、热力管、电力管、电缆沟、电缆隧道、信号管沟、弱电管线(含通信、综合监控)、排水沟、接触网基础等。

表 5.33.1 室外管综的建模精度等级

系统	建模精度	建模精度要求
雨水排水系统	G1	●方案叙述
	G2	●表达主干管管道路由、检查井
	G3	●管道、管道基础、检查井、跌水井、雨水口;盖板排水沟、排洪沟、吊沟、天沟(边沟)、八字出水口等、参数信息。
给排水系统	G1	●方案叙述
	G2	●表达主干管管道路由、检查井
	G3	●管道、管道基础、检查井、参数信息。
动照系统	G1	●方案叙述
	G2	●表达主干管管道路由、检查井
	G3	●管道、管道基础、检查井、参数信息。
供电系统	G1	●方案叙述
	G2	●表达主干管管道路由、检查井
	G3	●管道、管道基础、检查井、参数信息。
通信信号及弱电系统	G1	●方案叙述
	G2	●表达主干管管道路由、检查井
	G3	●管道、管道基础、检查井、参数信息。

5.33.2 模型深度

表 5.33.2—1 各室外管线 BIM 模型非几何信息深度表

序号	类型	要素	非几何信息			
			信息内容	LOD100	LOD200	LOD300
1	雨水排水系统	管道	选型、材质		G2	G3
		检查井	选型、做法		G2	G3
		雨水口	选型、做法			G3
		出水口	选型、做法			G3
		排水沟	水沟选型		G2	G3
			选用材料、做法			G3
		场地环境综合信息	无			G3
2	污水排水系统	管道	选型、材质		G2	G3
		检查井	选型、做法		G2	G3
		化粪池、隔油池	选型、做法		G2	G3
		综合信息	无			G3
3	废水排水系统	管道	选型、材质		G2	G3
		检查井	选型、做法		G2	G3
		综合信息	无			G3

续上表

序号	类型	要　素	非几何信息			
			信息内容	LOD100	LOD200	LOD300
4	给水、消防、中水	管道	选型、材质		G2	G3
		检查井	选型、做法		G2	G3
		管道附件	选型、做法			G3
		综合信息	无			G3
5	热力管道	管道	选型、材质		G2	G3
		检查井	选型、做法		G2	G3
		综合信息	无			G3
6	电力管	管道	选型、材质		G2	G3
		检查井	选型、做法		G2	G3
		综合信息	无			G3
7	电缆沟、电缆隧道	沟、隧道	选型、材质		G2	G3
		检查井	选型、做法		G2	G3
		综合信息	无			G3
8	信号管沟、弱电管线（含通信、综合监控）	管、沟	选型、材质			G3
		检查井	选型、做法		G2	G3
		综合信息	无		G2	G3
9	接触网基础	接触网基础				G3
		综合信息	无			G3

表 5.33.2—2　各室外管线 BIM 模型几何信息深度表

序号	类型	要　素	几何信息			
			信息内容	LOD100	LOD200	LOD300
1	雨水排水系统	管道	管道尺寸、长度、坡度、标高		G2	G3
		检查井	检查井尺寸、标高、深度、定位信息		G2	G3
		雨水口	构件轮廓、长宽高尺寸、定位尺寸			G3
		出水口	门式、一字式、八字式		G2	G3
		排水沟	水沟的起点位置、终点位置、拐点位置、沟底高程、坡度、深度、宽度		G2	G3
			沟盖板轮廓、长宽高尺寸			G3
			特殊水沟（截水沟、吊沟、消能沟）			G3
		场地环境综合信息	无			G3
2	污水排水系统	管道	管道尺寸、长度、坡度、标高		G2	G3
		检查井	检查井尺寸、标高、深度、定位信息		G2	G3
		化粪池、隔油池	尺寸、标高、定位信息			G3
		综合信息	无			G3

续上表

序号	类型	要素	几何信息			
			信息内容	LOD100	LOD200	LOD300
3	废水排水系统	管道	管道尺寸、长度、坡度、标高		G2	G3
		检查井	检查井尺寸、标高、深度、定位信息		G2	G3
		综合信息	无			G3
4	给水、消防、中水	管道	管道尺寸、长度、坡度、标高		G2	G3
		检查井	检查井尺寸、标高、深度、定位信息		G2	G3
		管道附件	管线接头尺寸、位置			G3
		综合信息	无			G3
5	热力管道	管道	管道尺寸、长度、坡度、标高		G2	G3
		检查井	检查井尺寸、标高、深度、定位信息		G2	G3
		综合信息	无			G3
6	电力管	管道	管道尺寸、长度、坡度、标高			G3
		检查井	检查井尺寸、标高、深度、定位信息		G2	G3
		综合信息	无			G3
7	电缆沟、电缆隧道	沟、隧道	沟、隧道的尺寸、长度、坡度、标高		G2	G3
		检查井	检查井尺寸、标高、深度、定位信息		G2	G3
		综合信息	无			G3
8	信号管沟、弱电管线（含通信、综合监控）	管、沟	管、沟的尺寸、长度、坡度、标高		G2	G3
		检查井	检查井尺寸、标高、深度、定位信息		G2	G3
		综合信息	无			G3
9	接触网基础	接触网基础	基础的尺寸、标高			G3
		综合信息	无			G3

5.34 综合管沟专业

综合管沟专业：综合管沟专业根据各专业提供的管线类型、数量综合确定综合管沟的断面尺寸，并在站场专业完成的场地模型基础上完成综合管沟的路由、埋深、检查井、甩支井、通风口、吊装口、防火分区划分等工艺建模。

5.34.1 建模精度

表 5.34.1 综合管沟的建模精度等级

系统	建模精度	建模精度要求
综合管沟系统	G1	●方案叙述
	G2	●表达综合管沟路由、检查井、截面面积
	G3	●路由、埋深、检查井、甩支井、通风口、吊装口、防火分区划分等工艺建模、参数信息

5.34.2 模型深度

表 5.34.2—1 综合管沟 BIM 模型非几何信息深度表

类型	要素	非几何信息			
		信息内容	LOD100	LOD200	LOD300
综合管沟	隧道	选型、材质		G2	G3
	检查井	选型、做法		G2	G3
	甩支井	选型、做法			G3
	通风口	选型、做法			G3
	吊装口	水沟选型、材料做法			G3
	防火墙、防火门	选用材料、做法			G3
		防火分区划分			G3
	场地环境综合信息	无			G3

表 5.34.2—2 综合管沟 BIM 模型几何信息深度表

类型	要素	几何信息			
		信息内容	LOD100	LOD200	LOD300
综合管沟	隧道	隧道尺寸、长度、坡度、标高		G2	G3
	检查井	检查井尺寸、标高、深度、定位信息		G2	G3
	甩支井	甩支井尺寸、标高、深度、定位信息			G3
	通风口	通风口尺寸、标高、深度、定位信息			G3
	吊装口	通风口尺寸、标高、深度、定位信息			G3
	防火墙、防火门	防火墙定位信息			G3
		防火门门洞尺寸			G3
	场地环境综合信息	无			G3

5.35 景观专业

5.35.1 建模精度要求

包括:周边环境(地形、构筑物、道路、植栽、排水系统、气候、方位)、设计定位(设计理念、设计定位)、土建设计(地形、设施、铺装、水景)、照明设计(灯具、管线、管沟、元器件)、排水设计(排水方式、排水设施、管沟、管件)、给水设计(给水方式、管沟、管件、给水设施)、种植设计(种植方式、原则、植物长势、植物种类、植物规格、植物分支点、植物分支点、植物数量、植物点位)。

表 5.35.1 景观的建模精度等级

系统	建模精度	建模精度要求
土建设计	G1	●方案叙述/样式模型
	G2	●表达地形、铺装、设施、水景的形式、几何尺寸、空间位置
	G3	●表达地形、铺装、设施、水景的形式、几何尺寸、空间位置,材质尺寸、材质种类、工艺做法
照明设计	G1	●方案叙述/样式模型
	G2	●表达灯具样式、几何尺寸、空间位置
	G3	●表达灯具样式、几何尺寸、空间位置,管线、管件的敷设方式、元器件信息
给水设计	G1	●方案叙述/样式模型
	G2	●表达给水方式、给水点空间位置、给水设施种类
	G3	●给水方式、给水点空间位置、给水设施种类,管线、管沟敷设方式、参数信息
排水设计	G1	●方案叙述/样式模型
	G2	●表达排水方式、排水口空间位置。几何尺寸,排水设施样式
	G3	●表达排水方式、排水口空间位置。几何尺寸,排水设施样式,管沟、管线敷设方式、参数信息
种植设计	G1	●方案叙述/样式模型
	G2	●表达种植方式、植物种类、点位、规格。
	G3	●表达种植方式、植物种类、点位、规格,数量、分支点高度、分支数量、长势描述信息

5.35.2 模型深度

表 5.35.2—1 景观专业 BIM 模型非几何信息深度表

序号	类型	要素	非几何信息			
			信息内容	LOD100	LOD200	LOD300
1	周边环境	地形	影响因素	G1		
		构筑物	影响因素	G1		
		道路	影响因素	G1		
		植栽	生长状态	G1		
		排水系统	影响因素	G1		
		气候	对植物的影响	G1		
		方位	影响因素	G1		
2	概念设计	设计理念	概念起源、项目关联、体现思想	G1		
		设计定位	设计方向、设计类型、设计档次	G1		
3	土建设计	地形	起伏状态	G1		
		设施	艺术性、观赏性	G1		
		铺地	材料种类	G1		
			材料感观			G3
			材料色差			G3
		水景	水景形式	G1	G2	G3
			水景地面设施	G1	G2	G3

续上表

序号	类型	要素	非几何信息			
			信息内容	LOD100	LOD200	LOD300
4	照明设计	照明	灯具样式		G2	G3
			灯具型号、照度、色温		G2	G3
5	排水设计	排水	排水方式	G1	G2	G3
			地面排水设施样式	G1	G2	G3
6	给水设计	给水	给水方式		G2	G3
			地面给水设施样式		G2	G3
7	种植设计	植物	自然，组团、规则	G1	G2	G3
			形态、长势			G3
			种植原则			

表 5.35.2—2 景观专业 BIM 模型几何信息深度表

序号	类型	要素	几何信息			
			信息内容	LOD100	LOD200	LOD300
1	周边环境	地形	原始竖向	G1	G2	G3
		构筑物	类型、高度、距离、方位	G1		
		道路	宽度、距离、竖向	G1	G2	G3
		植栽	种类、数量、规格	G1		
		排水系统	位置，竖向	G1	G2	G3
		气候	温度、湿度	G1		
		方位	指北针	G1	G2	G3
2	概念设计	设计理念				
		设计定位				
3	土建设计	设计范围	坐标、方位、面积	G1	G2	G3
		地形	标高		G2	G3
		设施	造型	G1	G2	G3
			尺寸		G2	G3
			材料		G2	G3
			结构			G3
			施工工艺			G3
		铺地	材料		G2	G3
			尺寸			G3
			颜色	G1	G2	G3
			样式	G1	G2	G3
			面层处理方式			
			厚度			G3
			面积	G1	G2	G3
			施工工法			G3

续上表

序号	类型	要素	几何信息			
			信息内容	LOD100	LOD200	LOD300
3	土建设计	水景	水景面积	G1	G2	G3
			池底尺寸、标高		G2	G3
			池壁尺寸、高度		G2	G3
			施工工艺			G3
4	照明设计	照明	灯具高度			G3
			敷设方式			G3
			材料种类			G3
			安装方式			G3
			敷设方式			G3
			管道材料			G3
			管沟埋设			G3
			管线走向			G3
			管件			G3
			敷设方式			G3
5	排水设计	排水	排水设施			G3
			管沟			G3
			管件			G3
6	给水设计	给水	水泵选型			G3
			管道			G3
			管件			G3
			附件			G3
			取水设施			G3
			敷设方式			G3
7	种植设计	种植	植物种类	G1	G2	G3
			植物规格			G3
			植物数量			G3
			植物点位、坐标			G3
			植物分支高度		G2	G3
			植物分支数量			G3

5.36 工程筹划专业

5.36.1 建模基本要求

(1)模型基于统一的相对坐标;

(2)模型以米为单位;

(3)模型中要有道路名称、房屋名称等环境标识；

(4)族的创建和命名应符合《城市轨道交通工程族创建标准》。

5.36.2 征地拆迁

5.36.2.1 建模精度要求

征地拆迁模型包含：拆迁范围、拆迁房屋属性(结构型式、层数、户数、总建筑面积、产权归属等)；征地/占地范围、征地/占地原产权属性等。

表 5.36.2—1 征地拆迁的建模精度等级

系统	建模精度	建模精度要求
房屋拆迁	G1	●数量统计
	G2	●拆迁房屋属性(结构型式、层数、户数、总建筑面积、产权归属等) ●拆迁红线、角点及坐标 ●拆迁房屋总建筑面积信息
	G3	●—
征/占地	G1	●数量统计
	G2	●征地/占地红线、角点及坐标 ●征地/占地地块规划性质 ●征地/占地范围内建筑物属性(结构型式、层数、建筑面积、产权等) ●征地/占地范围内地面附属物名称、数量
	G3	●—

5.36.2.2 模型深度

表 5.36.2—2 征地拆迁 BIM 模型非几何信息深度表

序号	类型	要　素	非几何信息			
			信息内容	LOD100	LOD200	LOD300
1	房屋拆迁	拆迁红线	地块规划性质、地块权属、拆迁红线各边长及总面积	—	G2	—
		角点及坐标	角点编号、角点坐标	—	G2	—
		拆迁房屋属性	结构型式、层数、户数、总建筑面积、产权归属等	—	G2	—
		方位	指北针	—	G2	—
2	征/占地	征/占地红线	地块规划性质、现状权属、征/占地总面积	—	G2	—
		角点及坐标	角点编号、角点坐标	—	G2	—
		征/占地范围内建筑物	结构型式、层数、建筑面积、产权等	—	G2	—
		征/占地范围内地面附属物	附属物名称、数量等	—	G2	—

5.36.3 交通疏解

5.36.3.1 建模精度要求

交通疏解模型包含：施工围挡、临时导改道路、交通标志标线等。

表 5.36.3—1 交通疏解的建模精度等级

系统	建模精度	建模精度要求
施工围挡	G1	●方案叙述
	G2	●空间位置、几何尺寸、与临近建筑物及基坑距离
	G3	●空间位置、几何尺寸、材质、材质种类、做法等
临时道路	G1	●方案叙述
	G2	●空间位置、几何尺寸、道路材质
	G3	●空间位置、几何尺寸、道路做法、要素信息(标高、坡度、坡长、转弯半径等)
标志/标线	G1	●方案叙述
	G2	●标志、标线、交通信号灯、隔离护栏等空间位置
	G3	●标志、标线、交通信号灯、隔离护栏等空间位置、材质、做法、工程量统计等

5.36.3.2 模型深度

表 5.36.3—2 交通疏解 BIM 模型几何信息深度表

类型	要素	几何信息			
		信息内容	LOD100	LOD200	LOD300
交通疏解	施工围挡	空间位置、几何尺寸、与建筑物及基坑距离	—	G2	G3
	临时道路	空间位置、几何尺寸、道路材质、做法、要素信息等	—	G2	G3
	标志/标线	空间位置、材质、做法、工程量	—	G2	G3
	方位	指北针	—	G2	G3

表 5.36.3—3 交通疏解 BIM 模型非几何信息深度表

类型	要素	几何信息			
		信息内容	LOD100	LOD200	LOD300
交通疏解	施工围挡	围挡的材质、做法	—	—	G3
	临时道路	各项材料指标要求、施工技术要求	—	—	G3
	标志/标线	各项材料指标要求、施工技术要求	—	—	G3

5.36.4 管线迁改

5.36.4.1 建模精度要求

管线迁改模型包含：雨水、污水、给水、燃气、热力、电力、通信等管线临时迁改路由、永久恢复路由；各类管线、管线基础、检查井、施工竖井等。

表 5.36.4—1 管线迁改的建模精度等级

系统	建模精度	建模精度要求
管线迁改	G1	●方案叙述
	G2	●各类管线迁改空间位置、管线规模、材质、检查井设置等
	G3	●管线迁改标高、坡度、长度、管线材质、规模、与临近管线间距、工艺做法、检查井设置、施工竖井设置、工程量等

5.36.4.2 模型深度

表 5.36.4—2 管线迁改 BIM 模型几何信息深度表

类型	要素	几何信息			
		信息内容	LOD100	LOD200	LOD300
管线迁改	管线	管线空间位置、几何信息、种类、规模	—	G2	G3
	检查井	空间位置、种类	—	G2	G3
	施工竖井	空间位置、几何尺寸	—	—	G3
	方位	指北针	—	G2	G3

表 5.36.4—3 管线迁改 BIM 模型非几何信息深度表

类型	要素	几何信息			
		信息内容	LOD100	LOD200	LOD300
管线迁改	管线	管线材质、指标要求、工艺做法、工程量	—	G2	G3
	检查井	类型、几何尺寸、材质、做法	—	G2	G3
	施工竖井	工法、施工技术要求、工程量	—	—	G3

5.37 经济专业

5.37.1 基本规定

5.37.1.1 建模原则

为有效地实现 BIM 设计模型和造价算量模型的交互承接，并可延续应用到施工及运维阶段，特制定本标准。根据设计规范、国内清单定额计算规则规范要求，结合国内设计行业制图特点及相关设计、造价软件，制定本规范。

(1)尽量不使用体量建模和内建模型方法建模。

(2)不推荐使用草图编辑。

(3)常规模型仅可以绘制“集水坑、基础垫层、挑檐、台阶、散水、压顶、栏板、承台”。

5.37.1.2 原点定位

为了更好地进行协同工作和碰撞检测工作以及实现模型向下游有效传递各专业在建模前，应统一规定原点位置并应共同严格遵守。

5.37.1.3 构件命名

应符合构件命名规范

5.37.1.4 按层绘制图元

尽量按照构件归属楼层，分层定义、绘制各楼层的构件图元。

5.37.1.5 同一种类构件不应重叠

外部连接的文件必须绑定到主文件后才能导出。

5.37.1.6 楼层定义

按照实际项目的楼层，分别定义楼层及其所在标高或层高，所有参照标高使用统一的标高体系；

5.37.2 构件命名规范

5.37.2.1 类型命名规则

专业(A/S)-名称/尺寸-砼标号/砌体强度-GCL 构件类型字样

举例：S—厚 800—C40P10—筏板基础

说明：A—代表建筑专业，S—代表结构专业；

名称/尺寸——填写构件名称或者构件尺寸(如：厚 800)；

砼标号/砌体强度——填写混凝土或者砖砌体的强度标号(如：C40)；

GCL 构件类型字样

5.37.2.2 构件材质

构件材质定义：在构件“结构”中编辑“核心层材质”即可；若某构件没有该属性项，则需要自行添加“材质”属性项(即增加一个字段，字段名称为“材质”)，并填写上相应的属性值。

5.37.2.3 内、外墙属性

内、外墙属性定义：墙构件定义界面，选择“编辑类型”，弹出窗体后选择“功能”属性项，其属性值有“内部”、“外部”两个属性值，按照内外墙选择相应的是内部还是外部即可。

5.37.3 图元绘制规范

5.37.3.1 同一种类构件不应重叠

(1)墙与墙不应平行相交；

(2)梁与梁不应平行相交；

(3)板与板不应相交；

(4)柱与柱不应相交。

5.37.3.2 线性图元封闭性

线性图元(墙、梁等)只有中心线相交，才是相交，否则算量软件中都视为没有相交，无法自动执行算量扣减规则。

5.37.3.3 附属构件和依附构件

附属构件和依附构件必须绘制在他们所附属和依附的构件上，否则会因为找不到父图元而无法计算工程量(如：门、窗、过梁必须依附在墙体上，集水坑必须绘制到筏板基础上，墙面和墙不能重叠不能相离)。

5.37.3.4 草图编辑

编辑轮廓的时候可以在墙体内开洞，也可以在墙体外再增加局部墙，虽然导出标准可以处理，但会转化为异型墙。捕捉绘制。

绘制图元时,应使用捕捉功能并捕捉到相应的轴线交点或者相交构件的相交点或相交面处,严禁人为判断相交点或相交面位置,以免视觉误差导致图元位置有所偏差,造成工程量错误;

5.37.3.5 墙顶部、底部附着板顶板底(或者附着屋顶)

平板和直墙相交时,墙顶部、底部不需要进行附着操作;斜板和墙相交时,需要顶部、底部附着。

6 附　　录

附录 1：专业代码表

表 6—1　专业代码表

序号	一级专业名称	二级专业名称	专业代码
1	建筑	建筑	JZ
2		导向标识	DX
3		广告商业	GGSY
4		管线综合	GZ
5	装饰	装饰	ZS
6	景观绿化	景观绿化	JL
7	结构	地下结构	JG
8		地上结构	JG
9	桥梁	桥梁	QL
10	防水	防水	FS
11	工程筹划	工程筹划	CH
12	供电	供电系统及变电所	QD
13		牵引网	QYW
14		杂散电流	ZD
15		电力监控	DJ
16		电能质量管理	DN
17		电源整合	DH
18	动照	动力照明	DZ
19		景观照明	JM
20	给排水	给排水与消防	GX
21		气体灭火	QM
22	暖通空调	暖通空调	NT
23	动力	动力	DR
24	声屏障工艺	声屏障工艺	PZ
25	车辆	车辆	CL
26	线路	线路	XL
27	行车	行车	XC

续上表

序号	一级专业名称	二级专业名称	专业代码
28	轨道及限界	轨道	GD
29		限界	XJ
30		轨旁设备	GP
31		路基	LJ
32	车站设备	站台门	PSD
33		电扶梯	FT
34		安检	AJ
35	通信	通信	TX
36		乘客信息	PIS
37		安防	AF
38	信号	信号	XH
39	自动售检票	自动售检票	AFC
40	自动化与系统集成	火灾报警	FAS
41		环境与设备监控	BAS
42		综合监控	ISCS
43		办公自动化	OA
44		门禁	ACS
45	人防	人防	RF
46	站场	站场	ZC
47	车辆段工艺	车辆段工艺	GY
48	系统工艺	系统工艺	XTGY
49	信息系统	信息系统	MIS
50	经济	经济	JJ
51	交通衔接	交通衔接	JTXJ
52	客流	客流	KL
53	交通规划	交通规划	JTGH
54	所有专业	所有专业	Q
……	……	……	……

附录 2:区域(功能)代码表

表 6—2 车站及区间区域代码表

序号	区域名称	区域代码	备 注
1	车站整体	QB	
2	车站主体	ZT	
3	站台层	ZTC1	
4	站厅层	ZTC2	
5	设备层	SBC	
6	出入口 A~D	CRKA~D	
7	安全疏散出入口	AQCK	
8	地面厅 A~D	DMTA~D	
9	站前广场 A~D	ZQGCA~D	
10	风道 1~2	FD1~2	
11	轨顶风道	GD1	
12	轨底风道	GD2	
13	风亭 1~2	FT1~2	
14	外挂区域	WG	
15	车站轨行区	CZGX	
16	区间	QJ	
17	区间风井	QJFJ	
18	区间风亭	QJFT	
19	区间联络通道	LLTD	
……	……	……	

表 6—3 车辆段功能代码表

序号	区域名称	区域代码	备 注
1	运用库	YYK	
2	联合检修库	LJK	
3	停车列检库	TCLJ	
4	双周三月检库	ZYJ	
5	洗车库	XC	
6	不落轮镟库	BLL	
7	大修库	DX	

续上表

序号	区域名称	区域代码	备　注
8	架修库	JX	
9	定修库	DX	
10	临修库	LX	
11	静调库	JT	
12	吹扫库	CS	
13	油漆库	YQ	
14	试车线用房	SCX	
15	调机/工程车库	GCC	
16	轮对受电弓检测站	JCZ	
17	物资总库	WZ	
18	存轮棚	CLP～1	
19	材料棚	CLP～2	
20	信号楼	XHL	
21	易燃品库	RYP	
22	综合楼	ZHL	
23	综合维修车间	WXCJ	
24	空压机站	KYJ	
25	锅炉房/换热站	GLF	
26	牵引降压混合变电所	QHS	
27	降压变电所	JYS	
28	跟随式降压变电所	GSS	
29	污水处理站	SCL	
30	门卫	MW	
31	食堂	ST	
32	公寓	GY	
33	派出所	PCS	
34	场地	CD	
……	……	……	

附录3：土建专业模型填色表

表6—4 土建模型填色表

构件名称	色　码	颜　色
建筑墙(Q)	242.220.219	
防火墙(FQ)	255.0.0	
可拆卸墙(CQ)	128.255.0	
门(M)	128.128.0	
窗(C)	0.64.128	
建筑面层(DM)	242.242.242	
建筑栏杆(LG)		
建筑(JZ)	255.168.064	
结构(JG)	0.0.255	
站台门(ZTM)	128.064.064	
走廊(ZL)	255.0.128	
出入口(CRK)	0.128.128	
洞口(DK)	0.0.0	
地上建构筑物	255.199.131	
地下建构筑物	255.247.143	
结构墙	142.199.255	
结构墙截面	255.0.255	
结构柱	255.191.191	
结构柱截面	255.0.0	

续上表

构件名称	色　　码	颜　　色
结构板	157.255.255	
结构板截面	255.157.0	
结构梁	255.191.255	
结构梁截面	0.0.255	
明挖围护结构（钢结构）	230.125.120	
HRB400 主筋	255.0.128	
HRB400 分布筋	255.255.0	
HRB400 构造筋（加强筋）	204.255.204	
HPB300 箍筋	132.218.251	
HPB300 拉筋	102.255.204	
区间管片	142.199.255	
初支结构	204.153.255	
二衬结构	142.199.255	
超前支护	255.124.128	
系统支护	51.204.51	

附录 4：设备专业模型填色表

表 6—5 设备专业模型填色表

专 业	色 码	颜 色
供电电缆(GD)	255.0.127	
动照非消防桥架(DZ)	255.0.0	
动照电缆(DZ)	153.38.0	
动照照明导线(DZ)	255.0.0	
动力应急照明导线(DZ)	255.255.0	
动照插座导线(DZ)	0.255.255	
通信、信号、PIS 电缆(TH)	0.255.255	
FAS 电缆(FAS)	0.128.192	
BAS 电缆(BAS)	0.0.255	
站台门电缆(PSD)	255.0.255	
OA 电缆(OA)	127.127.255	
ACS 电缆(ACS)	0.204.153	
自动售检票电缆(AFC)	200.150.0	
人防信号(RF)	191.255.0	
公安通信(GATX)	127.0.127	
综合监控(强电)(ISCS(Q))	255.127.000	
综合监控(弱电)(ISCI(R))	150.255.000	
电源整合系统(UPS)	127.63.000	

续上表

专　业	色　码	颜　色
通信电缆(TX)	0.255.255	
信号电缆(XH)	0.255.255	
气体灭火供气管(QM)	255.0.0	
大系统送风管(DSF)	255.255.0	
大系统排风、排烟管(DPF)	255.128.0	
小系统送风管(XSF)	170.120.200	
小系统排风管(XPF)	150.0.255	
排烟管(PY)	153.114.0	
冷冻水供水管(L1)	255.0.255	
冷冻水回水管(L2)	255.0.255	
空调冷媒管(m)	255.128.192	
空调凝水管(n)	0.158.234	
喷淋水管(ZP)	255.128.064	
消防给水引水管(G)	0.255.0	
消火栓给水管(X)	255.0.0	
生活给水管(J)	0.255.0	
生活污水管(W)	255.255.0	
生产废水管(F)	0.191.255	
通气管(T)	102.102.204	
压力污水管(YW)	255.255.128	
中水管(ZS)	0.203.153	

续上表

专 业	色 码	颜 色
压力废水管(YF)	127.159.255	
冷却供水管(LQ1)	0.0.255	
冷却回水管(LQ2)	000.204.204	
雨水管(Y)	000.128.064	
压力雨水管(YY)	0.255.255	
标识牌	255.127.127	
连接件(吊杆、立柱)	255.127.127	
预埋件	255.127.127	
FAS电缆(FAS)	0.128.192	
BAS电缆(BAS)	0.0.255	
ACS电缆(ACS)	0.204.153	
综合监控(强电)(ISCS(Q))	255.127.000	
站台门及电缆(PSD)	255.0.255	

本标准用词说明

1 为便于在执行本规范条文时区别对待，对要求严格程度不同的用词说明如下：

(1)表示很严格，非这样做不可的：

正面词采用“必须”，反面词采用“严禁”；

(2)表示严格，在正常情况下均应这样做：

正面词采用“应”，反面词采用“不应”或“不得”；

(3)表示允许稍有选择，在条件许可时首先应这样做的：

正面词采用“宜”，反面词采用“不宜”；

(4)表示有选择，在一定条件下可以这样做的采用“可”。

2 条文中指明应按其他有关标准执行的写法为：“应符合……的规定”或“应按……执行”。

引用标准目录

(1)《建筑信息模型应用统一标准》(GB/T 51212—2016),2017 年 7 月 1 日起实施
(2)《建筑信息模型施工应用标准》(GB/T 51235—2017),2018 年 1 月 1 日起实施
(3)《建筑信息模型分类和编码标准》(GB/T 51269—2017),2018 年 5 月 1 日起实施
(4)《中国市政设计行业 BIM 实施指南》(2015 版)
(5)《上海市建筑信息模型技术应用指南(2015 版)》
(6)《深圳市建筑工务署政府工程 BIM 应用实施纲要》
(7)《深圳市建筑工务署 BIM 实施管理标准》
(8)《天津市民用建筑信息模型(BIM)设计技术导则》

参 考 文 献

[1] GB/T 51212—2016,建筑信息模型应用统一标准[S]. 北京:中国建筑工业出版社,2017.

[2] GB/T 51269—2017,建筑信息模型分类和编码标准[S]. 北京:中国建筑工业出版社,2018.

[3] 住房城乡建设部. 城市轨道交通工程 BIM 应用指南[S]. 北京:中国建筑工业出版社,2018.

[4] 清华大学 BIM 课题组. 中国建筑信息模型标准框架研究[M]. 北京:中国建筑工业出版社,2011.

[5] 清华大学 BIM 课题组. 设计企业 BIM 实施标准指南[M]. 北京:中国建筑工业出版社,2013.

[6] DB11/T 1069—2014,民用建筑信息模型设计标准[S]. 北京:中国建筑工业出版社,2014.

[7] 北京《民用建筑信息模型设计标准》编制组.《民用建筑信息模型设计标准》导读[M]. 北京:中国建筑工业出版社,2014.

[8] ISO 12006-2:2015,Buildingconstruction-Organizationofinformationaboutconstructionworks-Part2:Frameworkforclassification[S]. ISO/TC59,2001.

[9] 杨秀仁,等. 城市轨道交通工程 BIM 设计实施基础标准研究[M]. 北京:中国铁道出版社,2016.

[10] 中国铁路 BIM 联盟. 铁路工程信息模型分类和编码标准(1.0 版)[J]. 铁路技术与创新,2015(3):17-20,72.